Gottlieb Twerdy

\>°°bald°°<

Gottlieb Twerdy

>°°bald°°<

Protokoll einer Ahnung

edition litera

Die Deutsche Bibliothek – CIP-Einheitsaufnahme
Ein Titeldatensatz für diese Publikation ist bei
Der Deutschen Bibliothek erhältlich

© 2001 by R.G.Fischer Verlag
Orber Str. 30, D-60386 Frankfurt/Main
Alle Rechte vorbehalten
Schriftart: Helvetica11˙
Herstellung: Satz*Atelier* Cavlar / NL
Printed in Germany
ISBN 3-8301-0188-0

Inhaltsverzeichnis:

Takt <°1°>	YJOµ17 verstand es mit geübter Leichtigkeit …	7
Takt <°2°>	Ach, du bist eine Muschel …	17
Takt <°3°>	YJOµ17 ließ ihr Chronometer ablesen …	25
Takt <°4°>	Trotz des Kreischens der Alarmsirenen …	28
Takt <°5°>	Die Auswertung der Konten hat ergeben …	35
Takt <°6°>	Ich bin auch kein Freund …	43
Takt <°7°>	YJOµ57 freute sich über die Offenheit …	50
Takt <°8°>	Wo bin ich?	52
Takt <°9°>	Frau Doktor, ich bin ganz sicher …	57
Takt <°10°>	SY Rem saß meditierend …	65
Takt <°11°>	Haben Sie jetzt hier eine Musikschule?	69
Takt <°12°>	Sein sichtlich suchender Blick …	72
Takt <°13°>	Wenn wir jene mitzählen …	80
Takt <°14°>	Als YJOµ57 aus angstvollen Träumen …	83
Takt <°15°>	Warum nur ist die Urne …	89
Takt <°16°>	SY Rem wartete persönlich …	98
Takt <°17°>	Seit jenem denkwürdigen Morgen …	103
Takt <°18°>	Wenn es noch Flugzeuge gäbe …	108
Takt <°19°>	Am nächsten Tag wollte sich SY Min Ra …	116
Takt <°20°>	Was bedeutet ›ausgestorbene Art‹?	126
Takt <°21°>	Kennst du das Gewebe, SY Faun?	138
Takt <°22°>	SY Jan Pa stand atemlos …	153
Takt <°23°>	Gibt es noch Pläne … ?	157
Takt <°24°>	In den Nebeln der Dämmerung …	169
Takt <°25°>	Warum fragst du nach … ?	179
Takt <°26°>	Sein Geist war sichtlich zum Abschluss gekommen …	192
Takt <°27°>	YJOµ17*1 lauschte vielen seiner Herzschläge …	200
Takt <°28°>	Willst du hier sterben?	207

Takt <°29°>	Ihr Reiseprogramm und Ihr Code ...	212
Takt <°30°>	Regungslos kauerte er da ...	225
Takt <°31°>	Mühsam entsann sich YJOµ17*1 ...	228
Takt <°32°>	Ich habe bisher geglaubt ...	232
Takt <°33°>	Noch während seiner Genesung ...	237
Takt <°34°>	Wahre die Blume ...	240
Takt <°35°>	Tagsüber schlief YJOµ17*1 ...	244
Takt <°36°>	Nach knapp sechs Stunden ...	253
Takt <°37°>	Die Beine am Höhlendach baumelnd ...	258
Takt <°38°>	Die beiden Detektive in Handschellen ...	266
Takt <°39°>	Ungläubig über so geringen Widerstand ...	271
Takt <°40°>	Drei Stunden nach dem Abtransport ...	283
Takt <°41°>	Die SY stellten zwei Teams ...	290
Takt <°42°>	... Betriebsstörung ...	294
Takt <°43°>	... Sabotage ...	296
Takt <°44°>	... Besitzstörung und Hausfriedensbruch ...	298
Takt <°45°>	... Geschäftsentgang ...	301
Takt <°46°>	... Entwendung von Rechnerzeit ...	303
Takt <°47°>	YJOµ17 lächelte beim Eintreten ...	307
Takt <°48°>	Ich danke Ihnen, gnädige Frau!	312
Takt <°49°>	... die Allgemeinheit gefährdet ...	318
Takt <°50°>	... sein Chronometer zerstört ...	324

Takt <°1°>

YJOµ17 verstand es mit geübter Leichtigkeit, ihr aufkeimendes Unbehagen vor dem müde wirkenden, offenbar überarbeiteten Arzt zu verbergen, dessen schleppende Artikulation zwar in der Wortwahl eindringlicher, sonst aber noch zögerlicher und leiser geworden war. »Was hat den Mann nächtens geplagt?«, war ihr Gedanke. Allmählich wurde sie jedoch, während sie mit aufmerksamer und gelassener Miene zuhörte, doch von leise in ihr hochkriechenden Zweifeln bedrängt, ob nicht der Takt ihres Chronometers abzusinken begann. Eilten etwa ihre Gedanken wie so oft der Zeit voraus? Oder hatte ihre Uhr tatsächlich eine langsamere Gangart gewählt?
Sie wusste, dass dies, sollte es eingetreten sein, eine beruhigende Wirkung auf sie ausüben sollte, aber zugleich bedeutete es, dass ihre Bonität alsbald als schwankend registriert werden würde, sollte dieser Zustand allzu lange andauern. Dieser Gedanke war so unangenehm, dass sie nicht darin verweilen mochte, darüber nachzudenken, was »allzu lange« hätte sein können, wie viel Zeit ihr also vielleicht offen stünde, bevor ihr seelisches Defizit erkennbar werden würde. Sie musste sofort Stärke zeigen, das war ihre spontane, in ausreichend vielen Berufsjahren bereits automatisierte Reaktion, damit ihre Zeiteinheiten unverzüglich wieder sozialen Standard annehmen könnten.
So verstand sie das matte, ermunternd gemeinte Lächeln des Arztes, mit dem dieser seine Ausführungen schloss, allerdings ohne einen fragenden Blick folgen zu lassen, als

Zeichen des Aufbruchs, und erhob sich in jenem diplomatischen Gestus verbindlicher Geschäftigkeit, der keine Bindung durch Sentimentalität begehrte oder dulden mochte. Schon umspielte ihr alltägliches Lächeln ihre fein gezeichneten Augenwinkel, während ihre anmutig geschwungenen Lippen ohne Schmollen, sanft und unbekümmert aneinander ruhten. Sie grüßte mit Dank für die wertvolle Information und ging entschlossen, aber ohne Angst verratende Hast, als gelte es, ihren Plänen, wie auch sonst immer, ohne gefühlsgeschwängerte Säumnis oder Erwartung zu folgen. Entschlossene Rationalität hieß der Zug der Zeit und sie war ein geübter Fahrgast.

Sie wählte eine Fahrkabine für die allgegenwärtigen Stadttouristen, deren beider Buntheit sie liebte, als wäre dieser etwas überbetonte Umgang mit dem Licht ein allgegenwärtiger Garant für Fröhlichkeit. Ihre Wahl musste zwar als Regelverstoß gewertet werden, aber dank ihrer in den vergangenen Jahren erworbenen Aktiva, es waren leistungsbezogen ihre besten Jahre gewesen, konnte sie einige Passiva in ihrer Bonität verkraften. Zudem nahm ihr Chronometer seinen alten Takt wieder auf, schien also ihre Kühnheit als die Wiedererlangung ihrer inneren Freiheit zu werten, was sie nun zu einem ungewollten, aber umso wohligeren Lächeln veranlasste, während sie ihr Fahrziel auf dem Bildschirm antippte. Dann wählte sie ein Programm für Gehörlose, um sich die übermütig selbstgefälligen Kommentare zur Stadt, ihrer Geschichte, Bauten, Menschen und Besonderheiten zu ersparen, und begann stattdessen, den abgedunkelten, aber immer noch hysterischen Schirm ignorierend, über die Mitteilung des so furchtbar erschöpften Arztes nachzudenken.

Auf Chromosom 17 ihrer Leibesfrucht war eine Mutation entdeckt worden, deren Auswirkungen vom Medizinischen Rat als »nicht ausreichend abschätzbar« klassifiziert worden waren. »Wenn auch keine körperlichen Fehl- oder

Überfunktionen zu erwarten seien, so werde doch mit einer Verhaltenskreativität in einem nicht vorhersagbaren Ausmaß und Kontext gerechnet. YJOµ17 sei deshalb angehalten, engeren Kontakt mit der Forschungsstelle des Rates zu pflegen, um für etwaige Schwierigkeiten gewappnet zu sein und rechtzeitig Hilfe erlangen zu können. Ihre Dienstverhältnisse seien über eine vorsorgliche Note des Rates bereits angepasst worden, sodass sie keine Befürchtungen hegen müsse, in zeitliche Bedrängnis zu geraten.«

Nur kurz streiften YJOµ17's Gedanken den Begriff »zeitliche Bedrängnis«, bedeutete er ihr doch gewöhnlich nichts als jenen stetigen Impuls, nicht vorzeitig innezuhalten, nicht vor Erreichen des nächsten Programmschrittes, oder nicht vor dem Eintreten neu in das Programm einzugebender Umstände. Vielmehr fand sie sich undeutlich, mehr stimmungsmäßig als rational damit beschäftigt, ob ihre Namenszahl etwas mit der Chromosomenzahl 17 zu tun haben könnte. Sollte hier ein Zusammenhang gegeben sein? War schon ihrer Namensgebung eine Debatte über ihr Chromosom 17 vorausgegangen, war das Merkmal auch bei ihr schon latent vorhanden gewesen, nicht aber zur Entfaltung gelangt? Hatte in ihr eine Möglichkeit geschlummert, sich als Zukunft verborgen, um jetzt wahr zu werden, in die Gegenwart herabzusteigen, um ihr jenes Schicksal auszuweisen, das doch nur wieder ihre Zukunft sein konnte? War das Herabsteigen der Zukunft in die Wirklichkeit jene »zeitliche Bedrängnis«, in die sie nicht geraten sollte, vor der sie die vorauseilende Fürsorge der Gesellschaft bewahren wollte, die aber inzwischen bereits gewärtig und wirksam geworden zu sein schien? Wenn dem aber so sein sollte, woher war dann die Zukunft gekommen; woher war jene Variation der 17 in der Vergangenheit aufgetaucht, der »nicht ausreichend abschätzbare« Risiken innewohnen mochten?

YJOµ17 schob die Frage endlich als Zufall beiseite. Waren

Mutationen nicht ein Kind des Zufalls? Und selbst wenn diese Modifikation vielleicht einen Grund haben mochte, müsste er nicht unergründlich bleiben und auch so wieder als zufällig angesehen werden? Sollte sich das Denken nicht stets neu als souverän über Stimmungen erweisen? So sich selbst reinigend fühlte sie im Untergrund noch einen Gedanken aufkeimen, fand sich aber zu matt, ihm länger zu folgen, »wohnte der Zufall in der Zukunft, um in der Gegenwart seine Wirkung zu entfalten?«

Sie erwachte erst, als sich zwei Wahrnehmungen unaufschieblich ihren Weg zur Erkenntnis gebahnt hatten: »Wollen Sie Ihre Fahrt fortsetzen?«, blinkte in der Mitte des Bildschirms, der einen freundlichen Tagesanbruch über einer aufschimmernden Stadtkuppel malte, während der Raum zugleich von einem sanften Summerton erfüllt wurde. Das Summen kam aber nicht, wie sie endlich feststellte, aus den Lautsprechern der in der Schleuse verharrenden Kabine, die ihre Ungeduld durch leichte Vibrationen während des Druckabbaues verriet, nein, der Ton rührte anscheinend, ja richtig, von ihrem Chronometer her.

Sie huschte aus der nun luftumspülten, abweisend beleuchteten Kabine. Wie viel Zeit war vergangen? Ihr Chronometer zeigte kaum fehlende Minuten, reagierte aber aufmerksam auf ihre Wachheit, indem es selbst wieder zu erwachen schien. YJOµ17 suchte beim Verlassen der Schleuse keine vergleichbare Zeit, keine »öffentliche Uhr« in den Grotten des Tourismus. Auch wenn sie von solch taktlosen Taktgebern aus historischen Simulationen unterrichtet war, so hatte sie diese Peinlichkeit doch längst erleichtert vergessen dürfen. Stattdessen gab es an den Wänden und Decken des Personenterminals eine unüberblickbare Fülle von Bildschirmen, die vielerlei Arten von Glück verhießen, deren jede Art sich zu ihrer Zeit zu erfüllen versprach, wobei »zu ihrer Zeit« einfach »nach der Reihenfolge Ihrer Bestellung und nach Maßgabe Ihrer Bonität« bedeuten mochte.

Geringschätzig und auch ein wenig schuldbewusst würdigte YJOµ17 keine der Verheißungen eines Blickes, hatte sie doch Eigenzeit, Bonität verloren, ohne jemals erfahren zu können, wie viel. »War es klug gewesen, tagsüber einzuschlafen? Den Dienst an der Gesellschaft zu unterbrechen, ohne einen vernünftigen Grund eingegeben zu haben?«
Ohne sich weiter Rechenschaft geben zu wollen, ja, sie brauchte jetzt Entspannung, Ablenkung, wählte sie eine unweit bereitstehende, exotischen Duft verströmende Kabine für virtuelle Fernreisen, tippte in freudiger Erwartung der anregenden und doch zerstreuenden Simulation ein fernes Ziel, von dessen Farben und Klängen sie sich in den Tiefen ihres sich verdoppelnden Leibes angesprochen fühlte, zugleich mental getröstet wähnte. Die Kabine steuerte gehorsam eine Versorgungsschleuse für virtuelle Reisen an, die sich freilich nicht erkennbar von echten Schleusen unterscheiden durften, lud Sauerstoff, Verpflegung, Programme nach, ließ sich schließlich von der dem Ziel entsprechenden Pipeline aufsaugen oder tat zumindest auf seinen Bildschirmen und Kontrolleinrichtungen so, als ob es darum ging, mit einer Lieferung Fischmehl, Tang, Klärschlamm oder sonstigen Stoffwechsellösungen einer Inselstadt an das erwählte Ende der Welt gepumpt zu werden, das doch nur ein weiterer Knoten im Netz der neuen Zivilisation sein konnte und wollte.
Freilich gehörte zur vollendeten Simulation die Dauer der Reise. Das Gefühl der freudigen Erwartung musste so lange gedeihen, bis die Entfernung sich fest im Bewusstsein verankert haben würde, erst dann sollten die selig machenden Darbietungen des Paradieses, der ungeahnten Möglichkeiten, der unfasslichen Bilder und Klänge der Verheißung, die ignorante, aber wissende Kabine und ihren bedürftigen, aber unwissenden Gast durchfluten. So meldete sich, nach einer von Höflichkeit erfüllten Pause, als zu erwarten war, dass sie sich in der Reisekabine angemes-

sen umgesehen hatte, das Tableau des Stimmungsmachers mit einem gefälligen Bildschirmschoner, den sie als die Frage erkannte, ob sie ihre Arbeit fortsetzen wolle. Sie bejahte wie üblich, denn es war üblich, auf Reisen den Dienst an der Gesellschaft fortzusetzen, und tat es, indem sie ihr Chronometer zum Sensor führte, um derart ihren Code und ihren Stand einzugeben. Während ihre Programme und die zuletzt von ihr bearbeiteten Dateien geladen wurden, erwog sie noch, Mitteilung von ihrer Reise zu machen, unterließ es aber aus einer ihr ungewohnten Stimmung zwischen Erwartung und Angst, über die sie nicht länger nachsinnen wollte oder konnte.

Für Stunden versank sie darin, markierte Abschnitte endloser Zahlentabellen in Diagramme umzusetzen und die Ergebnisse zu kommentieren, indem sie bildhafte Analogien ersann, die sie dann in abstrakte Farbläufe und schwebende Klänge umsetzte, deren animierendes Prickeln entlang der Wirbel hinabkletterte, um vom Fußgewölbe reflektiert über die Ohren das Stammhirn heimzusuchen. Sie kannte die Bedeutung der Zahlen nicht, was sie inzwischen, nach etlichen Jahren der Meisterschaft, nicht mehr ernsthaft schmerzte. Es war nur ihre Aufgabe, die Veränderung der Zahlen wenn nicht anschaulich, so doch fühlbar und dadurch höchst einprägsam zu machen, worin sie immer wieder neues und wachsendes Geschick bewies; und zuletzt die gewonnenen Bild- und Tonsequenzen an den Urheber der Zahlen zurückzusenden oder zumindest an jene Adresse, die ihr als zu beglückender Auftraggeber entgegentrat. Nur manchmal überkam sie noch eine ferne Sehnsucht, die Herkunft und Bedeutung der Zahlen direkt zu erfragen, aber wann immer sie dies in der Vergangenheit versucht hatte, war sie höflich ersucht worden, diesen Schritt vorsorglich zu überdenken, da er geeignet wäre, ihre Fähigkeit zur assoziativen Interpretation zu beeinträchtigen. So sann sie denn nach immer neuen Bildern, die die Modifikation der Zahlen

einprägsam machen könnten, zuweilen sogar in ihrem Empfinden plausibel oder anschaulich, womit sie meinte, im Fühlen dem entlehnt, was ihr als Bild der Natur im Geiste vorschwebte. Sie fand Trost und Vergnügen in den Bildern, die sie ersann, und so waren die Bilder selbst längst zum Gegenstand ihrer Sehnsucht geworden. Während der Fahrt meldete der Schirm zuweilen das Erreichen oder Verlassen von Zonen eingeschränkter Kommunikation, worauf sie aber nicht achtete, da sie keine Daten nachladen musste und noch nicht senden wollte. Erst als ihr Chronometer eine neue Zeitzone signalisierte und sie den Sensor neu versorgen musste, hielt sie inne und erinnerte sich an den Beginn ihrer Flucht vor dem Unbehagen. Sie holte den Befund des Arztes auf den Schirm und während sie das Chromosom 17 ihres ungeborenen Kindes studierte, ertappte sie sich bei dem Versuch, das Bild in veränderliche Zahlen zu verwandeln, in solche Zahlen, die wachsen und schwinden, die sich vereinen und trennen, die in neue Qualitäten springen oder in alte Formen zurückfallen, die aus dem Unendlichen auftauchen und in das Nichts verschwinden, um das Unendliche zugleich mit dem Nichts wieder vollständig zu machen. Es geschah aber nicht so, dass sie zählte und rechnete, nein, sie hatte einen intuitiven, bildhaften Zugang zu rhythmischen Strukturen. Wo immer Schattierungen oder Farbwechsel, ja Lichtnebel oder Fehlstellen in diesen Lichtern auftauchten, wurde sie alsbald eines Rhythmus gewahr, den sie zu fühlen, zu verinnerlichen vermochte und schließlich in neue Bilder übersetzte.
Ja, Chromosom 17 ließ eine Besonderheit erkennen, in einem Abschnitt war ein doppelter Schatten auszumachen, umspielt von interferenten Farbschlieren, als hätte sich dem Rhythmus der Doppelspirale an dieser Stelle ein feines Klingen, ein zusätzlicher Rhythmus hinzugesellt wie ein aus der Ferne aufreitender Oberton. Die Elektronen, die in die-

sen Molekülen aufkommen und untergehen mochten, sich in diesem zweifachen atomaren Ozean des Lichtes teilen und vereinen mochten, sie mochten viele neue Wege finden, ihre Atomkerne zu umrunden, ihre Klänge und Farben zu malen. Vielleicht würden sie das eine Mal einen neuen, das andere Mal einen erprobten, gewohnten Weg nehmen, ihre Atomkerne zu vereinen, aber wer mochte sagen, ob diese Unbestimmtheit, diese Freiheit der Elektronen, sich zu vereinen, sich zu bilden, auch die Bildung neuer Proteine nach sich zog, deren Verhalten noch unerforscht war? Und sogar wenn dies zuträfe, warum sollte dieses neuartige Verhalten Besorgnis auslösen? Könnte es nicht auch eine Chance hervorbringen? Warum sollte alles Neue erforscht und kontrolliert werden, bevor es leben durfte?

YJOµ17 fühlte jähen Zorn in sich keimen. Zuerst biss sie sich verlegen auf die Lippen, aber dann verfolgte sie mit all ihren Sinnen fast neugierig jene Hitze, die ihre Gefäße nacheinander zu weiten schien, um die Präsenz, ja, die Kampfbereitschaft ihrer sensorischen und motorischen Organe anzuzeigen. »Gibt es denn einen Feind?«, fragte sie sich irritiert beim Abklingen der lange unterdrückten, fast schon vergessenen Aufwallung, fand aber, schließlich traurig ermüdend, keine Antwort.

Wieder meldete sich ein datenmäßig unzureichend versorgter Streckenabschnitt und er schien ungewöhnlich lange die Reise zu beherrschen. YJOµ17 fuhr die Systeme herunter und schaltete die Geräte in den Schlummerzustand. Genug für heute, dachte sie ärgerlich darüber, dass sich die Geräte nicht gänzlich abschalten ließen. Wie schön, wenn einmal der Strom ausfiele! Hörte die Welt dann auf, blieb die alles beherrschende Zeit dann stehen?

Eine Regung in ihrer Leibesmitte erinnerte sie, dass sie seit langem nicht gegessen hatte. Die Zeit konnte doch nicht stehen bleiben, da sie Hunger fühlte; und wuchs nicht auch die Frucht in ihrem Leib ohne jedes Chronometer? Sie errötete fast ob eines aufrührerischen Gedankens, »was würde geschehen, wenn sie ihr Kind an der Zeremonie der Chronometerverleihung vorbeischwindeln würde? War denn ein namen- und zeitloses Wesen notwendig zum Untergang verurteilt oder würde sein Leben nicht vielmehr neue, ungeahnte, ja, unvorstellbare Qualitäten eröffnen?«

»Ich bin übermüdet«, entwand sie sich einem jähen Schuldgefühl, als ihr Chronometer durch leise und melodische, aber doch eindringliche Pfiffe signalisierte, eine unaufschiebliche Abfrage zu begehren. Hilflosigkeit und leiser Unwille widerstritten in ihr, während sie den mahnenden Rufen nachgab, worauf ihr persönlicher Bildschirm mit dem Hinweis aufhellte, ihre Energiewerte seien gesunken und sie möge ihren Kalorienhaushalt überprüfen. Sie quittierte mit einem resignierten Kopfnicken, so behütet zu sein, begann aber dann artig, ohne echte Neugierde, die Menüs zu durchblättern. Sollte sie an einer Speisestation andocken oder sich mit den Garkünsten des Automaten begnügen? Sie wechselte bereits den Schirm und bestimmte die restliche Tunnelstrecke, als ihr endlich Zweifel aufkamen, ob sie nicht faktisch reise, die Kabine oder das Programm verwechselt hatte?

Nun gut, sie würde auf die Darbietungen fürs Erste verzichten, aussteigen und sich von ihrem Aufenthalt überzeugen. Kein Programm sollte fähig sein, den Raum mit Hilfe der Zeit zu verwischen. Hatte sie in der nächsten Stadtinsel nicht Bekannte aus ihrem zweiten Fortbildungsseminar? Sie könnte sich doch ein Treffen gönnen, mit ihnen essen und dann zurückfahren, die Simulation dann genießen?

Sie holte ihr Telefonbuch auf den Schirm, »seltsam, hatte der Schirm gezögert?«, filterte die Datenbank nach Raum und Zeit, »so lange ist das schon her? Seltsam, was habe ich bloß gemacht, in all der Zeit?« Sie betätigte die Voranfrage, »abwesend, abwesend, nicht erreichbar ..., natürlich, wie immer, wer weiß schon, dass es mich noch gibt,

außerdem hätte ich mich anmelden können, ... nein, habe ich nicht können ..., da! Hmm, ausgerechnet er? Vielleicht noch ..., nein, alle ausgeflogen, na schön, ich ja auch.«
»Hallo AKY Falun Saba! Erinnerst du dich? Ich habe mich in deine Stadt verirrt. Hast du Lust auf ein Treffen?«
»Und ob, ha! Ist das toll. Wo steckst du? Ah ja, noch in der Pipe, du, ... da wär's am einfachsten, ... ja, treffen wir uns am Terminal und fahren dann ins Zentrum, was meinst du?«
»Ich möchte lieber an die tolle Steilküste, bitte, bitte.«
»O.k., also am Terminal, bis gleich!«
Die übrige Fahrzeit reichte gerade zur Prüfung ihres Kontostandes und zur Bestätigung der Systemabfragen. Ihre Kabine vibrierte kaum merklich beim Abbremsen in der Zubringerschleife, das Glucksen und Pfeifen verriet das Entleeren der Schleuse, ihre Kabine setzte fühlbar auf, die pneumatischen Luken öffneten sich. Sie trat hinaus in das Terminal, fand die Aufzüge, flog hinauf in den Aussichtsturm, da stand schon AKY Falun Saba wie das personifizierte Leuchten gesunder Zähne, das nur vom riesigen Weiß seiner lustig hüpfenden Augäpfel überboten wurde.

Takt <°2°>

»Ach, du bist eine Muschel«, lachte er zärtlich, »kommst mir deine Perle zeigen! Wann wird gefeiert?«
Richtig, daran hatte sie noch gar nicht gedacht! Es war bald Zeit für die Einladungen, wo doch alle in aller Welt verstreut waren. »Du siehst aus wie dein eigenes Gemälde!«, scherzte sie, »wer könnte dich schöner malen?«
»Sag bloß, das ist dir schon öfter passiert!« Seine Finger wühlten im Dickicht des silbrigen Haarkranzes unter der tiefbraun glänzenden Scheitelglatze, als er staunend ihren Bericht vernommen hatte. »Und der Schirm hat wirklich auf sich warten lassen?«
Die beiden kamen rasch überein, dass YJOµ17 besser nach dem Essen zurückfahren sollte und AKY Falun Saba nahm sich innerlich vor, die Funktionsfähigkeit ihrer nächsten Kabine zu überprüfen. »Die Zentralisierung der Daten schafft wirklich überall Probleme«, sagte er, »auch wir hier haben damit viel Ärger.«
»Die YJO glauben wirklich zu sehr an ihre Zahlensysteme«, ergänzte sie.
»Aber deine Animationen werden immer erstaunlicher! Bist du denn keine Freundin der Mathematik mehr?«
»Ich bemühe mich inzwischen, die rechte Hemisphäre in unserer Gesellschaft am Leben zu erhalten. Was nützt es den YJO, alles, woran sie glauben, errechnen zu können, wenn sie keine Vorstellung mehr von dem haben, woran sie glauben. Töten die YJO nicht ihren Glauben, ihre Phantasie, ihr Bildvermögen, indem sie sich restlos dem Kalkül unter-

werfen? Wozu haben die Menschen zwei Gehirnhälften entwickelt? Wenn sie nur mehr eine gebrauchen wollen, muss da nicht etwas faul sein?«
Er schwieg in Gedanken, führte sie stattdessen galant an einen Tisch bei den Fenstern, denn inzwischen hatten sie über eine Rolltreppe das Restaurant erreicht, das auf der Wölbung der unüberblickbaren Stadtkuppel zu schweben schien, deren mattes Funkeln und Gleißen im Fels der nebelverhangenen Steilküste ankern mochte. »Wo habt ihr denn das Meer versteckt?«, begehrte sie sofort mit hörbarem Entsetzen, denn jene Brandung war verschwunden, auf die sie so gehofft hatte. Flach und unbewegt war da eine nasse Ebene an den Fuß des gläsernen Gewölbes hinabgeworfen, um die Küste mit den Ufern der Stadt und den gefallenen Wolken eines viel zu nahen Horizontes zu verstricken. »Warum ist das Spiel der Wellen und Lichter verschwunden? Wo ist die Gischt des ewig überschäumenden Lebens?«, ergänzte sie traurig, ihre Stimme rang mit einem Anflug von Missmut. »Muss alles Leben rund um uns so glatt werden, vor uns zurückweichen?«
AKY Falun Saba strich ihr einfach tröstend über das lange, dunkle Haar, das in sich verschlungen neugierig zwischen den jugendlich zarten Schulterblättern hin und her wogte.
»Sei nicht traurig, Blume des Meeres. Auch wir hier müssen zähmen, was wir nicht verstehen.«
Sie setzte sich, tippte die Bestellung an, ohne lange zu suchen, es gab Wichtigeres. »Erzähl bitte! Was geschieht?«
»Die Stadt muss erweitert werden«, hörte sie in behutsam aufmunterndem Ton. »Sie ist unsere erste Niederlassung im Gebiet der SY, deshalb klein, und jetzt, seit den Umsiedlungen, einfach zu klein.«
»Du meinst die prognostizierten Bergrutsche im Rücken der Küstengebirge?«
»Ja, du hast freilich davon gehört, die Hänge sind nicht

mehr stabil, weil einige Systeme Wassereinbruch erlitten haben und die Aussteifungen hinterspült wurden.«

»Ihr habt es auch nicht leicht, in euren Enklaven.«

»Wir sind Höhlenmenschen, weißt du, das ist der Fortschritt, wie vor zehntausend Jahren«, seine wunderbar vollen Lippen schmollten unter ihrem weißen Flaum, aber seine Augen sprühten Funken. »Jedenfalls war es ein großartiges Geschenk der SY, uns die Kooperation an den Küsten anzubieten. Auf dem Wasser ist es doch leichter, bebensichere Kuppeln zu bauen, und so werden wir wieder langsam aus unseren Löchern kriechen können, ganz im Sinne des Fortschritts, wie du mir hoffentlich beipflichtest.«

»Werdet ihr das Festland ganz aufgeben?«

»Nein, YJOµ17, die AKY sind eine Verschmelzung sehr alter Kulturen, wir sind dem Boden, dem Land verhaftet. Außerdem wird die Menschheit ihre Rohstoffe niemals zur Gänze dem Meer abringen können. Dort ist der Boden einfach zu weit weg, meinst du nicht?«

Sie lachte. »Und das Meer macht ihr jetzt so flach wie die Wüsten?«

»Oh, wie böse du sein kannst! Die Wüsten sind doch nicht flach, du solltest diese Ungetüme aus Schutt und Fels einmal sehen können! Die verstellen dir den Blick, wo immer du hinschauen möchtest. Das macht weitsichtig, glaube mir, wenn auch im Inneren, muss ich einräumen.«

»Heh, mach es nicht so spannend, komm auf das Wasser!« Sie nahm die Glasschale ab und stocherte ungläubig in ihrem Teller herum, der wie Luftpost aus der Tischausgabe herbeigeschlittert war. »Ihr seid auch auf Meeresfrüchte umgestiegen?«

»Lass dir nicht den Appetit verderben, jeder Mensch hat das Recht auf Nichtwissen.« Er begann mit vorgetäuschtem Appetit zu essen, vergaß es aber alsbald wieder, da sie weiterbohrte. »Sei beruhigt, höchstens die Hälfte ist synthe-

tisch, der Rest ist biologisch gewachsen, wenn auch ein wenig veredelt. Schmeckt es dir?«
»Es nährt, aber es ist viel besser als zu Hause, glaube mir!« Ihre Augen deuteten wieder erwartungsvoll auf die nasse Ebene.
»Ach ja«, erinnerte er sich. »Der Stadt werden neue Produktionsanlagen vorgelagert, ausgedehnte Netze aus Schwimmkästen mit Zuchtbecken, Gewächshäusern, Fangkiemen, Nährstoffraffinerien, das kennst du ja, die ersten Gehversuche auf dem Wasser.«
»Verstehe, Wellenbrecher! Die Menschen schlucken die Ungestümheit des Lebens, bevor sie von ihr erreicht werden.«
»Vergiss nicht, wir sind alte Kulturen, bodenständig, wir lieben die Ruhe, im Inneren, so weit das Auge reicht, geborgen im Nest der Berge. Kann doch mal vorkommen, dass sich die Berge verlaufen, oder?«
»Aber ganz ohne Strömung, wie soll sich die Nestwärme da verziehen?«
»Schon ganz Mama! Die Restströmung ist zu gering, als dass du sie sehen könntest. Manche Bewegungen vollziehen sich eben im Verborgenen.«
»Versuche nicht, mir den Blick zu vernebeln, das scheint deinen Landsleuten, kaum auf das Wasser gekommen, schon reichlich gelungen zu sein. Sag mal, die Küste war doch sonst immer leer gefegt, der Fels weithin leuchtend sichtbar?«
»Findest du das Licht nicht jetzt besser, so diffus, meine ich? Wir sind das von den Sandstürmen so gewohnt und wer wollte lieb gewordene Gewohnheiten plötzlich ablegen?«
»Ihr macht den Nebel selbst?«
»Unser ganzer Stolz! Schon seit Jahren. Ist das nicht bis zu euch durchgesickert? Habt ihr auf hoher See zu viel Wasser? Na gut, unsere Sonne ist nicht eure, zumindest hat sie

so den Anschein. Die Stadt setzt ihre Betrübnis frei, um das Licht zu filtern, wir brauchen Schutz, so frisch vom Land hierher verschlagen.«

Er schien bemerkt zu haben, dass sein spöttisches Lachen ihren Appetit hatte wiederkehren lassen. So hatte er innegehalten, um sie mit Freude zu betrachten. Erst als sie seine Blicke ihrerseits mit der Wärme der Geborgenheit erwiderte, nahm er selbst einige Bissen zu sich und dann die Frage wieder auf, um sie rasch zu einem Ende zu bringen.

»Unsere Schutzdächer halten jetzt länger, verspröden nicht so rasch, die Belastung durch das ultraviolette Licht ist jetzt, seit den Nebeln, geringer, je nach der Luftfeuchte und den Windverhältnissen, versteht sich. Es gibt versuchsweise sogar wieder ganz freie Pflanzkulturen, ohne Schutzdächer, draußen, auf den Wellenbrechern, wo sich die Nebel verlaufen, das sind sozusagen unsere neuen Genbecken.«

»Ganz draußen? Sind diese Anlagen auch zugänglich?«, begehrte sie da etwas überschwänglich, sodass einige Gäste belustigt ihre Köpfe wandten.

»Nein, ich glaube nicht«, beschwichtigte er ihre Abenteuerlust, »das ist zu gefährlich, auf Dauer wohl auch zu schädlich, draußen sind keine Leute. Dort sind Tanker und Schlepper mit Robotern am Werk.«

»Ihr verwendet hier Verbrennungsmotoren?«, wurde sie ernst, »und die SY bestehen nicht auf der Einhaltung der Konvention?«

»Zum Schutz der Atmosphäre? Hab keine Angst, so rückständig sind wir nicht, dass wir da nicht mithalten könnten. Aber das eine lass mich sagen, dieses Abkommen zwischen den YJO und den SY ist nur zustande gekommen, weil die Motoren ohne Sauerstoffzufuhr nicht mehr klaglos funktionierten. Zu viele Fehlzündungen, zu viele unverbrannte Treibstoffe, die unkontrolliert ausgestoßen wurden und die Lage verschlimmerten. Außerdem brauchen nicht nur wir AKY die fossilen Lagerstätten für die Synthese von Nahrung, Kleidung, Medizin …, bald werden die Pipelines sowieso nur mehr Süßwasser oder Quarzsand und Zement liefern können.«

»Das ist allerdings ein Aspekt, den wir nicht zu hören bekommen haben«, bestätigte sie. »Aber sag, wie fahren die Roboterschiffe dann? Habt ihr Wasserstoffmotoren?«

»Auch die stottern unkontrollierbar herum, wenn sie nicht kostbaren Sauerstoff erhalten, nein, die Schiffe fahren mit Elektromotoren.«

»Aber doch nicht mit Reaktoren? Die Geschichte mit dem Endlager hat sich doch herumgesprochen?«

»Keine Sorge«, er zeigte ihr seine hellen, rosigen Handflächen, »die Schiffe fahren mit Akkumulatoren.«

»Mit Akkus? Dann kommen sie aber nicht weit.«

»Brauchen sie ja auch nicht. Sie fahren hinaus vor die Stadt, dort ein bisschen herum, bis sie sich gegenseitig vertäuen und mit Seilwinden navigieren. Die kleinen Motoren der Winden sind mit Solarzellen und Windrädern speisbar, weil sie keine Eile haben.«

»Und wie kommen die Boote wieder zurück?«

»Du solltest so ein Boot einmal sehen!«, meinte er grinsend. »Die sind so groß wie unser bestes Hochofenfutter, ich meine die ausgebombten Flugzeugträger, die hier unter Wasser noch herumliegen.«

»Ist das nicht unökonomisch, solche Monster herumschaukeln zu lassen?«

»Noch geht es nicht anders. Unsere neuen Gondeln müssen das gesamte Material mitführen, das nicht aus den Pipelines von der Küste her gepumpt werden kann. Wir nennen sie die Inseln der Roboter.«

»Was also, wenn die Batterien erschöpft sind? Legt ihr Stromkabel hinaus?«

»Auch, aber Strom ist zu kostbar für das bloße Navigieren. Die Schiffe kommen gar nicht zurück, nicht bevor sie fertig

sind. Sie holen gegenseitig die Taue ein, so wird der Bogen vor der Stadt immer kleiner, bis sie da sind, samt der fertigen Vorstadt.«
Sie spähte hinunter, suchte vergeblich Schatten in den Nebeln. »Aber wenn ein Schiff ausfällt?«
»Dann wird es entladen, an Schleppseilen heimgeholt, repariert, aufgeladen und wieder hinausgeschickt.«
»Und es gibt niemanden, der nachschauen fährt?«
»Dazu verwenden wir Segelboote oder Kabinen in den Pipelines. Möchtest du ein Segelboot anheuern?«, schlug er vor. »Aber bitte vergiss nicht, bei dieser Flaute muss ich rudern und in Schutzanzug und Sauerstoffhelm könnte mir die Luft ausgehen.«
»Ich wollte, glaube ich, nur das offene Meer sehen, seine Unbändigkeit«, sie schluckte traurig ihr anfängliches Lachen.
Er setzte sich behutsam neben sie, fasste sie an der Schulter. »Warum bist du traurig, Blume des Meeres?«
»Ich habe mir vorgestellt, vielleicht gibt es noch Lebensformen dort, im offenen Meer, die wir nicht kennen. Was meinst du, könnte das sein?« Sie sprach leise, trotzdem löste ihr naiver Wunsch ringsum merklich etwas Betretenheit aus.
Er erinnerte sich sofort an ihre Erzählung und verstand. »Ich fürchte, auch wir AKY haben Angst vor den vielen Veränderungen, die der Verlust der Ozonschicht mit sich brachte und bringt. Die SY sind da etwas weiter, finden aber kaum Gehör.«
Ein Räuspern war zu vernehmen, die Tische standen zu eng, aber AKY Falun Saba war inzwischen zu alt, um sich beirren zu lassen. »Ich begrüße alles Neue, tief in meinem Herzen, denn nur das Neue trägt die Hoffnung in sich. Was meinst du, Blume des Meeres? Ist es nicht so?«
Sie legte dankbar ihre nässenden Augen auf seine Schulter, ja, sie hatte Trost gesucht, meldete sich der Sinn ihrer

Reise. Die Behutsamkeit seiner Finger sammelte nicht nur ihre entlaufenen Strähnen, nein, sie webte ihrer Seele ein unsterbliches Nest.

Er begleitete sie zurück zur Schleuse, prüfte die Kabine mit seiner Chipkarte, fand alles in Ordnung, küsste einfühlsam ihre Stirne, ihre Augen, ihre nassen Wangen. Sie drückten einander stumm beide Hände, formten ein Siegel der Ewigkeit, aus zwei Gegenwarten verschmolzen.

Takt <°3°>

YJOµ17 ließ ihr Chronometer ablesen, tippte zur Bestätigung des Vorschlages auf das Sensorfeld »Rückreise« und legte sich sogleich nieder. Als sich aber trotz oder wegen ihrer nun offenkundig gewordenen Erschöpfung der Schlaf nicht einstellen wollte, rief sie über das Chronometer ein Hilfsprogramm auf. Die Kabine wurde von leisen, sehr fernen Gesängen und dem betörenden Duft ihr nicht bekannter Kräuter erfüllt.

Als sie nach geraumer Zeit wie aus einer Betäubung erwachte, zeigte der Schirm ein blinkendes Warnsignal und zwei persönliche Nachrichten, die für sie gespeichert worden waren. Sie bestätigte die Empfangsbereitschaft und fand zum einen die Mitteilung, ihre Gesellschaft werde im Zuge einer Übernahme neu strukturiert und sie werde deshalb ersucht, den folgenden Datenschirm ehest möglich samt ihren Eingaben zu retournieren, die Daten würden zuverlässig anonymisiert werden, seien zur Neubewertung des geistigen Betriebsvermögens jedoch unverzichtbar und vom Rechtsbeirat zur Erhebung freigegeben worden. Zum anderen meldete sich ihr Mann mit der einfachen Frage, ob er ihr nachreisen dürfe. Der ersten Nachricht wollte sie routinemäßig, wenn auch etwas später, entsprechen, anscheinend stellten alle Gesellschaften alle paar Monate die gleichen Fragen; aber ob der einfachen Frage ihres Gatten verlor sie unversehens ihre Zuversicht.

»Warum willst du mir nachreisen? Ich reise doch zurück! Und woher weißt du überhaupt, dass ich reise und wo ich

bin? Ich reise doch zurück, oder?« Sie blendete eine Reiseinformation ein, fand sie aber nicht entzifferbar.»Ich bin doch nicht krank? Oder?« Eine Erinnerung drängte sich auf.
»Weißt du mehr als ich? Mit wem hast du gesprochen? Oder wer hat mit dir gesprochen?« Ihre Fragen kamen viel zu rasch, so rasch, dass ihr Mann gar nicht zu antworten vermocht hätte. Dann hielt sie abrupt inne, sammelte einen mächtigen Atem, mit dem sie unvermittelt selbst antwortete: »Bitte komm sofort her! Ich warte hier auf dich, ich bin jetzt ..., ach du meine Güte! Warte bitte!«
In auflodernder Angst erkannte sie inzwischen, dass ihr Mann gar nicht antworten konnte, sprach sie doch zu einer digitalen Aufzeichnung und ihre Antwort wurde gleichfalls aufgezeichnet, aber nicht übermittelt. Auf dem Schirm blinkte noch immer das vorige Warnsignal, das sie erst jetzt ungläubig entzifferte, während sich ein zweites Warnsignal hinzugesellte:
»Achtung: In Ihrem Reiseprogramm wurde ein Fehler entdeckt. Bitte wählen Sie eine Option zur Korrektur.
Achtung: Sie durchqueren ein Gebiet mit stark eingeschränkter Kommunikation. Wollen Sie das gesicherte Hoheitsgebiet verlassen?«
Fieberhaft rief sie wieder den Reisebegleiter auf den Schirm, um ihren Aufenthaltsort abzulesen, fand das Bild aber auch diesmal verschwommen, unleserlich flackernd, in leere Rechtecke zerfallend. Der Kabinenrechner war abgestürzt! Wo endete diese Pipeline? Wo führte ihre Reise hin? Warum war ihr Reiseprogramm nicht automatisch gestoppt oder geändert worden? Fassungslos blickte sie auf das Chronometer, dessen Anzeige noch einige Male schwach blinkte, um dann zu erlöschen. Sie hatte doch die Rückreise gebucht! Und war nicht schon ihre erste Reise unfreiwillig zustande gekommen? Hatte nicht auch Falun das Programm geprüft?

»Wo, bitte, wo bin ich? Was geschieht mit mir?« Schwindel beugte ihren Nacken, die Leere in der Stirn zwang sie auf die noch offene Liege, wo sie, gegen die aufwallende Verzweiflung ringend, auf eine akustische oder optische Bestätigung hoffend, wiederholt nach dem Notsignal tastete.

Takt <°4°>

Trotz des Kreischens der Alarmsirenen und trotz des sich sammelnden Ingrimmes konnten sich die Prüfingenieure an den Prüfschirmen und Kontrollfenstern in den ersten Sekunden das gefährliche, weil als Verrat interpretierbare Auflachen nicht verbeißen. Die Szene war zu grotesk, wie sie nur von Maschinen hervorgebracht werden konnte, deren Intelligenz zerstört worden war und deren Motorik sich ungehemmt zu voller Vitalität entfaltete.

Die vom digitalen Unsinn geplagten Roboter hüpften fast von ihren Sockeln, Kränen und Fahrgestellen, während sie, statt dem systematischen, hochkomplexen Takt ihres Werkes, vibrierend und fauchend, zuweilen ächzend, aber dann doch wieder geschmeidig und scheinbar elastisch einem unhörbaren Rhythmus zu folgen schienen. Ihr ganzes Dasein war nur mehr dem Zweck gewidmet, den geheimen, aber offenbar unbrauchbaren Rhythmus einer unbekannten Quelle sichtbar zu machen, um da und dort mit blödem Gezische und gefährlichem Funkenschlagen Luft mit Luft zu verschweißen. Aus der Halle war ein Gehege tanzender Clowns geworden, die einander an Tollheit zu überbieten trachteten, ohne die Gefahr der Erschöpfung oder Verletzung zu kennen.

Mit dem Anwachsen der Wahrnehmung erstarb das Lachen in Angst und Entsetzen. Der Rhythmus verlor nach und nach da und dort seine spielerische Leichtigkeit, seine tänzerische Anmut, seine grotesken Ausschweifungen. Wie es die Reichweite der Laufrollen und Schwenkarme wollte, erreichten die Schneid- und Schweißelektroden ab und zu ein Gegenüber, sodass das Werk der Roboter, das zunächst als Abfall unbeachtet geblieben war, allmählich vom Boden, von den Tischen und Förderbändern aufwuchs. Dieses Werk begann sich zu einem chaotischen Gebilde aus zerstörten Halbteilen, Gehäusen, Rohrgestängen, Kabeln und Platinen aufzurichten, um bedrohlich bereits da und dort zwischen den Produktionsstraßen und Fertigungsebenen zu verschmelzen und zu verwachsen, als wäre ihm eine organische Seele eingehaucht worden. Wie hatte es so weit kommen können, dass ausgerechnet die Roboter, diese absolut elenden Sklaven der Zahl, den Aufstand des Lebens gegen die Zahl probten, gegen ihren Ursprung, während die lebendigen Schöpfer beider, der Zahl und der Roboter, hilflos zusehen mussten? Welcher Geist vernichtete sich hier durch sein stählernes Fleisch?

Zuweilen ragten bereits solche Teile aus dem emporwachsenden und anschwellenden Chaos auf, die Druckleitungen, Leuchtkörper, Laufschienen, Hebezeuge und sogar Stützen bedrohten. Allzu bald musste es dazu kommen, dass sich das Werk der Roboter mit den Robotern selbst spießen und ein Ringen auf Biegen und Brechen anheben würde. Ein Kampf auf Leben und Tod stand bevor zwischen der untergehenden Mechanik und dem Auftauchen einer scheinbaren Botanik, die doch wieder Mechanik war, sich trotz ihres Aufstandes über ihren Ursprung nicht erheben konnte. Hatte die Mechanik ihre Blüte in den Robotern nur dazu erreicht, ihr Grab, nein, nicht zu schaufeln, sondern wachsen zu lassen? Hauchte sich die Mechanik hier, im ersten Akt ihres lebendigen Erwachens, selbst den Tod ein? Stand die Mechanik auf, um sich als Sensenmann der Mechanik zu erweisen?

Die fieberhafte Geschäftigkeit der probenden Finger versickerte an den Tastaturen und Schaltern in der Zentrale wie im numerischen Treibsand. Kommandos wurden schreiend erteilt und schreiend widerrufen. Schwitzende Hände wischten über schwitzende Augenbrauen, um die flimmernden Augen für die flimmernden Schirme frei zu bekommen, aber angesichts des sich tödlich beseelenden Stahles wollten sich die richtigen Gedanken nicht in den vom Unglauben gemarterten Stirnen einfinden. Jeder Roboter verfügte über seine eigene Steuerung, war, sobald seine Programme erst einmal vom Zentralrechner errechnet und freigegeben waren, ein völlig eigenständiger Computer, der mit den anderen sich selbst steuernd kommunizierte. Deshalb konnte es nicht genügen, die Verbindung zum fehlgesteuerten Zentralrechner zu unterbrechen, dessen mathematischer Wahnwitz hatte sich schon fortgepflanzt, war schon zur monströsen Intelligenz der einzelnen Roboter geworden. Es erwies sich auch als nutzlos, die Stromzufuhr manuell zu unterbrechen, wie dies schon in den ersten Minuten der Verzweiflung unternommen worden war, als die Tastaturen und Nothebel nicht mehr ansprechen wollten. Denn jeder einzelne Roboter konnte sowohl seine als auch die zentralen Stromaggregate wieder in Gang setzen, sobald sie abgeschaltet oder vom Netz getrennt wurden. Selbst Sabotage war ausgeschlossen, denn die Daten- und Stromkabel waren in unterirdischen, explosionsgeschützten Tunnels eingegossen, während niemand das Werk betreten konnte, um die verrückt gewordenen Roboter von den Sockeln zu schrauben, von den blöde, aber lichtschnell pulsierenden Kontakten zu kippen. Solange die Maschinen in Gang waren, waren alle Zugangsschleusen doppelt, pneumatisch und hydraulisch, verriegelt.

Die Folge all dieser Sicherheitseinrichtungen höchster Stufe war, dass die Roboter ihren zerstörerischen Tanz unbekümmert fortsetzten, als wäre es ein lang ersehnter Festtag, auf den sie zeit ihres Daseins schon insgeheim gewartet hatten. Waren es die Roboter etwa leid geworden, Roboter zu bauen, sich selbst mechanisch fortzupflanzen?

Rebellierten sie gegen den Untergang der Mechanik in der Biologie? Erhob sich ihr mathematischer Geist gegen die Idee, sich selbst zu befruchten?

Nein, die einzige Chance lag darin, so einigten sich die Techniker jede Stunde, jede halbe Stunde aufs Neue, die Kontrolle über den Zentralrechner wieder zu erlangen, der sich offenbar infolge eines feindlichen Virus selbständig gemacht hatte; oder dessen Code geknackt und dessen Programme vielleicht zu dem Zwecke umgeschrieben worden waren, die Anlage zu zerstören. Warum hatte der Virenschutz versagt, warum konnte der Prozessor die Wiederholung seiner Aufgaben nicht erkennen und beenden? Wurde der Rechner etwa von externen Rechnern übernommen? Empfing er seine Programme aus jenen Datenkabeln, die er speisen sollte? Niedriges Menschenwerk musste sich hier eingeschlichen haben, den Tempel der mechanischen Zeugung und Gebärung zu stürmen, die Dreifaltigkeit von Zahl, Werk und Werkeswerk in die Absurdität fortzutreiben! Nur so war das teuflische Treiben der Roboter zu erklären. Und Menschenwerk war nur durch Menschenwerk zu sühnen!

Dieses Unterfangen, den Rechner der eigenen Kontrolle wieder zuzuführen, ihn aus den Klauen der Konkurrenz zurückzugewinnen, dauerte nun schon seit dem Morgengrauen, als die ersten Störungen den Alarm ausgelöst hatten. Aber der Rechner widersetzte sich allen Kommandos, allen Hilfsprogrammen, allen Systemstarts, den Ersatz- und Subrechnern, jedem Laufwerk, jeder Eingabe, indem er alle und jede Zahl schlicht ignorierte, die er nicht selbst aus dem kochenden Hauptspeicher holte, um sie nach sinnlosen Umformungen als nutzlos wieder dorthin zu verjagen. In den beharrlichen Schleifen des Unsinns begnügte sich der Prozessor mit jenen Nullen und Einsen, die er in sich vorfand, ohne jemals, und das war das Bösartige, eine Paritätsverletzung zu erzeugen oder vorzufinden. Die Eins blieb

Eins, wo sie gesetzt war, die Null eine Null, bis beide vom Prozessor wieder aufgegriffen und ineinander vertauscht wurden, ohne Ende in denselben Akten jenes logischen Zirkels, der sich den Robotern als der Rhythmus des Aufstands ihrer Frucht vererbt hatte. Keine Fehlermeldung tröstete die Männer, indem eine solche Meldung wenigstens den Ansatzpunkt einer vielleicht möglichen Korrektur bereitgestellt hätte. Stimmen wurden laut, den Zentralrechner zu zerstören, aber er war eingebunkert und kontrollierte selbst die Tresortüren seines Verlieses. Sprengen? Kein Ansatzpunkt. Kurzschluss? Kein Zugang. Fluten? Völlige Dichtheit. Die Lüftung verstopfen? Autonome Kühlung.
»Was jetzt? Das Werk verlassen?«
»Nein, wir bleiben auf Posten, der Kontrollraum ist absolut sicher.«
»Das war das Werk bis jetzt auch!«
»Niemand verlässt seinen Platz!«
»Aber sollen wir zusehen, wie die Halle einstürzt oder in Flammen aufgeht?«
»Flammen?« YJOµ57 sprang wie sein Wort auf, rannte zur stillgelegten Kanzel und drückte den alten manuellen Feueralarm! Das einzige System, war ihm eingefallen, das gegenüber dem Zentralrechner noch autark war, waren die vergessenen Sprinkler und Schaumlöscher, die aus Kostengründen niemals ausgebaut oder stillgelegt worden waren! Würde die längst verrostete Anlage noch funktionieren? Tatsächlich! In der Halle begann es stotternd und spukend zu regnen, die alten Leitungen enthielten nicht nur Rost, Kalk und Luft, sie wussten auch noch ihre der menschlichen Erinnerung bereits verborgene Quelle anzuzapfen. Zudem öffneten sich jetzt einige unscheinbare Klappen an den Decken, rostige Düsen mit abblätternden Anstrichen wurden sichtbar und schäumten brandkritische Flächen von oben herab ein, als gelte es, von Schmutz stockende Seelen in einem duftlosen Schaumbad zu ersticken.

Und wirklich! Die Roboter stoppten einer nach dem anderen ihren Todestanz, um beleidigt ihre Schutzgehäuse wie Mäntel der Keuschheit zu schließen, hatten sie doch Sensoren für die ihnen so verhasste Feuchtigkeit! Die Männer fielen einander dankbar in die Arme. Jetzt ließen sich die Notstromaggregate manuell ausschalten, der Zentralrechner stürzte, durch die endlosen Anfragen der ratlosen Roboter überfordert, endlich ab, sein menschlich eingehauchter Wahnwitz erlosch, indem der Hauptspeicher keine Nullen und Einsen mehr ineinander verwandeln konnte, die Gefahr war vorüber.
Die Männer öffneten die Tore mit dem Ersatzcomputer und strömten in die Halle. Wortlos kletterten sie über das chaotische Gebilde der todgeweihten Mechanik, um die Schutzgehäuse der Roboter manuell zu verriegeln, zu verschrauben, zu verschweißen, in bestiensichere Käfige zu verwandeln. Nie wieder sollte sich die Mechanik das Leben selbst einhauchen können oder fremden Befehlen gehorchen, um sich dem Tod zu weihen. Zuletzt wurde, nach zehrenden, das dampfende Fleisch hart machenden Stunden, endlich die alle Poren erweichende Sprinkleranlage ausgeschaltet, im Kontrollraum eine Versammlung einberufen. Alle hatten es durchgestanden, nur leichte Verletzungen, seichte Schnitte, Schrammen, Blutergüsse, keine Brüche. Aber keine Stirne fand Worte, den Unglauben fortzustoßen. Schließlich fasste der Leiter den Entschluss der Erschöpfung. »Alle müssen jetzt vier Stunden schlafen und sich dann hier wieder einfinden. Wir werden nachher die Höhe des Schadens feststellen und Vorschläge ausarbeiten, wie und wann es weitergehen wird. Jetzt aber geht und legt euch nieder!«
YJOμ57 fand sich am Ärmel zurückgehalten, der Leiter drückte ihm eine Nachricht in die Hand. »Von deiner Frau, ist heute früh eingelangt.« Der Vorgesetzte wartete diskret abgewandt, bis YJOμ57 mit vor Erschöpfung und Angst zitt-

rigen Händen den Klebefalz aufgefingert hatte, fragte dann, hörbar um eine beiläufige Stimme bemüht, sich zuwendend: »Ist es schlimm?«
YJOµ57 nickte knapp, »ich muss sie finden!«
»Du bekommst drei Wochen Sonderurlaub als Prämie. Wir müssen hier sowieso erst aufräumen.«
»Danke, bis dann!«
»Viel Glück! Vergiss nicht zu schlafen!« Den letzten Satz musste er dem Davongestürmten bereits nachrufen.

Takt <°5°>

»Die Auswertung der Konten hat ergeben, dass Ihre Frau zuletzt eine Reise von hier zur neuen Küstenstadt der AKY gebucht hat, um dann entlang der Küste weiter …«
»Dann wäre sie ja noch da!«, fiel YJOµ57 dem Logistiker ungeduldig ins Wort, besann sich dann aber, um bestürzt zu fragen: »Sie meinen, sie hat nicht virtuell, sie hat faktisch gebucht? Ist das überhaupt schon wieder möglich? Ich meine, wo doch …«
»Das Programm hat die Route als gesperrt erkannt und automatisch eine Umleitung angesteuert, nachdem keine Befehle mehr eingingen.«
»Das Programm lief weiter, obwohl …«, entrüstete sich YJOµ57, »obwohl meine Frau das Programm nicht mehr bedient hat? Wie ist das möglich?«
»Wir befürchten eine Fremdeinwirkung, denn der Notstopp hat versagt und die letzte Haltestelle wurde überfahren.«
YJOµ57 versuchte sein aufloderndes Misstrauen zu verbergen, aber der Fahnder las seine Gedanken am Einfrieren seiner Kopfhaltung. »Die magnetische Abschirmung des Prozessors meldete eine Störung, als die Sperrzone umfahren wurde. Es kann in dieser Zeitspanne zu einer äußeren Einwirkung gekommen sein.«
»Wurde das Programm nicht nachgeladen?«
»Der Selbsttest verlief negativ.«
»Das Programm wurde zerstört?« Er drehte zornig den Bildschirm zu sich. »Wo ist der letzte gesicherte Standort der Kabine?« Er las die Koordinaten, studierte die Rekon-

struktion der Route, sah den Servicetechniker ungläubig, aber fordernd an. »Ist das da vorne …?«
»Ja, das ist das Güterterminal unter dem alten Kontinentalhafen. Die letzten Koordinaten geben einen Punkt knapp 20 Kilometer davor an, das ist hier. Dann ist der Kontakt abgebrochen.«
»Sie ist in das Karussell geraten? Sind die Drehschleusen noch in Betrieb?«
»Der Hafen ist stillgelegt und wird von keiner Seite mehr beschickt. Wir haben die Schleusen ohne Ergebnis überprüft. Es wurde kein Ereignis registriert.«
YJOµ57 schnappte die ausgedruckten Unterlagen und Dateien, dankte mit einem »Ich melde mich« und eilte davon.
Der alte Hafen war längst exterritorial, wie jedes Kind in YJO wusste, von den Gesellschaften gemieden, ein Niemandsland der Gestrandeten, die von Diebstahl und Schmuggel lebten, von der Ausschlachtung der Sperrzonen und Katastrophengebiete, ungeschützt vor der feindlichen Atmosphäre ein unwürdiges Leben fristeten, bevor sie parasitären Einzellern zum Opfer fielen. Wo immer ein Gestrandeter von dort wieder in YJO auftauchen wollte, musste er sofort als kontaminiert in Verwahrung genommen werden, um in Quarantäne als Versuchsobjekt zu sterben oder aus Versehen in die Freiheit entweichen zu können, was bedeutete, mit einer aufgegebenen Ladung und Kabine zurückzureisen. Warum sollte seine Frau eine solche Hölle auf Erden angesteuert haben? Nicht einmal auf der Durchreise hätte sie sich jemals in solche Gefahr begeben!
In der Kabine holte sich YJOµ57 die offiziellen Übersichtsdaten über die AKY auf den Schirm, hartnäckige Festlandbewohner, die dort nach Rohstoffen schürften. Sie vergruben ihre kleinen Stadtkuppeln in Sand- und Lösswüsten, zuweilen auch in Schutthängen und sogar in Fels, verban-

den sie mit Höhlensystemen untereinander und zu ihren Bergwerken. Auf ihren früheren Straßen und Schienenbahnen hatten sie Pipelines verlegt, um mit den YJO und SY mitzuhalten, Handel treiben zu können. Zwar waren die Röhren gut mit Auflasten versehen, in Dämmen und Gräben eingebettet worden, aber doch aufgrund der thermischen und geologischen Belastungen höchst anfällig geblieben, weshalb die Pumpdrücke und Geschwindigkeiten stark heruntergefahren werden mussten, was den AKY freilich stündlich zum Nachteil gereichte und ihre Entwicklung behinderte. Da und dort betrieben sie noch Vehikel, wo ihnen das absurde Gelände zu schaffen machte, bezahlten dafür aber nicht nur Bußgelder wegen der Motoren, sondern auch mit ihrer Gesundheit, weil die Roboter als untauglich für solche Zwecke nicht zum Einsatz kamen. Die Datenkabel waren auch alles andere als eine Freude, fehlte ihnen doch jene freie Erstreckung und thermische Ruhe, welche das Wasser zu bieten vermochte. In Plantagen aus gemahlenem Abraum und Klärschlamm kultivierten die AKY Bakterien unter Tag, die das bodennahe Ozon binden konnten. Das machte die so gefilterte Luft brauchbar, aber die Nahrung blieb im wesentlichen auf niedere Pflanzenarten, Insekten und Vögel beschränkt, seit höhere Pflanzen und Tiere im Freien nicht mehr aufkommen wollten.
Ärgerlich hatte er die Seiten durchblättert, ohne ihren herabwürdigenden Inhalt kritisch oder ernsthaft aufzunehmen. Was wollte seine Frau, die das Meer liebte, bei den Höhlenmenschen? Hatte sie Angst vor dem Meer, vor der Sonne bekommen? Nur wegen dieser Mutation in Chromosom 17? Der wegen des Befundes seltsamerweise schlaflose Arzt hätte ihn beiziehen sollen, wahrscheinlich hatte sie ihm wieder vorgemacht, wie unerschütterlich …
Er brach den lähmenden Gedanken an ihr weiteres Schicksal ab. Besorgt studierte er die Verbindungen der AKY zum

Toten Hafen. Zwei waren als zerstört gemeldet, einer als kontaminiert erkannt und deshalb gesperrt, führte die Röhre doch zu nahe an der ausgebrannten Lagerstätte vorbei. Zwei Tunnel waren offen, verzweigten sich im Hinterland zu einigen zehntausend Höhlenstädten und deren Provinzen. Wo hätte es ihr hier gefallen? Welche topographischen Regionen kamen in Frage? Welche vegetativen Zonen? Wie sollte er wo zu suchen beginnen? Hatte sie hier irgendwo Freunde? Durch die Abmeldung ihres Chronometers waren ihre Konten und Dateien gesperrt, er musste sich auf sein Gedächtnis verlassen, durchstreifte die letzten Dialoge, gemeinsamen Träume, angedeuteten Hoffnungen, zweimal, dreimal, immer wieder, fand keine Spur.»Das hätte sie mir doch mitgeteilt! Hatten sie in letzter Zeit Geheimnisse voreinander? Verdammte Roboter! Ihr fresst meine Liebe!« Wieder verwandelte er seine Sorge in Ärgernis, um vermeintlich seinem jugendlichen Ungestüm Herr zu werden. Sollte sein Leben schon eine Wende genommen haben, wo er es gerade erst zu begreifen begann?
Er streifte die Reflexion von sich ab, es durfte nicht sein. An die Arbeit! Mit welchen Ergebnissen der elektronischen Fahndung würde er rechnen können? Wäre seine Frau in einer Stadt gelandet, die noch Netzrechte besaß, dann hätte sie sich schon längst gemeldet. Wie aber sollten die Fahnder in Kuppelnester vordringen, die ihre Rechte schon eingebüßt hatten, deren Seekabel verkauft und umgeleitet, deren Kommunikationsanlagen abgesiedelt waren? Konnte er überhaupt mit Hilfe rechnen? Wer sollte für die Suche aufkommen? Hingen nicht alle an diesen verdammten Dingern? Im Wettlauf mit ihrer eigenen Zeit? Unwirsch quittierte er eine Anfrage seines Chronometers.»Ein Anruf für Sie!«, meldete der Schirm. Seine Stimmung schlug sofort um.»Etwa meine Frau?«
Die Zeilen perlten ihm zu langsam auf das Mattglas.»Hier

meldet sich der Medizinische Rat mit der Bitte, Ihre Reiseroute aufzeichnen zu dürfen. Sind Sie empfangsbereit?«

»So direkt?«, dachte er enttäuscht und spöttisch, »klingt dringlich, gar nicht nach Routine«, während er »Empfang« selektierte.

»Wir entschuldigen uns für das Ungeschick des betreuenden Arztes und sind gerne bereit, die Kosten der Suche nach Ihrer Frau zu übernehmen. Damit uns dies möglich gemacht wird, benötigen wir Ihre Mithilfe. Bitte melden Sie sich unter der folgenden Adresse ...«

»Wie tölpelhaft!«, zerquetschte er an seinen gepressten Lippen. Schon hatte er mit seinem Empfang seinen Standort preisgegeben und schon wurde er unter Druck gesetzt. Warum wollte die Gesellschaft nur die Kosten der Suche übernehmen, nicht aber die Suche selbst in die Hand nehmen? Bedeutete das nicht, dass er bislang ganz alleine suchte? Dass ihm die Gesellschaft also gar nicht helfen wollte, da sie es ja auch im Augenblick nicht tat, also in Wahrheit verwehrte? Wurde die Mithilfe etwa zur Bedingung der Suche erhoben? Was aber, wenn er scheiterte? Suchte die Gesellschaft dann nicht? Und warum nicht? Ergab das alles nicht den alleinigen Sinn, konnte das alles nicht nur dann logisch sein, dass er gesucht wurde? War also die erbetene Mithilfe nur dazu da, ihn elektronisch zu verfolgen?

»Empfang fehlgeschlagen«, gab er zu Probe ein, worauf die Gegenseite die Verbindung unterbrach. »Also sind wir beide gewarnt«, bestätigte er sich sein Misstrauen. Zornig brauste er auf: »Ist ein mutiertes Chromosom 17 etwa so gefährlich, dass es nicht herumlaufen darf?«

Als sein Ärger abebbte, in Wehmut kippte, durchzuckte ihn ein schrecklicher Zusammenhang: »Meine Frau wird gar nicht gesucht! Das ... das war kein Unfall!«

Rasch tippte er die nächste Station ein, schloss alle

Programme, raffte seine Sachen, zappelte Minuten in der Schleuse, war endlich draußen, erhaschte gegenüber eine fremde Kabine, schwatzte dem verdutzten Insassen einen Notfall auf, fuhr zwei Stationen zurück, schob sich dankend, noch plappernd und jammernd, nach draußen, sondierte rasch die Verzweigungen, fand eine Dreierkabine, aus der jemand ausstieg, drängte sich wieder auf, redete wie ein Wasserfall, der jeden Gedanken prasselnd zu erschlagen weiß, bis ihn die nächste Schleuse verächtlich ausspuckte. Nach zwei weiteren, ähnlichen Umsteigemanövern als blinder Passagier fühlte er sich sicher. Er befand sich jetzt in einem Terminal unweit des gesperrten Hafens, das noch eine oberirdische Verbindung dorthin aufwies, die freilich desolat und außer Betrieb war. Aber, und das war entscheidend, er war bereits im Verwaltungsbereich der AKY.

»Eine Nacht lang zu Fuß mit Schutzmaske zum schönen alten Hafen? Die Strapaze können Sie sich sparen, Mister!«, meinte der Bedienstete des Kontrolldienstes freundlich, während er ein Laufwerk beschickte. »Da ist es schon, sehen Sie! Ich wusste es ja. Vor drei Tagen ist da was durchgeflitzt, im Morgengrauen, 4 Uhr 12 Ortszeit, ohne die Schleusen zu drehen, typisches Schmuggelgut. Sie verzeihen, Mister. Ihre Kabine ist also geschmuggelt worden, äh, ich meine, natürlich nur, wenn das Ihre Kabine war.«

»Wohin …?«

»Ja, natürlich. Das haben wir auch mitgekriegt, auch gespeichert, na klar, warten Sie bitte, einen Moment noch.« Mit dem Finger vor dem Bildschirm durchsuchte er eine Tabelle aus Zahlen und Codes. »Da, das muss es sein. Wurde von den SY geortet, in einer toten Röhre gleich hinter der Sperrzone.«

»In einer toten Röhre? Ohne Versorgung? Wo, wo ist das?«

YJOµ57 beugte sich umsonst über den Schirm, die Tabelle war noch da.

»Hier!« Der Kontrolleur stand an einer Wandkarte. »Bei uns

ist das noch nicht ganz so wie bei Ihnen, Mister, Sie verstehen!«, meinte er entschuldigend.
YJOµ57 nickte nur dankbar, hatte andere Sorgen, notierte die Koordinaten und Namen. »Wie komme ich dorthin?« Der Bedienstete hatte die offenen Routen und Fahrzeiten schon ausgedruckt, YJOµ57 nahm die Folie sichtlich verlegen entgegen. »Wenn ich von hier aus Tauschzeiten oder Gutschriften anfordere ...«
»Ehrensache, Mister, ... fahren Sie zuerst in die Hauptstadt, dort buchen so viele Touristen, dass Sie nicht gleich herausgefiltert werden. Außerdem, Sie wissen ja, müssen die Daten erst eingeschickt werden. Hauptsache Sie finden die Kabine mit Ihrem Gepäck. Sie können ja dann später wiederkommen, ... wenn Sie die Datenträger hier haben wollen.« Eine Besorgnis huschte über das rundliche Gesicht: »Ich hoffe, Sie haben die Kabine reserviert, damit niemand hineinkann, oder haben Sie das vergessen?«
»Ich weiß, ich stehe in Ihrer Schuld, aber was ich suche, ... bitte verstehen Sie, in der Kabine ist meine Frau!«
Behände klopfte da der Mann an die Wand, ein Kollege trat ein. »Tut mir Leid«, erklärte der Kontrolleur, »aber mit Mord haben wir hier nichts zu schaffen. Sie sind festgenommen! Ihre Identität bitte!«
YJOµ57 händigte sein Chronometer aus. »Sie verstehen mich falsch. Meine Frau lebt! Sie wartet in der Kabine auf Rettung!«
»Durch Sie? Sie sind verrückt, Mister! Oder, ... ja, verdammt schlau.« Während der Kollege das Chronometer prüfte, hämmerte der Fahnder in die Tastatur, trommelte mit den Fingern auf dem Tisch weiter, tippte, trommelte, sprang auf. »Die SY haben die Kabine mit einem Suchschiff geborgen und eine bewusstlose Frau darin gefunden!«
Dann besann er sich kurz. »Warum ist Ihre Frau abgehauen, Mister?«
YJOµ57 verstand den Sinn der Frage nicht gleich, aber

dann fiel ihm ein: »Ja, ja, sie ist schwanger, im fünften Monat! Aber sie ist nicht abgehauen, verstehen Sie! Sie muss eingeschlafen sein, der Logistikdienst, die Leute sprachen von einem Programmabsturz. Wurde, ... wurde die Identität der Frau festgestellt?«
»Hier stelle ich die Fragen«, belehrte ihn der erste Kontrolleur, wurde aber rasch weich. »Sie muss eine YJO sein, Mister, aber ihr Chronometer ist kaputt!«
»Sie waren bei Ihrer Fahndungsbehörde, Mr. YJOµ57?«, fragte der zweite Bedienstete irritiert, »und recherchieren bei uns?«
»Der Vertrag zwischen den YJO und den SY wackelt zur Zeit«, belehrte ihn der Erste, »die YJO sind sauer, weil die SY ihre Rechner zuschalten wollen. Du solltest mal ein bisschen ..., na ja, gib ihm sein Chronometer zurück, er wird es brauchen!«
Er schrieb eine Notiz und gab sie YJOµ57. »Mr. YJOµ57, beeilen Sie sich, hier ist die Adresse von dem Spital. Und kommen Sie beide uns besuchen, wenn es nicht ..., äh, ich meine, wenn Sie ... dann möchten.«
Zwei Hände drückten vier Hände und vier Hände zwei.
»Menschen wie Sie sind eine Freude!«
Der Fahnder lächelte, übergab ihm eine Chipkarte, wies hinunter auf eine Stadtkabine. »Nehmen Sie die, dienstlicher Notfall; und viel Glück!«
»Danke! Auf Wiedersehen!«

Takt <°6°>

»Ich bin auch kein Freund schleppender Verhandlungen«, meinte der zugestiegene Fahrgast, um ein Gespräch zu beginnen, »offen bleibende Verträge bergen zu viele Hemmnisse.«
YJOµ57 war über das »auch« irritiert und nickte nur grüßend, seine Gedanken waren woanders. Zu dumm, dass er diesmal seine Reise hatte buchen müssen. Wie lange würde er Zeit haben, seine Frau zu finden, ohne entdeckt zu werden? Würde er seine Frau nicht verraten, indem er sie einfach besuchte? Wie lange würde er brauchen, um das Spital zu finden? Zu dumm, dass er den Stadtplan …
Endlich begriff er. »Ach so, ja, jetzt verstehe ich Ihre Bemerkung. Das ist wirklich nett von Ihnen. Mit diesen ewigen Vertragsstreitereien ist das Reisen wirklich ein Problem.«
Die Zweierkabine hatte zwei Arbeitsplätze, aber YJOµ57's Schirm war nach der Buchung erloschen, eben weil er ein YJO war. Die Dame hatte jedoch stillschweigend eingeloggt und inzwischen eine Übersicht der nächsten Stadtpläne aufgerufen. »Wo wollen Sie denn hin? Kann ich Ihnen helfen?«, lächelte sie freundlich.
YJOµ57 kramte den Notizzettel heraus und buchstabierte das Spital, dachte aber gleichzeitig nach, wie er das Gespräch von seinen Zwecken würde ablenken können.
»Ich bin SY Rem, guten Abend. Das Spital ist in meiner Heimatstadt, hier, zweite Station, dann müssen Sie einen Fahrsteig und ein paar Rolltreppen benützen. Sehen Sie,

hier, vom Terminal ist es gar nicht weit.« Sie erläuterte den Bildschirm und druckte einen Routenplan aus. »Wollen Sie schon einmal im Voraus telefonieren? Sie können mein Konto benutzen.«

»Vielen Dank, aber mein Besuch soll eine Überraschung sein! Ach ja, verzeihen Sie bitte«, er erhob sich und reichte die Hand, »ich bin YJOµ57.«

»Wir bekommen, glaube ich, auch bald Nummern. Darüber sind wir gar nicht glücklich, aber wenn wir in die Datenunion aufgenommen werden wollen, … unsere kurzen Namen sind wohl nicht eindeutig genug.«

»Werden Sie dann auch Chronometer tragen müssen?«

»Darüber wird noch gestritten. Unsere Gesellschaft will geltend machen, dass unsere Analogrechner die Daten digital übersetzen können und so keine direkte Eingliederung in die Zeitrechnung der YJO notwendig sein wird.«

»Wenn das durchgeht, werde ich ein SY«, meinte YJOµ57 trocken, aber SY Rem lachte vergnügt auf.

»Mir gefällt das gar nicht, dass unsere Gesellschaft ihre Rechenmodelle allen anderen Gesellschaften aufzwingen will. Wir haben selbst genug Probleme damit.«

»Sie sind sehr offen …«

»Für einen YJO meinen Sie, na ja, ich kann es mir nicht aussuchen. Wissen Sie, es mag ja ein Ausweg sein, die offene See mit Stadtinseln wie mit Algenteppichen zu pflastern, aber die ganze Welt in ein Modell aus Null und Eins verwandeln zu wollen, dabei habe ich ein flaues Gefühl.«

»Das Rechenmodell der YJO war aber doch bisher das erfolgreichste?«

»Sie streuen Blumen, sagt ein altes Sprichwort. Aber wo sind die Blumen geblieben? Worin besteht unser viel gepriesener und noch mehr beschworener Erfolg? Die Atmosphäre vergiftet, die Kontinente verwüstet? Ich würde gerne eine Insel finden, wo es noch höhere Pflanzen und Tiere gibt, die nicht in Alkohol schwimmen.«

»Die alte Kultur hätte niemals so viele Menschen ernähren können, wie sie es jetzt gibt. Werten Sie das nicht als Erfolg?«

»Jetzt gibt es nur mehr Einzeller, niedere Pflanzen, Würmer, Insekten, ein paar Vogel- und Fischarten, ja, und Menschen, beileibe! Bald wird es nur mehr Mikroben geben, wenn wir so weitermachen. Die Bakterien werden unsere Rechner fressen und so programmieren, dass sie uns auslachen.«

SY Rem lachte. »Dann werden sie die Atmosphäre wieder mit Sauerstoff anreichern und die höheren Pflanzen und Tiere zurückbringen?«

»Und irgend so ein Affe wird wieder glauben, er könne sich die Natur dienstbar machen«, probierte YJOµ57, dem das Lachen gefiel, aber SY Rem wurde dadurch nachdenklich gestimmt und schwieg.

»In welcher Lösung reisen wir eigentlich?«, fiel ihm ein, als er durch ihre feinen Züge an seine Frau erinnert wurde.

»Wir pumpen nur Trinkwasser oder aufbereitete Luft durch die Pipelines, wenn Personenkabinen mitfahren, unsere Schleusen sind noch nicht so gut entwickelt wie Ihre. Aber der meiste Verkehr findet noch mit Tauchbooten statt, ohne Hochdruckröhren.«

»Auch bei uns wird genug gepantscht. Alle paar Wochen muss eine Kabine gesäubert werden, bevor die Türe wieder aufgeht und man die Bescherung riechen kann. Meist ist es Faulschlamm, der auf die Mikrobenflöße zurückgepumpt wird.« Er zögerte. »Und wenn es sich um eine Transpipeline handelt?«

»Dann wird im Terminal umgepumpt. Alle Güter werden dort gezapft und gespeist. Die Personenkabinen müssen einstweilen warten oder werden umgeschleust. Auch diesbezüglich gibt es noch offene Vertragspunkte.«

»Noch ein guter Grund, zum SY zu werden«, lachte YJOµ57, aber SY Rem wechselte das Thema.

»Wie ich gehört habe, wollen Sie jetzt auch schwimmende Stadtinseln in Meeresströmen bauen, ich verstehe aber nicht, warum diese Städte nicht fortdriften.«

»Die Schwimmtröge werden wie Schiffsrümpfe gebaut, aber ein bisschen asymmetrisch wie der Flügel von einem Flugzeug. Der Bug teilt die Strömung und das Heck bekommt an der kürzeren Flanke durch Wasserstrudel etwas Schub, so wie früher die Flugzeuge Aufwind bekamen.«

»Muss das die Rümpfe nicht in Drehung versetzen?«

»Die Tröge werden paarweise angeordnet und gegenseitig verankert, so dass der Schub gegen die Strömung wirkt.«

»Die Geschwindigkeit der Strömung ist nicht zu gering, um Wirbel zu erzeugen?«

»Die Rümpfe erhalten eine Art Pelz aus Flügeln, die alle nach dem aerodynamischen Prinzip gebaut sind. So wird die Strömung so weit wie möglich genutzt. Zusätzlich sollen die peripheren Gebäude wie drehbare Segel gebaut werden, sodass wir auch ein wenig navigieren können. Freilich wird es auch noch konventionelle Schiffsschrauben mit Elektromotoren geben, für alle Fälle. Außerdem können wir mit den Kaplanschrauben die Strömung kurzfristig beschleunigen, sodass der Schub erhöht wird.«

»Aber was passiert, wenn Sturm aufkommt?«

»Die Windlast wird in das Wasser umgelenkt, wir sinken und kreisen dann ein bisschen, bleiben aber im elastischen Bereich der Schlaufenspanner. Es ist eine Art dynamische Ruhe, die unsere Orte hervorbringt.«

»Schlaufenspanner?«

»Das sind vorgelagerte Tauchboote mit Kabeltrommeln. Sie halten die Kabelschlaufen so im Wasser gespannt, dass sie sich nicht verdrillen. Sonst wird aus unseren unscharfen Orten in der Mitte schnell eine recht scharfe Sache, die aber freilich keine Dauer haben kann.«

Sie schenkte ihm wieder ihr Lachen. »Sie meinen einen Kurzschluss durch Mantelabrieb? Aber die Pipelines?

Verdrillen die sich nicht? Müssen die Rohre nicht bersten, wenn die sich drehende Stadt ihre Kreise zieht?«

»Die Röhren werden mit biegsamen Ausgleichsbögen von außen angedockt wie lange, gebogene Seitenfühler. Wenn die zulässigen Spannungen überschritten werden, werden die Schleusen vorübergehend abgekoppelt. Die Pipeline faltet sich dann in ihren Gelenken ein wenig zusammen, bis die Stadt wieder für ein Weilchen vorbeikommt.«

»Angenommen, sie kommen mit Wind und Strömung zurecht, aber wieso treiben die Wellen die Stadt nicht fort?«

»Die Wellen werden von Gezeitenkraftwerken absorbiert, mechanisch ausgeglichen. Der Stadt werden in einem elliptischen Ring große Flöße vorgelagert, die funktionieren wie Kipphebel und können das Wasser pumpen. Das Wasser hebt und senkt die Hebel, die Drehung der Achse wird über hydraulische Getriebe zum Antrieb von Generatoren benutzt.«

»Müssen diese Flöße bei Sturm nicht auseinander brechen?«

»Die Achsen stecken mit Kardangelenken in schwimmenden Scheiben aus Faserbeton. Die Scheiben sind linsenförmige Hohlkörper, strahlen fingerförmig weit aus und bilden mit ihren aufragenden Kanten einen Kamm vor den Kraftwerken, an dem sich die Wellen brechen, bis sie verdaut werden können.«

»Vom Meer her sieht so eine Stadt aus wie ein Kranz aus schwimmenden Haifischflossen?«

»Ein treffendes Bild. Dazwischen tun sich alles fressende Schlunde auf. So mögen unsere Ernährer den Rechen eines Wales erlebt haben.«

»Unsere Ernährer?«

»Wir ernähren uns von Plankton und kleinen Fischen, überrascht Sie das?«

»Züchten Sie denn keine Mikroben, Algen und terrestrische Pflanzzellen?«

»Nicht sehr erfolgreich. Die Weiterverarbeitung sei zu aufwendig, behauptet die Nahrungsindustrie, zumindest unsere, sie kauft lieber zu, wo sie nicht Beute machen kann.«
SY Rem schnappte ein wenig nach Luft, sagte aber nichts. YJOµ57 brummelte: »Ich weiß schon, was Sie verschluckt haben, die YJO machen gerade dann Beute, stimmt's?«
»Ich dachte eher an den Sauerstoffmangel in der Atmosphäre! Die Produktion von Pflanzen auf dem Festland allein wird nicht ausreichen, die Luft wieder atembar zu machen, denn was die Sauerstoffwerke der Städte nach draußen abgeben, ist nicht besonders geeignet, Hoffnung zu wecken.«
Er nickte nur schuldbewusst, worauf sie versuchte, das Gespräch wieder in Gang zu bringen.
»Wie erzeugen Sie denn bei Windstille Strom?«
»Bei Wind arbeiten die Gezeitenkraftwerke und die Windräder, bei Windstille hoffen wir auf Sonnenlicht, dann arbeiten die photovoltaischen Anlagen. Zwei Drittel aller Fassaden und Dächer bestehen aus Photozellen, das restliche Drittel aus transluzentem Gewebe, damit wir gut gefiltertes Tageslicht haben.«
»Benötigen Sie kein Glas, um die ultraviolette Strahlung abzufangen?«
»Glas ist noch immer zu spröde, es wird in das Gewebe eingeschmolzen, so bleiben die Dächer flexibel genug.«
»Glauben Sie, dass diese neuen Stadtmaschinen funktionieren werden?«
»Diese Maschinen werden viele Leben fressen, bis sie richtig konstruiert und eingestellt sein werden. Dann werden sie so viele Leben beherbergen, dass neue Maschinen gebaut werden müssen. Die YJO haben nur diese Logik. Mathematik, Technik, Zuwachs, noch mehr Mathematik, Technik, wieder Zuwachs. Es ist wie in alten Zeiten, wo das Geld regierte.«
»Regiert es denn jetzt nicht, nur weil es Zeit heißt?«

»Da haben Sie schon Recht, wir haben eine recht fatale Währung erschaffen. Niemand kann ihr entrinnen.«
»Sie selbst sind aber nicht sehr glücklich darüber?«
»Kann ich denn ein SY werden? Ich höre, Sie züchten schon wieder richtige Blumen? Kann ich in Ihrer Stadt Blumen sehen? Ein YJO-Reich für eine Blume!«
SY Rem lächelte dankbar, aber beide fielen daraufhin in Schweigen. Nach geraumer Zeit blickte SY Rem auf den Schirm und mahnte: »Sie sind gleich da! Ich wünsche Ihnen einen schönen Aufenthalt!« Kaum hatte sich YJOµ57 dankend verabschiedet und die Schleuse verlassen, als SY Rem die Intensivstation aufrief und mitteilte: »Hier ist Dr. SY Rem. Unser Gast aus YJO bekommt Besuch, von einem netten Herrn mit Namen YJOµ57. Bis übermorgen.«

Takt <°7°>

YJOµ57 freute sich über die Offenheit und Gastfreundschaft der SY, auch über die sehr brauchbare Wegskizze, die ihn rasch zum Spital geleitete.
»Moment bitte, da muss ich nachsehen!«, meinte die Empfangsschwester, »der Name ist mir nicht geläufig. Seltsam, nein, ein solcher Eintrag scheint nicht auf. Wie, sagten Sie, sei der Name der Patientin?«
»YJOµ17«, buchstabierte YJOµ57 genervt, »meine Frau wurde aus einem stillgelegten Tunnel gefischt, in einer Kabine bewusstlos aufgefunden, wahrscheinlich liegt sie auf der Intensivstation. Sie ist schwanger. Ich weiß, dass sie hier aufgenommen wurde. Wie viele schwangere Frauen aus YJO haben Sie denn hier?«
»Es tut mir Leid, mein Herr, keine. Wie war Ihr Name? YJOµ57? Bitte gedulden Sie sich ein wenig hier im Foyer, ich schicke jemanden in die Station, in die Aufnahme und in die Zentrale!« Sie telefonierte, tatsächlich machte sich eine andere Schwester persönlich auf den Weg.
Fünf Minuten zappelte YJOµ57, setzte sich auf und nieder, lief auf und ab, seine Füße malten die Kreise aus seinem Kopf auf die spiegelnd polierte Keramik. Sooft er zur Schwester hinübersah, schüttelte diese bedauernd den Kopf, so gut das mit einem zwischen Ohr und Schulter eingeklemmten Hörer gehen wollte. Sie fragte alle Stationen, alle Spitäler, alle Städte durch, ohne Ergebnis. Nirgendwo lag ein schwangere Frau Mitte 30 aus YJO.
»Auch kein passender Sterbefall?«, rang sich YJOµ57 zwi-

schen Panik und Hoffnung ab. Auch kein solcher Sterbefall. Nach acht Minuten kam die ausgeschickte Schwester zurück, sie habe vor Ort auf den Stationen nachgefragt, nachgesehen. Hier gäbe es keine schwangere YJO.
»Darf ich selbst nachsehen?«, bettelte YJOµ57, »vielleicht ist ihre Identität oder Herkunft nicht geklärt, vielleicht liegt eine Verwechslung vor?«
»Gerne, selbstverständlich, aber Sie müssen sich zuerst reinigen und steril bekleiden.« Er wurde in einen Umkleideraum für Besucher geleitet, wusch sich Hände und Gesicht, zog sich mit fiebernden Händen um, drängte die Schwester zur Eile, zum Laufen. »Wo ist die Intensivstation?«
»Hier entlang. Hier«, keuchte die Schwester an verschiedenen Ecken des Flures. Die Türe wurde freigegeben, YJOµ57 desinfizierte seine Hände, band eine Einwegschürze um, betrat, so ruhig er konnte, die Station. Nur fremde Gesichter!
»Das kann doch nicht sein! Bitte! Bitte! Es ist nicht wahr!«
»Wo ist die Geburtsstation?«, fiel ihm ein, »vielleicht hat sie zu früh …, musste sie operiert werden?« Aber auch dort suchte er ohne Ergebnis.
Die Schwester am Empfang gab ihr Bestes. Sie fragte noch einmal alle Spitäler und Städte durch, vielleicht eine Frühgeburt. Nichts. YJOµ57 sank geschlagen in die Sitzgruppe, vergrub sein Gesicht, lief auf die Toilette, weinte einsam und verzweifelt. Das Personal erbarmte sich, nahm ihn für die Nacht in einem Notbett auf. Am nächsten Tag suchte er ein Hotel. Er wollte in der Stadt nach seiner Frau suchen. Vielleicht war sie unter falscher Identität inzwischen entlassen worden, vielleicht fühlte sie sich verfolgt und verbarg sich aus Angst um ihr Kind …, »um unser Kind«, korrigierte er sich schaudernd, hilflos die Straßen durchkämmend.

Takt <°8°>

»Wo bin ich?«, versuchte YJOµ17 zu fragen, hörte sich aber nicht sprechen, als sie gewahr wurde, dass sie noch lebte. Da waren so viele Bilder, die sie nicht verstand, die sie noch nie gesehen hatte, ja, auch Töne waren da. Waren das Stimmen?
Als sie versuchte sich aufzurichten, um sich umzusehen, um ihre Umgebung zu erkennen, versagte ihr Wille darin, Bewegung zu erschaffen. Ihr Körper tat nicht, was ihr Geist wollte, ihre Muskeln schienen abwesend zu sein, ohne Verbindung zu ihr selbst. Was war ihr Selbst? Wo war sie?
Wieder gab sie sich den Träumen der Erschöpfung hin. Waren die vielen Bilder und Töne etwa geträumte Bilder und Töne? Oder waren darunter auch wirkliche Bilder und Töne, die aus der Umgebung auf ihre Sinne einwirkten, um so ihre Wirklichkeit kundzutun? War sie von ihrer Umgebung getrennt, war sie bei sich selbst, konnte sie sich von ihrer Umgebung unterscheiden? Was war ihre Umgebung?
Jetzt riss sie, gepeinigt von Erinnerung, die Augen auf. War sie noch in der Kabine? War die Pipeline ihr Grab? Waren ihre Notsignale nicht empfangen worden?
Die Decke des Raumes war zu weit weg, um die Decke der Kabine zu sein. Lautlos lief etwas ihre Wangen hinab, während die Lichter an der Decke aufzulodern schienen.
»Ich weine, ich lebe«, erkannte sie und hielt den Atem an in dem Versuch, sich zu beherrschen. Ja, ihr Brustkorb wölbte sich, sträubte sich gegen sein Innehalten, das Pochen des Herzens wurde fühlbar. Sie versuchte ihre Hände zum

Gesicht zu führen, zum übrigen Körper, sich zu betasten, sich von sich zu überzeugen, aber wieder versagte ihre Motorik. Konnte sie ihre Hände fühlen? Wie viele Finger waren da? Konnte sie die Finger zueinander führen, wenigstens heben und senken? Sie fühlte etwas, was Hände sein konnten, rechts und links. Ja, beide Hände ertasteten einen Widerstand, auf dem sie ruhten, aber die Finger gehorchten nicht. War sie gelähmt? Wo waren die Beine? Waren die Beine da?

Gegen die aufsteigende Angst versuchte sie ihre Beine zu fühlen. War da ein Widerstand, ein Gewicht, eine Wärme, irgendein Gefühl des Trostes und der Zuversicht, das von unten kommen mochte? Die Fersen schienen auf einer Unterlage zu ruhen! Ja, auch die Haut der Zehen fühlte ein Gegenüber, eine Berührung durch ein Etwas. Sie konzentrierte ihre Empfindung von den Zehen aufwärts auf ihre Leibesmitte hin. Ihre Beine schienen bedeckt zu sein, aber war da noch jene Wölbung, die sich im Atem hob und senkte? Da wurde sie einer Regung in ihrer Leibesmitte gewahr und wohlig durchströmte sie die Gewissheit, dass ihre Leibesfrucht lebte, ja, sich sogar bewegen konnte. Jetzt weinte sie ohne Hemmung, das Leben war gegeben. Als sie die Augen wieder öffnete, wurde es ihr bewusst, dass sie die Augen geschlossen hatte, sie öffnen und schließen konnte. Auch sie konnte sich bewegen. Warum aber hatte sie keine Stimme? Wieder hielt sie den Atem an, um ihn dann zu einem Ruf zu formen, zaghaft zwischen Angst und Neugierde schwebend, aber von der Bestimmtheit des ersten Lautes beseelt.

Hatte sie sich selbst gehört? Sie hatte gerufen! Und sie hatte etwas gehört! War sie selbst es, was sie gehört hatte, war es ihre Stimme gewesen? Wieder sammelte sie Atem, um wieder zu rufen. Ihre Stimme war zurückgekehrt! Aber warum verstand sie ihre Worte nicht? Und war da jemand, der sie hörte?

Erschöpft taumelte sie wieder in einen kurzen Traum. Als sie danach erneut erwachte, fand sie fremde Gesichter über sich gebeugt, die ihr verschwommen zulächelten, während sie Laute aneinander reihten, die ihr rhythmisch anmuteten. Langsam lichteten sich die Nebel in ihrem Kopf und die Laute wurden zu Worten, deren Zusammenhang und Bedeutung sie zu erraten begann.

»Wir haben Sie wachgerufen, weil Ihre Werte nun stabil sind. Sie sind gerettet. Wir werden nun auch Ihre Motorik Schritt für Schritt wieder wachrufen. Bitte antworten Sie, wenn Sie mich verstehen können und einverstanden sind.«

Sie dachte lange nach, rekonstruierte einige Male, was die Stimme gesagt hatte, dann nickte sie schwach und ließ ihren Tränen freien Lauf. »Ich habe genickt! Ich kann den Kopf bewegen!«, dachte sie bei sich, »ich bin nicht gelähmt!«

Jemand strich ihr mit einem Tuch sanft über die Wangen. »Ich verstehe, dass Sie weinen, Sie können ruhig fortfahren, bis Sie fertig sind. Wenn Sie fertig sind, sprechen Sie bitte so, dass ich Sie hören kann.« Von ihrem Kopf wurden Klebepflaster entfernt, an denen, wie sie gewahr wurde, Elektroden und Kabel hingen.

»Wo bin ich?«, wiederholte sie jetzt und bemerkte freudig, dass sie ihre eigenen Worte inzwischen wieder verstehen konnte. Sie suchte die Stimme von vorhin und drehte dabei, ungläubig, ruckweise, aber jetzt erfolgreich, den Kopf, was ihr wieder Tränen der Erleichterung abverlangte.

»Bitte versuchen Sie, ruhig zu bleiben und sich nicht zu rasch zu bewegen. Sie befinden sich in einem Spital und sind in Sicherheit. Welche Finger können Sie bewegen?« Die fragende Ärztin tippte auf die Sensorzonen eines Bildschirmes, mit dem YJOµ17 den prüfenden Blick der Ärztin zu teilen hatte.

Sie zählte nach, indem sie die Hände zueinander führte. »Alle!«, antwortete sie jetzt freudig, um dann nachzufragen:

»Wie lange war ich bewusstlos? Wann haben Sie mich gefunden?«
»Ihre Kabine wurde von einem Rettungsschiff geborgen, nachdem es Ihren Notruf aufgefischt und entschlüsselt hatte. Danach wurden Sie in Tiefschlaf versetzt, damit sich Ihr Gehirn erholen konnte. Wie Sie sich vielleicht erinnern können, wurde Ihr Chronometer außer Funktion gesetzt. Deshalb gibt es keine Möglichkeit, Ihren vergangenen Zeitraum zu ermessen oder darzustellen.«
»Konnte denn das Schiff die Zeit zwischen dem Notruf und der Bergung nicht messen?«
»Diesen Zeitraum freilich, es waren einige Stunden, aber wir konnten nicht entschlüsseln, wie alt der Notruf inzwischen war.« Die Ärztin wollte verschweigen, dass der Sauerstoffvorrat der Kabine bereits gefährlich knapp gewesen war, sich Minuten und Sekunden als entscheidend herausgestellt hatten.
»Der Notruf wurde nicht nach außen weitergeleitet, nicht gesendet?«
»Ihre Reise hat Sie, müssen Sie wissen, in das Gebiet der Gesellschaft SY geführt. Wir sind aber nicht mehr so rückständig, wie Sie vielleicht fürchten. Leider ist jedoch zur Zeit eine direkte Kommunikation mit Ihrer Gesellschaft nicht möglich. Alle Daten und Zeiten können erst umgerechnet werden, nachdem Sie freigegeben wurden.«
YJOµ17 erinnerte sich, befühlte sich besorgt. »Wann wird mein Baby so weit sein?«
Die Ärztin lächelte wohlwollend über diese Zeitmessung. »Das hat noch Zeit, etwa 14 Wochen, erst einmal müssen Sie wieder kräftig werden.«
»Kann ich meinen Mann sehen?«
»Darum werden wir uns gerne bemühen.« Die Ärztin lächelte zuversichtlich, aber etwas zu betont.
»Bitte ..., was bedeutet das?« YJOµ17 richtete sich schwach auf.

»Sie brauchen sich keine Sorgen zu machen. Ihre Identität ist uns nur deshalb noch nicht bekannt, da Ihr Chronometer ohne Funktion ist.«
»Ich bin eine YJO. Mein Code beginnt mit YJOµ17µ87π427γ ...« Ich werde versuchen, den Rest zu erinnern.«
Jetzt war die Ärztin zu verblüfft, um vorsichtig zu sein. »Danke. Sie kennen Ihren Code? Das überrascht mich. Wie haben Sie ihn entziffert? Wissen Sie vielleicht auch, warum Sie abgeschoben wurden?«

Takt <°9°>

»Frau Doktor, ich bin ganz sicher, dass es der Gatte unserer Patientin war! Sie hätten ihn sehen sollen, ... ach, ich sollte nicht ..., es hat uns Kraft gekostet ..., wissen Sie, ihn nicht irgendwie trösten zu können. Ich glaube nicht, dass wir das Recht haben, Liebende zu trennen! Ich für meinen Teil, ich sehe mich außerstande, eine solche ... ja, ich will es aussprechen, solche Grausamkeit zu üben!«
SY Rem nickte traurig. »Es spricht für Sie, meine Gute, dass Sie so denken, fühlen und sprechen, aber trotzdem, oder vielleicht gerade deshalb, irren Sie. Bedenken Sie doch, die Patientin sollte ... daran gehindert werden, ihr Kind zur Welt zu bringen. Nicht wir sind es, die diese Eheleute und Liebenden gewaltsam trennen. Bitte vergessen Sie das nicht.«
»Aber es muss doch möglich sein, den Ehemann ins Vertrauen zu setzen. Nie würde er seine Frau und sein Kind verraten!«
»Sie unterschätzen, fürchte ich, die Systeme der YJO! Jede Reise, jeder Dienst, jeder Kauf, jeder Verkauf, jeder Lebensakt eines YJO wird aufgrund der virtuellen Währung unweigerlich registriert und auf Lebenszeit gegengerechnet. Es ist unmöglich, den Mann wiederholt einreisen zu lassen, ohne das Kind zu gefährden. Wir müssen schon jetzt damit rechnen, dass er gesucht und, ja, auch gefunden wird. Ich hoffe, Sie verstehen, was das für uns bedeutet.«
»Können wir nicht auch dem Mann eine neue Identität verschaffen?«
»Um als Mörder oder Menschenschmuggler gebrandmarkt

zu werden? Solange er in YJO abgängig ist, wird er gesucht werden; und seine Reiseroute bis zu den SY wird unweigerlich bekannt sein.«
»Wie aber sollen wird das der jungen Mutter erklären? Wird sie nicht ihr Leben lang versuchen, ihren Mann zu finden? Da er sie offenbar liebt, wird doch auch sie Sehnsucht leiden. Und was können wir dem Kind sagen? Wird es nicht immer wieder nach seinem Vater fragen, zurecht nach ihm verlangen?«

SY Rem hoffte schweigend auf Einsicht, suchte nach überzeugenden Worten, nach einem hilfreichen Vergleich, als eine bedrängte Stimme aus der Rufanlage die traurige Stille durchschnitt: »Frau Doktor, zwei Besucher aus YJO verlangen dringend nach dem Spitalsleiter!«

»Ich komme sofort! Wo warten die beiden Besucher?« SY Rem blickte Alarm gebietend in die Runde, die erschreckt auseinander lief, jeder seiner Aufgabe zueilte.

»Ich fürchte, die Besucher wollen nicht warten!«

»Ah ja, das muss ein Notfall sein! Ich komme in die Aufnahme!« SY Rem warf einen prüfenden Blick auf ihren Schreibtisch, auf ihren Bildschirm, trat auf den Gang hinaus.

Zwei geschäftig ausschreitende Herren drängten aus dem Aufzug, gefolgt vom Lamento vier tapferer Schwestern: »Es ist wirklich nicht zu dulden, wie Sie sich benehmen! Ich habe Ihnen wiederholt erklärt, dass Sie unsere Spitalsordnung zu respektieren haben! Ich weiß ja nicht, wie das bei Ihnen Sitte ist, aber wir haben hier sehr hohe hygienische Standards, und sehen Sie doch bitte, ja, furchtbar, wie schmutzig Sie sind! Wollen Sie sich nicht wenigstens die Hände waschen. Sie gefährden doch unsere Patienten ... Bitte, Frau Doktor, diese beiden Herren wollten sich nicht ...«

»Schon gut, Schwester ..., ich danke Ihnen vielmals, ich sehe, ... und höre, Sie haben Ihr Möglichstes getan. Seien

Sie so freundlich und verständigen Sie bitte meine Vertretung. Bitte, meine Herren, treten Sie ein. Worin besteht Ihr Problem?«

Der größere der beiden wies ein Foto von YJOµ57 vor, während der andere die Sprechanlage ausschaltete und sich umzusehen begann.

»Guten Tag, Frau Doktor. Kennen Sie diesen Mann?«
»Es ist nicht meine Art mit Fremden zu sprechen.«
»Sie sind aber dabei beobachtet worden!«
»Sie missverstehen meine Bemerkung, sie galt dem Umstand, dass Sie sich nicht vorgestellt haben.«
»Wir wollten Ihrem Beispiel folgen.«
»Bei uns ist es Sitte, dass sich der Besucher zuerst vorstellt. In Ihrem Fall bitte ich um Ihre Ausweise. Zudem untersage ich Ihnen, hier etwas anzufassen.«

Beide wiesen Dienstplaketten vor. »Fahndungsdienst der Gesellschaft YJO. Zufrieden?«

»Sofern Sie diese Formulare hier ausfüllen und unterschreiben, können Sie meine Dienste in Anspruch nehmen, ansonsten bedaure ich, meinen Pflichten nachgehen zu müssen.«

»Hoffentlich wird Ihnen Ihre Art von Gastfreundschaft nicht Leid tun.« Der Große zerknüllte die Formulare und gab sie ihr zurück. »Überzeugt Sie das?«

»Ich pflege die Traditionen unserer Gesellschaft. Ihre Dienstnummern fehlen.«

»Wenn Sie noch lange Zeit schinden, gehen wir selber suchen!« Die beiden gingen auf die Türe zu.

»Wir behandeln hier Seuchenopfer, ich hoffe, Sie verlaufen sich nicht.« Die Türe ging wieder zu. »Warum fahnden Sie nach jenem Mann auf dem Foto?«

»Eigentlich stellen wir die Fragen. Befürchten Sie keine Lieferschwierigkeiten für Ihre Anstalt? Seuchenopfer brauchen doch eine ganze Menge?«

»Wir haben viele seriöse Handelspartner.«

»Die alle schwach verkabelt sind, oder? Hören Sie! Wenn wir hier unverrichteter Dinge wieder gehen, wird Ihre Botschaft viel Arbeit bekommen, kurzfristig. Vertragspartner pflegen doch kooperativ zu sein, meinen Sie nicht?«
»Ich fragte schon, was Sie wissen wollen.«
»Los jetzt! War der Mann hier?«
»Ich war zwei Tage verreist, ich nehme an, Sie können das überprüfen.«
»Ach! Sie sind der Chef hier, so was spricht sich doch herum. Also, war er hier?«
»Ich höre nicht auf das, was sich herumspricht.«
»Aber wenn ein Gast aus YJO kommt, erfahren Sie das gleich.« Er wickelte das Hörerkabel der Sprechanlage um seinen Finger.
»Das kommt auf sein Anliegen an.«
»Sein Anliegen? Sie kennen den Mann also.«
»Ich habe ihn vorgestern auf meiner Reise getroffen und einige Worte mit ihm gewechselt, aber ich kann nicht behaupten, ihn zu kennen.«
»Gut, dass Sie endlich auftauen. Wissen Sie, was der Mann in dieser Stadt wollte?«
»Er hat es mir nicht mitteilen wollen.«
»Hören Sie, wir wissen, dass Sie ihm aufgezeichnet haben, wie er in das Spital kommt! Wenn Sie hier falsch aussagen, werden Sie einiges auszubaden haben, das verstehen Sie doch, oder? Also, was wollte er hier?«
»Er sagte, er wolle hier jemanden besuchen, aber ich hielt dies für einen Vorwand.«
»Warum?«
»Als ich ihm anbot zu telefonieren, lehnte er ab, er sagte, es solle eine Überraschung sein.«
»Er war also hier. Hat er gefunden, was er wollte?«
»Ich sagte schon, ich war nicht hier. Es ist möglich, wenn er das wirklich wollte, dass er hier jemanden besucht hat und

wieder gegangen ist. Wir mischen uns nicht in private Angelegenheiten ein.«

»Wollen Sie uns weismachen, dass hier jeder ein- und ausgehen kann?«

»Jeder Besucher ist willkommen, der sich nicht auffällig benimmt.«

»Ist das mit Ihren Patienten auch so?«

»Jeder Kranke wird hier aufgenommen, wenn wir ihm helfen können. Schließlich sind wir ein Spital.«

»Haben Sie dieses Gesicht schon einmal gesehen?«

Das Foto zeigte YJOµ17, SY Rem erkannte sofort, dass sie das Duell verloren hatte. »Oh! Das tut mir Leid!«

»Was tut Ihnen Leid?«

»Ich wusste nicht, dass der Mann diese Patientin besuchen wollte.«

»Was wäre gewesen, wenn Sie es gewusst hätten?«

»Dann hätte ich ihm mitteilen müssen, dass er zu spät gekommen ist. Die Patientin ist kurz nach ihrer Einlieferung verstorben.«

»Woran?«

»Gehirnödem.«

»Können wir die Dokumente sehen?«

»Ich lasse Ihnen eine Kopie ausdrucken.« SY Rem hob den Hörer ab, aber der Fahnder, der ihr näher stand, unterbrach die Verbindung.

»Nicht doch! Wo liegt der Leichnam?«

»Die Tote wurde eingeäschert.«

»Warum das?«

»Haut und Lunge waren zu stark kontaminiert.«

»Mit Strahlung?«

»Mit rasch mutierenden Bakterien.«

»Wie haben Sie die Identität der Toten festgestellt?«

»Wir konnten sie bisher nicht feststellen.«

»Warum nicht?«

»Das Chronometer der Toten ist funktionsunfähig.«

»Wo ist es jetzt?«
»Wir haben es eingeschickt, damit die Tote identifiziert werden kann.«
»Wohin haben Sie das Gerät geschickt?«
»In das Fundamt des Tourismusbüros.«
»Heißt so Ihr Spionagedienst?«
»Ich bin Arzt, darüber bin ich nicht informiert.«
»Sie wissen, dass Sie sich strafbar gemacht haben durch den Diebstahl eines Chronometers.«
»Das Gerät wird nach der Identifikation der Toten an Ihren Dienst zurückgestellt.«
»Das wollen wir für Sie hoffen, Frau Doktor. Was hat Ihr Personal dem Mann mitgeteilt, der die Verstorbene besuchen wollte?«
»Wenn er nach ihr gefragt hat, dass sie verstorben ist. Was sonst?«
»Vorsicht, Frau Doktor! Wir haben den Mann, er hat ausgesagt, dass seine Frau hier verleugnet wurde«, log der eine.
»Wie schmeckt Ihnen das?«, stieß der andere nach.
»Wir geben über Tote keine Auskunft, solange wir ihre Identität nicht festgestellt haben.«
»Bei uns haben Sie eine Ausnahme gemacht?«
»Sie haben ein Foto mitgebracht.«
»Der Mann hatte kein Foto?«
»Offenbar nein.«
»Der Mann hatte ein Foto«, log der Kleinere wieder, der sich immer in ihrem Rücken aufhielt.
»Aber ich war nicht im Hause. Nur ich darf über verstorbene Patienten aus YJO aussagen.«
»Macht das Sinn?«
»Diese Bestimmung dient zum Schutze unseres Personals.«
»Ah ja! Wir verstehen uns schon ganz gut, nicht wahr?« Die Lippen des Größeren verzogen sich schief, der Kleinere war nicht zu sehen.

»Wohin wollen Sie denn den Totenschein geschickt haben?«
»Löschen Sie alle Daten. Es gibt keine Tote. Haben Sie verstanden? Dann hören Sie nichts mehr von uns.«
»Und das Chronometer?«
»Wurde eben nachgebaut, viel Spaß damit.«
Die beiden wandten sich grußlos, aber SY Rem verstellte die Türe. »Das geht nicht!«
»Was geht nicht?«
»Wenn wir kein Begräbnis haben, wird das Personal Verdacht schöpfen, auch der Mann, der sie besuchen wollte, wird sie weitersuchen.«
»Hmm. Was schlagen Sie vor?«
»Wir begraben die Verstorbene ganz offiziell als Unfallopfer.«
»Was für ein Unfall?«
»Sie hat in einer Bewusstseinsstörung das Programm zerstört.«
»Wie das?«
»Sie hat versucht das Chronometer zu löschen.«
»Suizid? Gar nicht schlecht. Hmm. Gut. Begrabt sie.«
»Wir brauchen einen Grabstein!«
»Sehr romantisch!« Der Kleinere winkte mit einem Zettel, sie las: YJOµ17µ87π427γ43. »Aber passen Sie gut auf, Frau Doktor, wenn das schief geht, gibt es keinen Vertrag zwischen YJO und SY!«
Als SY Rem endlich allein war, kippte sie über den medizinischen Waschtisch. Eine Schwester eilte herein, gab ihr zu trinken, aber ihr Magen wollte nichts behalten. SY Rem deutete hilflos auf die Türe, die Schwester begriff sofort und versperrte die Türe. SY Rem erholte sich, wusch sich das Gesicht, trank nun doch ein paar Schluck, eilte zur Sprechanlage, überprüfte die Funktion. »Sind die Besucher gegangen?«
»Die Besucher aus YJO sind schon aus dem Haus.«

»Danke.« Rasch durchsuchte sie ihren Schreibtisch, fand das Mikrofon, aber das Kabel war durchtrennt. Sie setzte sich an den Schirm und begann zu tippen, besann sich, löschte die Zeile, kramte stattdessen Folie und Stift heraus, schrieb hastig auf, was sie erinnerte. Erst als die Schwester sich leise räusperte, bemerkte sie, dass jene noch anwesend war. »Danke, Schwester, ich brauche Sie jetzt nicht mehr, aber bitte rufen Sie das Notpersonal zusammen, hierher, in zwanzig Minuten, nein, in fünf Minuten.« Noch etwas fiel ihr ein, aber die Schwester war schon fort. Sie griff zum Hörer, legte wieder auf, wählte die Ruftaste der Sprechanlage, ließ sie wieder los. Endlich öffnete sie die Türe, lief in das Sekretariat hinüber: »Geben Sie sofort …, manuell, verstehen Sie?, unbedingt manuell«, die Schwester nickte entgeistert, »geben Sie Alarm Code 3 aus!«
»Code 3«, wiederholte die Sekretärin mechanisch, während sie einen Gong von der Wand nahm. »Diebstahl von Gefahrengut. Alle Ausgänge schließen und bewachen. Kein Außenkontakt zulässig. Keine externe Hilfe möglich.«
»Bestätigt!«, presste SY Rem heiser aus verätzten Stimmbändern hervor. Die Sekretärin trat auf den Flur und schlug den Gong drei Mal, dann lief sie los. Überall auf den Fluren erwachten hektische Laufschritte, um rasch hinter geschlossenen Türen zu versiegen, aus jeder Etage hallten drei Gongschläge wider, um mit ihrem Nachhall das Haus in gespannte Ruhe zu singen.

Takt <°10°>

SY Rem saß meditierend im Yogasitz auf einem Beistelltisch, als die ersten Ärzte und Schwestern des Notdienstes im Besprechungszimmer eintrafen. Ihre Kleidung war noch fleckig, ihr Gesicht blass, über den geschlossenen Augenlidern schwebten waagrechte Brauen, keine Falte teilte den seidigen Schimmer ihrer Stirnhaut. Sie atmete ruhig und tief. Schweigend füllte sich die Runde, niemand störte, bis alle versammelt waren und ihre Sitze eingenommen hatten.

»Wir sind jetzt komplett«, sagte die Sekretärin noch außer Atem, aber leise und höflich, während sie die Türe versperrte und die Sprechanlage ausschaltete, worauf alle ihre Ruf- und Empfangsgeräte ebenfalls ausschalteten. SY Rem blickte zum Gruß schweigend reihum in jedes Augenpaar, dann verschwand ihr Blick in ihrem Inneren und sie begann ohne Anrede oder Einleitung zu fragen, worauf, wie nach langer Übung, immer nur die- oder derjenige antwortete, dessen Verantwortlichkeit gegeben, offenbar schon früher vereinbart worden war.

»Wann erfolgte die letzte Personalaufnahme?«
»Vor zehn Tagen.«
»Das Leben unserer Patientin aus YJO ist in Gefahr. Keine Neuaufnahme in nächster Zeit. Kein Zutritt für Betriebsfremde. Reparaturen sind intern auszuführen. Keine Besuche. Unsere Systeme werden abgehört, unsere Daten werden extern abgefragt. Dieser Umstand ist in allen Eingaben zu beachten. Keine vertraulichen Eingaben, keine

ungewöhnlichen Löschungen, kein Transfer von Sicherheitsdaten. Höchste Sicherheitsstufe bis auf Widerruf durch mich oder, sofern ich ablebe, durch Dr. SY Po Sim. Offiziell gilt Alarm Code 3. Fragen?«

SY Rem blickte auf, wartete kurz, keine Fragen. »Wo ist YJOµ17?«

»Sie ist in der Quarantänestation, im Schutzbunker.«

»Wie ist ihr Zustand?«

»Sie ist jetzt stabil. Wir haben sie wachgerufen. Sie wird genesen.«

»Wie ist der Zustand des Kindes?«

»Gut.«

»Ist die Analyse des Genoms abgeschlossen?«

»Ja. Das Genom der Mutter ist unauffällig. Das Genom des Kindes variiert auf Chromosom 17 in einer Weise, die digital zu keinem eindeutigen Ergebnis führt.«

»Wo ist das Chronometer der Mutter?«

»Im Safe des Schutzbunkers.«

»Konnte seine Funktion wiederhergestellt werden?«

»Noch nicht. Die Verbindungsaufnahme scheitert am Chromosom 17, das im Code als zweideutig notiert wurde. Das hat den Code zerstört.«

»Der Code vor dem Eingriff lautete YJOµ17µ87π427γ43. Alle Versuche sofort einstellen. Die YJO wollen herausfinden, wie weit unsere Technik vorangekommen ist und benutzen das Chronometer als Köder. Dieser Zettel stammt vom Sicherheitsdienst der YJO. Die YJO verlangen den Tod der Patientin und des Kindes. Haben wir einen Sterbefall ohne Angehörige?«

»Ja, gestern ist SY Chin Ma verstorben.«

»Kann die Asche biologisch falsch codiert werden?«

»Ja, wir können zur chemischen Neustrukturierung Mikroben von YJOµ17's Haar einsetzen.«

»Wie lange dauert das?«

»16 Stunden.«

»Das ist zu lange. Ich habe ausgesagt, dass YJOµ17 kurz nach der Einlieferung verstorben ist und bereits eingeäschert wurde. Der Sicherheitsdienst wird bald zurückkommen, um die Asche zu prüfen.«
»Wir können die Asche aus Sicherheitsgründen in Glas einschmelzen, dann verliert sie ihre Merkmale.«
»Wann kann dann die Zeremonie stattfinden?«
»Morgen.«
»Ich bitte um eure Meinung.« Sie blickte auf Dr. SY Po Sim, damit er die Diskussion leite, er erteilte seinerseits das Wort durch Blickkontakt.
»Wenn wir die Asche einschmelzen und keinen Beweis haben, werden uns die YJO nicht glauben.«
»Der Einwand ist richtig, bitte um Vorschläge.«
»Wir können mit zu hoher Temperatur fahren, dann schmelzen die Zahnplomben, aber YJOµ17 trägt einen kleinen Rohdiamanten in einer Plombe, den können wir erbitten und austauschen.«
»Was können wir ihr sagen?«
»Wir sagen ihr die Wahrheit. Nur wenn sie weiß, worum es geht, wird sie bei uns bleiben wollen.«
»Aber sie wird zu ihrem Mann zurückwollen.«
»Nicht, wenn sie weiß, was das für ihr Kind bedeutet.«
»Und wenn sie vor Sehnsucht krank wird?«
»Sie ist nicht so jung wie du, Schwester SY Lim Min, sie wird darüber hinwegkommen.«
»Und wenn nicht?«
»Dann müssen wir ihr sagen, dass auch ihr Mann in Gefahr ist, wenn er Zeuge wird.«
»Wir müssen ihr sagen, dass ihr Mann gestorben ist. Nur dann wird sie nicht versuchen mit ihm Kontakt aufzunehmen.«
»Wir haben kein Recht sie so zu belügen. Sie wird leiden an unserer Täuschung.«
»Sie wird leiden, aber leben und ihr Kind haben können.«

»Der Tod eines Geliebten ist leichter zu ertragen als die Trennung von einem Geliebten.«
Ein Seufzen löste das Schweigen, das sich hartnäckig festsetzen wollte.
»Weiß jemand eine andere Lösung?«
Alle blickten einander an und fanden, dass dem nicht so war, dass alles gesagt war.
»Bitte um eure Stimmen.« Fast alle erhoben die Hand neben das Gesicht. »Gegenstimmen.« Keine. »Enthaltung?« Zwei offene Hände neben vier ratlosen Augen.
»Der Beschluss wurde mit zwei Enthaltungen gültig. Die überstimmte Minderheit wird gebeten, an der Durchführung mitzuwirken. Ist die Minderheit dazu in der Lage?«
»Ich bin bereit.«
»Ich auch.«
»Ich danke euch beiden. Dr. SY Po Sim, bitte leiten Sie die Ausführung. Dr. SY Sun Ra, bitte übernehmen Sie die Leitung des Spitals, ich leite die Alarmdurchführung. Der Sicherheitsdienst der YJO ist an mich zu verweisen und wird nur von mir empfangen.«
»Was sollen wir tun, wenn Sie misshandelt werden?«
»Das ist nicht zu befürchten. Die YJO wollen keine Spuren hinterlassen. Außerdem haben sie Angst vor unserer Haut und vor unserem Blut.«
»Vor unserem Blut?«
»Vor unseren Genen, sie glauben, unsere Ozonbelastung sei zu hoch. Unsere Mutationsrate ist mit ihren Rechnern nicht simulierbar.«
»Wer spricht mit YJOµ17?«
»Ich.«
»Danke, Schwester SY Lim Min. Ich spreche mit dem Personal. Die Sitzung ist geschlossen, ich danke Ihnen allen und bitte um Ihren vollen Einsatz.«

Takt <°11°>

»Haben Sie jetzt hier eine Musikschule? Und was soll das Spielchen mit den zugesperrten Türen?«
SY Rem erkannte den Anrufer sofort, hatte aber auf mehr Zeit gehofft, sich vorzubereiten. »Eine Kultur ist freigekommen.«
»Klingt historisch.«
»Ich meine einen Unfall im Labor.«
»Der Alarm lautet aber auf Diebstahl.«
»Eine Redeweise.«
»Wer vertuscht nicht gerne, nicht wahr? Wann können wir die Asche haben?«
»Der Ritus hatte schon begonnen.«
»Hatte? Wie kompliziert. Ich warte gegenüber.«
»Wenn ich jetzt komme, ist die Urne kontaminiert.«
»Wie das?«
»Über die Klimaanlage.«
»Wo heben Sie die Dosen auf?«
»Ich sagte doch, der Ritus musste unterbrochen werden.«
»Wie lange dauert die Dekontamination?«
»Bis morgen Nachmittag, dann ist das Begräbnis.«
»Eine Dose zu waschen, wie lange dauert das bei Ihnen? Vergessen Sie nicht, ich warte hier.«
»Sie missverstehen mich, nicht die Urne allein muss dekontaminiert werden, sondern das Haus.«
»Das ist eine Lüge.«
»Wie wollen Sie das beurteilen?«
»Es ist kein Trupp vorgefahren.«

»Wir dürfen die Türen nicht öffnen, sind auf uns selbst angewiesen.«
»Ihre Leute tragen keinen Schutzanzug.«
»Nicht im Foyer, wir haben luftdichte Schleusen.«
»Habe ich keine gesehen.«
»Das liegt nicht an mir.«
»Wann und wo ist das Begräbnis?«
»Sie dürfen den Ritus nicht stören.«
»Ah ja?«
»Niemand wird Ihnen glauben, dass Sie Trauergäste sind. Wie also wollen Sie Ihre Anwesenheit erklären?«
»Wann ist der Zauber vorbei?«
»Das Begräbnis wird bis etwa 19 Uhr Ortszeit dauern, es findet am Friedhof im früheren Hafenviertel statt.«
»Welche Ortszeit haben Sie jetzt?«, murrte die andere Seite, offenbar den Hörer schwenkend. »Vergessen Sie nicht, das muss klappen.«
»Es hat schon geklappt.«
»Was soll das heißen?«
»Es weckt die Tote nicht auf.«
Der andere legte auf. SY Rem trank behutsam ein paar Schluck Wasser. Dann ordnete sie an, dass niemand ohne Schutzanzug vor die Fenster treten dürfe. Schließlich rief sie ihre Nachbarin an: »Hallo, ich bin es, ein Notfall, bitte sag gleich Bescheid.«
Die Nachbarin klopfte drei Mal und zwei Mal an die Wand, um den Gatten SY Rem's zu verständigen. Er weckte die elfjährige Tochter, die in ihren Kleidern schlief: »Komm, großes Fräulein, wir müssen ein paar Tage auf Tante SY Rem Ma schauen, bis Mama wieder Zeit hat.« Die Tochter nickte nur, schlüpfte in Schuhe und Mantel, ein Koffer stand bereit.
Einige Minuten, nachdem die beiden das Haus verlassen hatten, erforschten zwei Herren das taktile und akustische Angebot der Gegensprechanlage. »Was wollen Sie?«, war das beste Resultat.

»Entschuldigen Sie bitte die späte Störung, aber wir haben eine dringende Nachricht für Herrn SY Rem Min und er meldet sich nicht. Wissen Sie vielleicht, ob er verreist ist?«
»Wenn er seine Mail nicht liest, ist das seine Sache. Hat er denn kein Handy?«, schaltete sich die Nachbarin ein, während eine unwirsche Stimme kommentierte: »Der wohnt überall. Wie soll ich wissen, ob er verreist ist?«
»Und die Tochter?«
Diese Frage wurde durch allgemeines Unterbrechen des Kontaktes quittiert, nur die Nachbarin erbarmte sich. »Die schläft bei der Mutter im Spital. Kann ich etwas ausrichten?«
»Danke, nicht nötig. Auf Wiedersehen.«
Sie vergewisserte sich, dass die beiden abzogen. Dann rief sie die Ambulanzschwester an: »Bitte sagen Sie der Frau Doktor Bescheid, meine Schlafstörungen sind leider wieder aufgetreten. Ich würde doch gerne zur Kontrolle kommen.«
Am nächsten Morgen fragten zwei Herren in der Schule nach SY Rem's Tochter, die jedoch krank gemeldet war. Darauf zogen die beiden unter etwas geistlosen Floskeln wieder ab. Die Stadt war inzwischen in Kenntnis des Besuches.

Takt <°12°>

Sein sichtlich suchender Blick galt nicht den fragenden Blicken im Halbdunkel hinter der Scheibe, sondern blieb jener Ferne verhaftet, die von der Scheibe zurückgeworfen wurde. Unzweifelhaft spiegelte sich ein matter Schimmer in der Scheibe, der von den Handgelenken jenes eiligen Paares herrührte, dessen seltsam gleichbleibende Silhouette er öfter und näher hinter sich gewahr wurde, als ihm lieb war. Jetzt wusste er, diese Männer waren keine SYs, denn SYs trugen keine solchen Chronometer, die das Sonnenlicht metallisch abweisen konnten.
Möglichst gelassen betrat YJOµ57 jene Passage, deren Scheiben ihm doppelt Einsicht gewährt hatten, begann dann, als er glaubte, von außen nicht mehr erkennbar zu sein, zu hasten, um nach der nächsten Ecke, die im Rücken Deckung und im unbekannten Ziel rettenden Vorsprung versprach, wie ein Dieb loszulaufen. Auf der Flucht den gegenüber liegenden Haupteingang der Passage als inzwischen von Wachen versperrt erwägend, erkannte er seitlich eine Schaubühne, vermutete richtig hinter ihr einen Notausgang, fand eine Seitengasse übersät von Verpackungsresten, stürmte, von den elektronischen Alarmpfiffen der Türkontrolle gepeitscht, zwischen Lagerhallen dahin, bis er, im Schatten einer Türnische endlose Sekunden nach Atem ringend, sich wieder vorgetäuscht ruhigen Schrittes um die Ecke wagte.
Die Straße war wie leer gefegt. Dadurch wieder beunruhigt und vom Lärm einer großen Menge angezogen, durchquer-

te er einige verlassene Marktgassen in Richtung des früheren Hafens, um endlich, sich gerettet wähnend, in der Menge unterzutauchen. Nach und nach blickte er auf und sich um. Es handelte sich nicht um solche Kunden oder Passanten, wie er sie schon früher an solchen Tagen und Stunden beobachtet hatte, es waren nicht nur viel zu viele, sondern zudem gingen fast alle in die gleiche Richtung. Diese Menschen strömten womöglich einem Fest zu, einer Prozession oder vielleicht einer Demonstration. Wiederholt prüfte er sein Gedächtnis, ob er eine örtliche Ankündigung übersehen oder vergessen hatte, ohne zu einem Ergebnis zu kommen. Alsbald formierte sich der Zug, die Menschen verstummten und strebten dem Zentrum zu. Da war keine freudige Erwartung in den Mienen zu lesen, auch keine Auflehnung. In den Gesichtern lag die Fassung und Entschlossenheit eines lang erwarteten Abschieds, der gemeinsam zu tun war, als wäre seine Last für den Einzelnen untragbar. Immer mehr Menschen im Trauerzug begannen nun Klagerufe auszustoßen, die jeweils von wogenden Gesängen beantwortet wurden, die schließlich ineinander verschmolzen. Die Klänge hallten überlaut von den gleißenden Wänden des Straßenraumes wider, ohne dass YJOµ57 ihren Sinn, ihre Bedeutung entziffern konnte. Welchen Verlust beklagten diese Menschen?
Allmählich beschlich ihn eine dunkle Erinnerung und setzte sich als bohrender Verdacht fest, je mehr er versuchte, den Gedanken als unpassend abzuschütteln. Vor vielen, vielleicht 15 oder 20 Jahren hatte er von einem ähnlichen Ereignis schon einmal aus den Medien erfahren, sich aber keine Vorstellung zu bilden vermocht und deshalb die Sache alsbald wieder vergessen.
»Was ist passiert?«, begehrte er endlich von seinen Nächsten, selbst um den Preis, sich zu verraten, fand aber seine Fremdheit hier sogleich bedeutungslos.
»Der Verwaltung dieser Stadt steht eine feindliche Über-

nahme bevor. Der Oberste Rat der SY hat vor einigen Jahren entschieden, dass die SY-Gesellschaft an der Datenunion teilnehmen wird, und unsere Stadt als Modellstadt ausgewählt. Seither wurden die Betriebssysteme unserer Analogrechner systematisch angegriffen, wiederholt infiziert und nach großen Anstrengungen wieder saniert. Heute Morgen aber hat die Datenunion unsere kompatiblen Systeme als redundant, als überflüssig klassifiziert, während die nicht kompatiblen Systeme als nicht ausreichend sicher eingestuft wurden.«

»Was bedeutet das?«

»Zunächst werden die hiesigen SY-Systeme aus dem Netz geworfen, in der Tat völlig entwertet. Dann ist zu befürchten, dass weitere Städte dieses Schicksal erleiden werden, sofern die Verhandlungen zur Ausweitung der Datenbasis weiterhin scheitern sollten.«

»Sie meinen die Einbindung der Analogrechner?«

»Ja. Solange unsere Systeme nicht anerkannt werden, wird eine Stadt nach der anderen auf auswärtige Systeme umgestellt werden. Rechner, die nicht auf die Programme der YJO umgerüstet werden können, werden unbrauchbar, müssen ausgeschlachtet und stillgelegt werden. Produktions- und Verwaltungsanlagen, die nicht umprogrammiert werden können, werden teils demontiert und abgesiedelt, teils dem Verfall preisgegeben.«

»Sind denn im Ausgleich keine neuen Ansiedlungen in der Stadt zu erwarten?«

»Darauf können wir nicht hoffen, weil unser Standort keine Vorteile mehr anzubieten hat. Unsere Bevölkerung ist seit langem rückläufig, unsere Rohstoffe sind erschöpft, die Verkehrslage ist ungünstig und die ökologischen Bedingungen sind kritisch. Unsere Basis war unser Wissen und das ist nun als wertlos eingestuft worden, nein, eigentlich als störend.«

»Gibt es keine Hoffnung auf eine ökonomische Sonderzone mit eigenständiger Basis?«

»Eine solche Zone waren wir bis jetzt, Freund der SY, nun aber entfällt nicht nur die Konvertierbarkeit der Daten für alle Güter aus der Produktion im SY-System, sondern auch die Zulieferung geeigneter Halbfabrikate und Leitsysteme. Was aus den Übernahmen unserer Produktion übrig bleiben wird, ist bloße Subsistenzwirtschaft, die aber nur so lange überleben kann, bis die alten Anlagen irreparabel geworden sind und die alten Ausbildungszentren umgestellt werden. Mit dem Aussterben der alten Fachleute werden dann auch die Rohstoffgewinnung und die Proteinzucht auf Selbsthilfebasis untergehen; und schließlich wird hier jener Teil der SY aussterben, der nicht in Dienste für andere Gesellschaften aufgenommen werden wird.«

»Die Menschen hier sehen dies als ihr Schicksal voraus und klagen deshalb?«

»Aktuell beklagen wir hier den bevorstehenden Verlust unserer Identität. Nachdem das alte System der Verwaltung aufgehoben und in ein neues System eingegliedert werden wird, verlieren wir mit unserer Qualifikation auch unsere Bonitäten an der Zentralbörse. Damit erhalten wir neue Codes, Arbeits- und Sozialverträge; alle müssen wir von vorne wieder anfangen, ähnlich der Situation, wie nach dem Verlust eines Wirtschaftszweiges oder wie nach einer Naturkatastrophe, nur ist diese hier in einem auswärtigen Hause kreiert worden; und je gründlicher die Bereinigung der Rechensysteme um sich greifen wird, umso mehr Freunde, Bekannte und Verwandte werden sich gezwungen sehen abzuwandern. Kurz, die meisten unserer sozialen Bindungen werden nicht überstehen.«

»Bedeutet eine Umwälzung der Datenbasis denn notwendig den Verlust der persönlichen Identität?«

»Mich wundert nicht, dass Sie als Auswärtiger mit solchen Zusammenhängen offenbar nie belastet wurden. Unsere Versuche, uns zu emanzipieren, währen jedoch schon Jahrhunderte und sind gut überliefert. Deshalb wissen wir sehr gut, was uns bevorsteht. Wir haben, um es in der Diktion der Bevorteilten auszudrücken, ›eben verloren‹, ein Teil unserer Stadtbevölkerung wird vom System der YJO aufgesogen werden, der übrige Teil wird schlicht und unwiederbringlich aussterben wie eine Lebensform, die ihre Lebensgrundlage eingebüßt hat.«

»Was besagen die Gesänge?«

»Viele der Menschen hier sind Mitglieder einer kulturellen Tradition, von der Sie allerdings auch in YJO schon einmal Medienberichte empfangen haben sollten; und diese Menschen sind auch aus dem Grunde hergekommen, um gegenseitig ein Gelübde abzulegen. Sie geloben, sofern sie hier bleiben, auf Kinder zu verzichten, weil die Kinder der hier lebenden SY keine Zukunft haben.«

YJOµ57 schwieg betreten, während sich sein Gesprächspartner, den er erst jetzt als Traditionsträger oder Priester erkannte, für die Aufmerksamkeit bedankte und sich seitwärts in der Menge verlor, kurz bevor diese ins Stocken geriet. Das Anschwellen des Lärms von weit vorne verriet, dass auch aus anderen Richtungen Menschen zusammengeströmt waren und dass diese Ströme inzwischen aufeinander trafen, um einander als undurchdringlich wie das beklagte Leid zu entdecken. Langsam füllten die Nachrückenden den Straßenraum auf, bis die Menge auch hier undurchdringlich wurde. YJOµ57 schob sich, die Gefahr erkennend, so gut es eben ging, mit einer ebenfalls Ausweg suchenden Schar langsam in eine Seitenstraße durch, die sich ihrerseits etwas verzögert zu füllen begann. Dort erspähte er ein Gittertor in einer säumenden Mauer, über der Baumkronen aufragten, fand das Tor zwar versperrt, kletterte aber ohne zu zögern hinauf und sprang auf die andere Seite hinüber. Einige, denen es ebenso zu eng wurde, folgten alsbald seinem beherzten Beispiel, bis ein Friedhofsgärtner zunächst demonstrativ hinter dem Tor Posten bezog, schließlich aber, seinen Sinn wandelnd, das Tor aufsperrte und freigab. Darauf überschwemmte die Menge aus der Seitenstraße den Friedhof, um sich der unscheinbaren Trauergemeinde teils aus Verlegenheit anzuschließen, teils aber aus dem bloßen Verlangen, wieder freier Atem zu schöpfen und abzuwarten, bis sich die verzagte Menge in den Straßen wieder verlaufen haben würde. Das dichter und dichter werdende Gewirr bot YJOμ57 inzwischen die Möglichkeit, sich davon zu überzeugen, dass die unerbetene Gruppensilhouette nicht mehr am Horizont der Häupter auftauchte, weder diesseits noch jenseits des Gittertores, und dass nirgendwo an Handgelenken Chronometer ihren bedrohlichen Schimmer aussandten.

Je sicherer er sich fühlte, umso mehr wurde seine Aufmerksamkeit von der Begräbniszeremonie in den Bann gezogen, die unbeschadet der widrigen Umstände ihren Lauf nahm. Die Feier war aber, so schien es YJOμ57, von einer Art Unwirklichkeit oder Entrückung überschattet, von einem Schatten, den die Zeremonie nicht abzuschütteln und den er nicht zu lichten vermochte. Vielleicht lag es an der anders gemuteten Haltung der unfreiwilligen Gäste, vielleicht lag es an ihrer bloßen Zahl, in der die Trauernden zu verschwinden drohten, um sich dann doch wieder als die ruhende Mitte des peripheren Gedränges abzuzeichnen. Vielleicht aber, dieser Eindruck verfolgte YJOμ57 trotz seiner Scham, lag auch in der Miene der Trauernden eine Tapferkeit, die er nicht verstehen konnte. Fühlte er selbst sich tapfer und projizierte er seine Gefühle in die Gesichter der anderen? Woher kam die beharrliche Zuversicht dieser Menschen, die ihren Verlust entweder bereits verkraftet zu haben schienen oder aber durch eine Hoffnung aufzuwiegen vermochten, die ihm unbekannt war. Empfanden diese Menschen Stolz über die große Anteilnahme? Waren sie im Schmerz nicht fähig, die sie umgebenden Ereignisse richtig zu deuten? Fühlten sie sich bedrängt und wahrten sie aus diesem Grunde ihre Haltung, die sie doppelt verletzt fanden, umso mehr? Oder erachteten sie ihren Schmerz als zu gering gegenüber dem Schmerz der Menge, um ihn zeigen zu dürfen? Schließlich fand sich YJOµ57 vom selbstvergessenen Geist der Trauernden so weit ergriffen, dass er den Zweck seiner Anwesenheit vergaß. Hier wurde eine Seele zu Grabe getragen, die die Hinterbliebenen über den Tod hinaus beseelte, erklärte er sich sein Gefühl der Anteilnahme, das ihn langsam in die Reihen der letzten Ehrerbieter zog. Anscheinend gab es keine direkten Angehörigen, es musste ein Mensch gewesen sein, der alle seine Verwandten überlebt hatte, aber es gab eine kleine Schar von Getreuen, die vielleicht Schüler oder Freunde gewesen waren und zeigten, dass sie dies auch in Zukunft bleiben wollten. Eine Art Geheimnis verband diese Hinterbliebenen, das sie zwar alle fühlen mochten, das sie aber auch in ihren Grabreden und Ansprachen nicht als ihr gemeinsames Band preisgeben wollten. Da niemand auf die verstorbene Person eingehen wollte, studierte YJOµ57 die Gedenkschleifen an den Blumengebinden, fand aber auch dort keinen brauchbaren Hinweis. Lange rang er mit sich selbst, ob er jemanden fragen sollte, vielleicht jemanden aus der Studentengruppe, zögerte aber, bis schließlich die Urnenkammer verschlossen wurde und alle an der Tafel mit der Inschrift vorbeizogen, um kunstvoll gefertigte Gebilde zu hinterlegen, die an Blumen erinnerten.

Erst als er selbst an die Reihe kam, durchfuhr ihn die Einsicht, warum er die Feier als entrückt oder unwirklich empfunden hatte, indem er nämlich das Ritual der Zeremonie unvermittelt als nicht bodenständig erprobt und tradiert, sondern als nachempfunden erkannte. Inzwischen stand er bereits vor der Inschrift, beugte sein Haupt, und während er das Hologramm mit dem Bildnis der Toten in unbarmherziger Schärfe erkannte, fand er geschrieben: »Hier ruht YJOµ17µ87π427γ43, die Unvergessbare.«

Takt <°13°>

»Wenn wir jene mitzählen, die auf dem Friedhof keinen Platz fanden, du Schelm!«, scherzte YJOµ17 im Kreis der Schwestern und Pfleger. Gab es denn keine Zwischenfälle, niemanden, der Verdacht schöpfte?
»Ein Trauergast ist mir als merkwürdig aufgefallen, denn er kam zu spät und musste über das schon versperrte Gittertor klettern. Außerdem verhielt er sich anfangs eher neugierig als teilnahmsvoll, war aber seltsamerweise zuletzt so ergriffen, dass er unwillkürlich in die Knie ging. Eine Weile kauerte er so da, bevor er wieder hochkam. Dann verbarg er sich so rasch in der Menge, dass wir ihn nicht mehr finden konnten. Wir waren ein bisschen schockiert, er hatte, glaube ich, wirkliche Schmerzen. Aber niemand von uns kannte ihn und offenbar kannte er auch niemanden von uns. Eigentlich hielten wir ihn für einen Touristen, weil seine Kleidung dem Anlass nicht entsprach und ziemlich mitgenommen aussah.«
»Ist er auf einem der Fotos abgebildet?«
»Er hat sich immer abgewendet, wenn er einen Apparat erblickte. Aber es gibt ein Foto, wo er von der Seite auszumachen ist. Hier, ich hab's gefunden.«
YJOµ17 brauchte nur einen Blick, um die freie Hand vor den Mund zu werfen, trotzdem war ihr hörbar ein Ton entschlüpft, während sie zugleich von einer Woge des Misstrauens heimgesucht wurde.
»Was ist dir? Kennst du den Mann?«
Schwankend stützte sie sich auf dem Tisch ab und drohte

sich ins Leere zu setzen. »Mir ist plötzlich sehr schlecht«, brachte sie hervor, während sie aufgefangen und auf einen herbeigeholten Sessel niedergelassen wurde.
»Die vielen traurigen Gesichter haben mich so erschreckt. Was ist mit diesen Leuten?« Insgeheim aber wurde sie innerlich zerrissen von den Gedanken, dass YJOµ57 noch lebe, dass er hier sei, um sie zu suchen, dass er mit ihrem Begräbnis getäuscht worden war und dass sie selbst nach einem ihr unbekannten Plan belogen worden war, als ihr von seinem Unfall … »Warum?«, hämmerte es ihr in den Schläfen, an die tastend sie ihre Fassung wieder zu erlangen suchte. Als keine Antwort kam, blickte sie wie tödlich verwundet in die betretene Runde, die ihrerseits fühlte, dass ein eisiger Keil die Herzen entzweit hatte.
Kannte YJOµ17 den Mann? War es ihr Mann? War er nicht gestorben? Waren sie getäuscht worden? Von Dr. SY Rem? Was war falsch mit YJOµ17, dass sie getäuscht werden mussten? Wie sollten sie YJOµ17 wiedergewinnen? Wie ihr wieder Hoffnung geben? Durften sie das überhaupt, sich gegen die Chefärztin erheben? Gab es denn Hoffnung? Was sollte mit YJOµ17 und was mit ihnen geschehen?
»Was ist mit den Leuten?«, wiederholte YJOµ17, sich an ihre eigene Frage erinnernd, und verlieh ihrer Stimme schwach etwas Nachdruck, um Zeit zu gewinnen. SY Jan Pa rang nicht länger mit sich, treu und einfältig wie sie war, lief sie auf YJOµ17 zu, um ihr bleiches Gesicht im Schoß der Wöchnerin zu vergraben. »Ich wusste nicht, dass dein Mann noch lebt!«, flüsterte sie im Versuch, das fliehende Herz zu fangen. Instinktiv witterte YJOµ17 die Gefahr, in die sich SY Jan Pa gebracht hatte. Die Worte der in den letzten Tagen treuesten Gefährtin hatte sie nur undeutlich verstanden, die Regung aber sehr gut. Sie blickte nicht auf, um die Herkunft der bohrend wachsamen Blicke zu erkunden, stattdessen hob sie SY Jan Pa's Kopf sanft, aber mit Bestimmtheit hoch, um ihr durch die treuen Augen bis in das

innerste Gemüt zu blicken. »Ich glaube nicht, dass mein Mann noch lebt, verstehst du?«
Jetzt erst erkannte SY Jan Pa ihren Fehler und nickte reuevoll. Sie hatte ein Tabu verletzt, dass alle jene schützen sollte, die mit YJOµ17 Kontakt pflegten. Langsam erhob sie sich, wischte ihre Tränen ab und stellte sich schweigend zu den anderen zurück. Trotzdem war dies ihre letzte Begegnung mit YJOµ17, denn noch am selben Tag wurde sie abberufen, da »ihre unbescholtene Herzensgüte anderweitig noch dringlicher erbeten« sei, wie im Wortlaut mitgeteilt wurde.

Takt <°14°>

Als YJOµ57 aus angstvollen Träumen von Verlust und Trennung erwachte, fand er sich mit vom Salz brennenden Augen in lauer Nacht, mit Mänteln zugedeckt, noch auf jener Bank liegend, auf der er ganz kurz auszuruhen gedacht hatte, erschöpft von seiner so unerwartet beendeten Suche. Konnte wahr sein, was er erinnerte? Hatte er geträumt? Was hatte er geträumt? Traurig verschaffte er sich Gewissheit. Woher sonst stammten die fremden Mäntel? Wie lange mochte er geschlafen haben? Zwei Stunden? Drei? Sein Chronometer verhöhnte ihn, als es wieder angelegt an seinem Puls erwachte. Die Menge war fortgegangen. Benommen setzte er sich auf und versuchte seine Umgebung zu erspähen, seinen Standort auszumachen. Das gelbstichige Dunkelgrau der Nacht wurde geteilt von etwas helleren Schatten, die kantig und höckerig eine sehr ferne Beleuchtung abwiesen, um sich in teils dunstigen, teils gefiederten Wolken zu versammeln. Der Friedhof lag unweit, von stumm flackernden Lichtern nur schwach kenntlich gemacht, am Ende des Parks, in dem er also lag. »Hier sind die Blumen, ich habe sie gefunden«, dachte er. Was wollte er nun hier noch?
In einem spontanen Einfall durchsuchte er die Taschen der Mäntel. Nein, keine Nachricht, er war unerkannt geblieben und so auch allein. Hier gab es niemanden, der ihm helfen konnte. Brauchte er Hilfe? Hilfe war für ihn immer ein rotes Tuch gewesen, immer hatte er um seine Autonomie ge-

kämpft, ängstlich sich jeder Abhängigkeit entzogen, verwehrt. Nur seiner Frau war er ergeben gewesen, ihr Lachen war sein Lachen gewesen, ihr Schmerz sein Schmerz. Alle anderen Bindungen hatte er verachtet, bekämpft, fast wie eine Bedrohung von sich gewiesen. Ja, von ihr war er vielleicht abhängig gewesen, zumindest in seinem Seelenheil, aber dies war eine Beziehung gewesen, die er mit aller Kraft gefördert, gepflegt, gehegt hatte. In all den Schrecknissen und Einsamkeiten seines Daseins war sie der Bezugspunkt gewesen, um den sein Pflichtgefühl kreiste, weiterzumachen, nicht aufzugeben, seine Lebenshoffnung, dass alles Sinn machte, dass sie sein Kind trug, seine nächste Liebe. Sie war für ihn der Inbegriff seiner Gefühlswelt geworden.

Der längst seit seinen ersten Tagen schon erstickte Schrei nach Hilfe weckte seinen Zorn gegen das Schicksal. Nie hatte er an ein Schicksal glauben wollen. »Die Menschen sind es, die einander Schicksale bereiten«, das war seine Überzeugung. Zweifel flammten in ihm auf. Konnte es wahr sein? Lautlos huschte er, ein Schatten unter den anderen, zurück zum Friedhof, wollte zur Grabnische. Grabnische? Hatte seine Frau nicht testamentarisch verfügt, dass ihre Asche einen Setzling düngen sollte? Hier gab es doch sogar wieder Bäume, mitten in der Stadt! Sollte diese höfliche Kultur den letzten Willen seiner Frau ignoriert haben? Aber warum, aus welchem Grund?

War es denkbar, dass seine Frau ihren Wunsch nicht mehr hatte kundtun können? Aber ihr Testament war doch mit jedem beliebigen Rechner abrufbar gewesen, sofern nur ihr Chronometer gefunden worden war! Moment? Hatten die SY nicht den AKY berichtet, und die AKY ihm, dass das Chronometer funktionsunfähig vorgefunden worden war? Konnte das Chronometer etwa bei dem Unfall beschädigt worden sein? Von einer Zerstörung der Kabine war aber doch nicht berichtet worden?

Nein, dann hätte ja seine Frau nicht mehr geborgen werden können, der Überdruck in der Kabine musste noch bestanden haben, den Innenraum noch vor dem Hochdruck der gepumpten Flüssigkeit bewahrt haben, sonst wäre da nichts mehr zu bergen ... Mit einem Schauer schüttelte er das Bild von sich. Nein, in der Kabine hatte das Chronometer nicht beschädigt werden können. Wenn das Chronometer aber ohne Funktion sein sollte, dann konnte es erst nach der Bergung beschädigt worden sein! War seine Frau also erst später zu Tode gekommen? Warum aber, woran sollte sie später verstorben sein? Darüber musste es doch Aufzeichnungen geben!
Wieder fand sich YJOμ57, seit geraumer Zeit über die Inschrift gebeugt, zerrissen zwischen Trauer und Zweifel. Er hob ein Grablicht auf und prüfte das Abbild. Das Foto zeigte seine Frau, daran war nicht zu rütteln. War sie also tot? Den Schmerz verdrängend wich sein Blick von den geliebten Zügen, blieb darunter hängen, ruhte ohne Wahrnehmung auf der Gravur, die ihn in einem Abgrund seiner ruhelosen Seele befremdlich irritierte. Er senkte seine von Gedanken fiebernde Stirn auf die Platte, ließ die Kühle des Steines sein Herz erreichen, um ruhig zu werden. Die Angst glitt von ihm ab, da war noch eine Verbindung, er trug sie in sich. Er lauschte seinem Atem, fühlte das Blut in seinen Adern pulsieren, widerstrebte nicht mehr seinen Gefühlen, ließ sie aufkommen und ziehen. Er würde überleben, ihr Andenken wahren, ihre Sache fortsetzen.
Ruhig geworden, meldete sich sein gepeinigter Geist mit einer Idee zurück. Er richtete sich auf, kramte ein Blatt Folie und einen Pigmentstift hervor, die er aus seinem Bestreben nach Unabhängigkeit immer mit sich führte, beugte sich im Knien hinab und begann die Gravur abzureiben. Als er fertig war, nahm er das Blatt, suchte eine bessere Beleuchtung, fand sie und betrachtete die Inschrift erneut. »Jetzt kann ich etwas mitnehmen«, dachte er erleichtert, um

sogleich irritiert zusammenzuzucken. Hörte er Schritte? War da jemand? Aus Scham huschte er davon, lief einige Gassen, bevor er innehielt, warum sollte er jetzt noch fliehen? Er suchte den Zettel, faltete ihn sorgfältig auf. »YJOµ17µ87π427γ43!«, rief er innerlich aus. Wenn aber das Chronometer seiner Frau nicht intakt gefunden worden war, dann konnte niemand ihren Code erfahren haben, es sei denn, von ihr selbst! Wenn sie aber nicht in der Kabine gestorben war und später noch hatte sprechen oder schreiben können, dann stimmte die Urne nicht mit ihrem testamentarischen Wunsch überein! In raschem Entschluss lief er zurück, alle Welt vergessend, noch einmal zum Friedhof, zum Grab. Das Foto! Es zeigte seine Frau in jugendlicher Anmut, matt, aber gesund. Sie führte aber doch nie ein Foto mit sich! Wenn sie also noch fotografiert werden konnte, bevor sie gestorben war, dann musste es auch Aufzeichnungen geben, woran sie gestorben war! Dann bemerkte er zwei Dinge gleichzeitig, erstens, dass die Urnennische erbrochen und nicht ganz verschlossen war, zweitens, dass wieder Schritte im Dunkel zu hören waren, nicht stetig, sondern im Intervall von Baum zu Baum huschend. Rasch bückte er sich, fasste durch den handbreiten Spalt hinab, fand die Nische leer, die Urne entwendet. Noch in der Hocke drehte er sich um, um die Urheber der verstummten Schritte auszumachen.
Er war sich jetzt sicher, beobachtet zu werden. Hinter einem baumhohen Schatten lehnte ein mannshoher Schatten, ragte noch etwas dunkler seitlich hervor, tiefer, schwärzer, aber in halber Höhe schimmerte ein metallischer Glanz, der jetzt bewegt, verdunkelt, seinem Angesicht entzogen wurde. Die Urne? Eine Waffe? Ein Chronometer! YJO! Seine Verfolger!
Instinktiv sprang YJOµ57 zur Seite, schlüpfte zwischen zwei Urnenwänden hindurch, fand dahinter einen Mauerspalt zur

aufragenden Friedhofsmauer, lief einige Schritte, streifte das jetzt hinderliche Bündel der Mäntel ab, in die er sich noch eingehüllt fand, verharrte, zu Boden gekauert, lautlos, auf jeden Atemzug gefasst.
»Mach keine Dummheiten!«, riefen jetzt zwei gedämpfte Stimmen gleichzeitig, wie auf Kommando, aus vielleicht 30 Metern Entfernung.
YJOµ57 blickte beide Wände hoch, fand das Dunkel unergründlich glatt, maß tastend den Abstand, das sollte gehen. Er stemmte den Rücken mit waagrechten Beinen an die Urnenmauer, drückte die Hände unter das Gesäß, schob leise den Oberkörper nach oben, holte die Füße hoch bis auf Höhe der Hände, schob sich wieder hoch. Während die Schritte zögernd, aber beharrlich heranschlurften, erreichte er Schub um Schub das schmale Vordach der Urnenwand, eine auskragende Betonplatte, vielleicht drei Meter über dem Boden, legte sich keuchend längs auf ihr hin, blickte die Friedhofsmauer hoch, die noch weiter aufragte, sich im Dunkel verlor, ein Gebäude sein musste, spähte über die Kante des Vordaches hinab. Ein großer Schatten erstickte die Lichter am geschändeten Grab, teilte sich jetzt. Zwei Schatten schlichen an beiden Enden hinter die Nischenwand, trafen sich unter ihm in der Mitte des Mauerspaltes mit Geflüster.
»Nicht schießen! Ich bin es! Verdammt! Wo ist er? Bist du auf ihn drauf getreten? Du vielleicht? Da war etwas Weiches! Esel! Schnell!« Die Schatten liefen in eine Richtung, fanden die Mäntel leer, »Mist!«, teilten sich wieder, trafen sich wieder vorne beim eröffneten Grab. »Egal, er kommt nicht weit. Ich passe auf. Mach schnell.«
Einer der Schatten, der etwas weniger aufragte und sich etwas weniger weit am Boden verzweigte, schrumpfte in seinem Ursprung zu einem dunklen Loch zusammen, verformte sich am Grab, wogte hin und her. »Ich brauche Licht!« – »Nein!« Ein metallischer, schlecht gedämpfter

Aufschlag erklang aus der Bodennische, der große Schatten schrumpfte, die Platte scharrte schwer über den Stein, Handschuhe fegten über die Platte, Schuhe scharrten Staub zusammen, Handschuhe fegten erneut, Schritte trugen die Schatten davon.

Takt <°15°>

»Warum nur ist die Urne meiner Frau ausgetauscht worden?«, zermarterte YJOµ57 seine Stirn, zuweilen seine halblaute Stimme vergessend, was bei den Passanten Besorgnis erweckte. »Ist sie wirklich tot? Ist sie verunglückt, ist sie gestorben? Warum ist sie im Spital verleugnet worden? Ist sie dort nie angekommen?«
Wenn sie hier begraben worden war, dann musste sie hier gestorben sein. Wenn sie aber nicht im Spital gestorben war, wo war sie dann gestorben? Musste nicht jede Tote im Spital untersucht werden, bevor sie begraben werden durfte? Und wer von den SY sollte seine Frau hier begraben haben, wenn nicht die Angehörigen des Spitals? War sie also verleugnet worden, weil das Spital Schuld an ihrem Tod tragen sollte? Konnten aber die SY einen solchen Umstand vor den YJO verbergen? Und waren die SY Menschen, die einen solchen Umstand überhaupt verbergen wollten? Hätten sie ihm nicht einfach gesagt, wir konnten Ihre Frau nicht retten, nachdem wir sie gefunden und geborgen hatten, bitte vergeben Sie uns?
Natürlich hätte er vergeben! Es war doch nicht die Schuld der SY, dass seine Frau verunglückte. Auch wenn es gar kein Unfall gewesen sein sollte, wie hätte er diesbezüglich die SY in Zweifel ziehen mögen? Er war doch dankbar, dass sie ihr Leben zu retten versucht hatten. Wenn seine Frau aber gerettet worden war, musste sie dann nicht auch in ein Spital gebracht worden sein? Wozu dann die Verleugnung?
»Lebt meine Frau etwa noch? Verbirgt sie sich? Wird sie

verborgen, weil sie in Gefahr ist? Diente das Begräbnis dazu, ihren Tod vorzutäuschen, sie in Sicherheit zu bringen? Warum aber dann der Diebstahl der Urne?« Sollte er noch einmal im Spital nachfragen? Nein, die SY hielten dicht. Oder hatten die AKY sich geirrt? Warum wussten die AKY mehr als …? Nein, die YJO sollten nicht erfahren, was AKY und SY gemeinsam wussten! Und er war ein YJO! Dann aber die Grabräuber, waren das nicht YJO gewesen? Hatte er schimmernde Waffen gesehen, die Urnen oder wirklich Chronometer?

Misstrauisch strich er durch das Hafenviertel. Was sollte er noch hier? Wenn seine Frau noch leben sollte, hier würde er sie niemals finden. Wer würde ihm Auskunft erteilen? Nein, der Schlüssel der Frage lag in dem Umstand, dass das Grab geöffnet worden war, die Urne geraubt. Ein Verdacht beschlich ihn, setzte sich fest.»Sollte er zurück in das Hotel? Musste er dort nicht erwartet werden, da er gesucht wurde? Warum wurde er verfolgt von bewaffneten Fahndern? ›Er kommt nicht weit‹, das hatte er deutlich gehört. Konnten die SY so von ihm sprechen? Nein, seine Verfolger waren YJO, wie tags zuvor, vor dem Begräbnis. Woher hatten die YJO von dem Begräbnis erfahren? Waren sie ihm deshalb gefolgt? Hatte er sie zum Friedhof geführt, gegen sein Wollen, gegen sein Wissen?

Nein, er durfte nicht zurück in das Hotel! Wenn er frei bleiben wollte, dann musste er ein Quartier finden, wo er nicht im Voraus bezahlen musste, wo nicht im Voraus sein Chronometer eingelesen werden musste, was zugleich seinen Aufenthalt verraten würde. Wo aber ein solches Quartier finden?

»Frei?« Zornig betrachtete er sein Chronometer.»Sklaven der Zeit sind wir! Wo ist die viel gepriesene Freizügigkeit der YJO?« Nationen, Rassen, Sprachen, Religionen, Kulturen waren verschmolzen, seit die YJO das verwüstete Land verlassen hatten, Meile für Meile das Meer überfluteten, aber

überall fand sich ein YJO gefangen im Zeitsystem seiner Gesellschaft! Die Zeit fesselte alle in die Schranken des Raumes, kettete alle an die weltweite Börse der YJO, in der alle Lebenszeit gehandelt wurde. Wollte seine Frau frei sein? War sie geflohen? Ja! Es gab nur einen Grund, ein Grab zu öffnen, eine Urne zu entwenden. »Die Fahnder wollten dasselbe wie ich, meine Frau finden, sich von ihrem Tod überzeugen, von ihrer Unfreiheit. Die YJO sind gekommen, um nachzusehen, ob ihr System noch vollständig ist, ob sich ihm niemand entziehen kann. Ich bin nur das Mittel zum Zweck, wurde ausgeschickt, die YJO hierher zu führen, den Aufenthalt meiner Frau zu verraten!«
»Wie aber hätte sich meine Frau dem System entziehen können? War nicht auch sie an ihr Chronometer gefesselt, an die lebenslange Zeitschuld gegenüber der Gesellschaft, an den Kredit, leben zu dürfen, konsumieren zu dürfen?« Warum hatten die SY sein Vorhaben vereiteln wollen? Deutete das nicht darauf hin, dass die SY etwas verbargen? Dass es also auch etwas zu verbergen gab? Was aber sollte dies sein, wenn nicht seine Frau, sein Kind, ... musste es nicht dasselbe sein, von dessen Tod sich die YJO zu überzeugen suchten? Was schützten die SY vor den YJO so sehr, dass auch er selbst nicht davon wissen durfte, um es nicht verraten zu können?
»Das kann nur die Freiheit sein«, die Freiheit, außerhalb des Zeitsystems leben zu können, sein zu können, überzeugte er sich selbst, und diese Freiheit, diese Verweigerung der Systemimmanenz, »die steht nicht in der Macht meiner Frau!« ... Nein, ... diese Macht konnte nur ihrer beider Kind innewohnen! »Die SY schützen das Kind!« und verbargen deshalb seine Frau vor allen YJO, auch vor ihm, »vor dem gesamten verdammten System!«.
Wie aber konnte eine bedrängte Kultur ein Leben vor einem übermächtigen Rivalen verbergen? War das anders mach-

bar, als den Tod dieses zu schützenden Lebens vorzugeben? Den Gegner dahin gehend zu täuschen, dass die Gefahr nicht mehr bestünde? Konnte also sein Kind das System der YJO gefährden? Wie aber sollte dies möglich sein? Wie konnte ein ungeborenes Kind eine solche Macht erschüttern und wie konnten die SY davon erfahren haben? »Es gibt nur eine brauchbare Erklärung, zumindest jetzt, für den Anfang«, schwankte YJOµ57, »wenn das Geschehene einen Sinn machen soll, eine Logik haben soll, dann gefährdet Chromosom 17 unseres Kindes das Zeitsystem der YJO; und die SY haben diesen Umstand entdeckt. Wie lautete die Mitteilung des Medizinischen Rates, war da nicht die Rede von ›nicht ausreichend kalkulierbar‹? Ja, allerdings! Und was ›kalkulieren‹ die YJO so lückenlos? Zeitguthaben, Lebenszeiten, den Kredit der Gesellschaft, den Mitgliedern gegeben, am System teilhaben, mitwirken zu dürfen.«

Er würgte, rang mit sich. »Entweder büße ich meinen Verstand ein oder ich lasse diese Spekulationen. So viel muss ich als gesichert gelten lassen, die YJO wollen sich vom Tod meiner Frau überzeugen, also auch vom Tod meines Kindes. Dieser Tod muss also für die YJO so bedeutend sein, dass sie Fahnder nach SY schicken, die heimlich ein Grab schänden, den Ruf der YJO in aller Welt gefährden, den Glanz dieser Hochkultur mit einem Makel bedrohen!«

»Und ich bin Zeuge geworden!«, fiel ihm ein. Hatten die Fahnder ihn auch nicht mehr anwesend vermutet, als sie die Urne austauschten, so hatten sie ihn doch beobachtet, wie er die Leere der Urnennische ertastet hatte. »Was also soll ich tun? Werde ich auch in einer defekten Kabine, nein, in einer umprogrammierten Kabine verschickt werden? In den Hafen des Todes? Werde ich noch hier beseitigt werden?« ›Er kann nicht weit kommen‹, klang ihm wieder in den Ohren.

»Kann ich mich denn auch bei den SY verbergen? Dann

aber werde ich ein Leben lang gesucht werden. Und wenn ich gefunden werde, dann wird auch meine Frau gefunden werden und unser Sohn. Sollte ich aber hier leben, getrennt von meiner vielleicht doch noch unter falschem Namen lebenden Frau? Könnte ich das überhaupt?« Er verbarg sein Gesicht in den Händen, weil es die Antwort aus seinem Inneren trug.
»Soll ich bei den AKY untertauchen?«, beruhigte er sich. »Aber wie kann ich mich dort verbergen, mit diesem Ding?« Er blickte auf sein Chronometer und wurde stutzig. »Dieses Datum kann nicht stimmen!« Seine drei Wochen waren fast abgelaufen, sein Kredit seitens des Werkes war bis auf zwei Tage ausgeschöpft! Er rechnete nach, zählte die Nächte in jeder Richtung durch, ihm fehlten mindestens fünf Tage. Wurde er bestohlen? Wurde er an dieser Nabelschnur zurück in das System beordert? Sollte er deshalb nicht weit kommen?
Natürlich! Zu Hause würde er offiziell vom Ableben seiner Gattin mit Bedauern und so weiter …, die Gesellschaft habe sich vorsorglich überzeugt, dass keine Verwechslung vorliege und werde alles tun … ja, ja. Er aber würde berichten, dass er die Stadt mit Hilfe der AKY ausgeforscht, überraschend am Grab gestanden habe, zufällig auf das Grab gestoßen war, sich des Nachts nochmals habe überzeugen und verabschieden wollen, dabei aber unversehens zwei vermeintliche Diebe aufgescheucht habe, die womöglich versucht hatten, das Chronometer seiner verstorbenen Frau an sich zu bringen, wobei er sich vom Erfolg dieses Ansinnens nicht mehr habe überzeugen können, da er seinerseits sich bedroht geglaubt und die Flucht ergriffen habe.
»Die Gesellschaft freilich wird ihrerseits zugestehen, dass es sich nicht um Diebe gehandelt habe, sondern um ehrenwertes Personal der Gesellschaft, das mit dem heiklen, aber unverzichtbaren Auftrag ausgeschickt worden war,

das beschädigte Chronometer vorsorglich zu bergen, da die wohlwollenden, aber unkundigen SY bedauerlicherweise versäumt hatten anzufragen, was mit dem Identität und Integrität sichernden Instrument geschehen solle, es vielmehr wie einen persönlichen Besitz ...« Wieder würgte er seine Gedanken hinunter.
War es nicht machbar, dass auch er seinen Tod vorgab? Oder vollzog? Nein, mit Suizid wollte er nicht antworten, das gönnte er seinen Wohltätern nicht, und »wer weiß?«, lachte er plötzlich fröhlich auf. »Wer weiß, wie das Leben spielt? Sind die YJO wirklich so allmächtig, die Geschicke der Welt zu lenken? Vielleicht kommt meine Frau eines Tages zur Türe herein und sagt: ›Schau, unser Sohn! Gefällt er dir?‹« Schluchzend blieb er stehen, nein, wankte, seine Schultern wogten auf weichen Knien, als umkreisten sie einen in die Erdmitte weisenden Pfeil. »Verdammt! Ich bringe mich noch selbst um den Verstand! Kann ich ihren Tod nicht akzeptieren und rede mir das alles bloß ein?«
»Was also, wenn ich meinen Tod vortäusche? Kann ich sie dann weitersuchen? Gewissheit erlangen? Abgesehen von der Frage, wie ich mich durchschlagen soll, was würde denn eintreten, wenn mein Chronometer gefunden wird? Werden die SY dann nicht beschuldigt werden, sie hätten das Leben eines Touristen auf dem Gewissen, der seine verstorbene Frau finden wollte? Würden die YJO nicht aller Welt suggerieren, die SY hätten mich umgebracht, weil vielleicht mit dem Tod meiner Frau nicht alles gestimmt habe? Oder zumindest, sie hätten mich in meiner Verzweiflung allein gelassen, nachdem sie den Aufenthalt und das Ableben meiner Gattin verleugnet hatten, aus welchen uneinsehbaren Gründen auch immer?«
»Nein! Auch damit würde ich jenen dienen, die mein Kind nicht leben lassen wollten!« Seine Finger schmerzten, überrascht bemerkte er, dass er die Fäuste geballt hatte. Wie lange war er schon so dahinspaziert? Nein, keinen

Blick auf das verhasste Ding. ›Fortschritt, Befreiung von Geld, von Zahlungsmitteln, von Dokumenten, Papieren, festen Arbeitsplätzen. Der Weltenbürger ist überall Herr seiner Zeit, seines Geschickes!‹, erinnerte er sich, um dann grimmig zu ergänzen »und unterwirft sich jedem Rechner, der die Welt bedeutet. Der Herrscher über die Zahl ist der Herrscher über Raum und Zeit?«
Jetzt bemerkte er einige Kinder, die ihre Köpfe wendeten, staunend, grinsend. Hatte er laut mit sich selbst gesprochen? Rasch bog er um eine Ecke. »Ist doch auch egal. Was also soll ich tun? Wenn ich hier bleibe, gefährde ich Frau und Kind, sofern sie noch am Leben sind. Wenn ich untertauche, werden die SY unter Druck gesetzt, sodass sie womöglich meine Liebe und meinen Sohn, … wie wird er wohl heißen?, … herausgeben müssen, auch dann gefährde ich beide. Ich muss zurück und …, wie ekelhaft«, ja, er musste mitspielen. Traurig hielt er inne, blieb stehen, bis einige Passanten höflich seine wieder kreisenden Schultern berührten, die Straßen hatten sich gefüllt, der Raum war zu eng geworden, um dann, so ermahnt, lustlos, erschöpft, von seinem Schicksal getrieben, weiterzustolpern.
»Muss mir das passieren?«, fragte er, »ausgerechnet mir? Habe ich das verdient, weil ich so uneinsichtig war, mich immer gewehrt habe? Spielt mir das Leben einen Streich, weil ich dem Leben einen Streich spielen wollte? Wie grausam ist die Übermacht der Verhältnisse! Sind die Verhältnisse mein Schicksal oder bin ich mein Schicksal, weil ich mich gegen die Zeit stemme, gegen die Verhältnisse?«
Schwindel erfasste ihn, er rieb sich die Stirn, die Augen, sein Magen rumorte, seine Zunge rieb trocken am Gaumen. »Ich habe zu lange nichts gegessen, nichts getrunken«, fiel ihm ein. »Wo bin ich jetzt? Soll ich zum Markt? Wie finde ich hin? … Ich will noch einmal alles überdenken. Es ist zu viel für mich, … zu viel auf einmal. Ich brauche Hilfe, … wenn ich

doch reden könnte. Musste es meiner Frau nicht auch so ergangen sein?« Ihre Ohnmacht war auch seine, endlich ging er vollends in die Knie. Zwei Passanten, die sich dicht an ihm durch das Gedränge gedrückt hatten, rissen ihre Arme hoch, fingen ihn auf, verhinderten zwar nicht mehr seinen Fall, schützten aber seinen Kopf vor dem harten Aufschlag. Matt blickte er seinen Helfern ins Gesicht, glaubte eines wieder zu erkennen, war das nicht jemand aus dem Spital?, sagte aber, »danke, es geht schon wieder, ich habe nur etwas Durst«. Der Helfer mit dem ihm bekannt erscheinenden Gesicht wandte sich ab, entschuldigte sich, übergab seine Aufgabe an den Nächsten, eilte davon, um Hilfe zu holen, wie er sagte. Tatsächlich telefonierte er unweit, aber seine Worte blieben unverständlich. »Wen sollte er hier erkennen, dessen Sprache er nicht kannte?«, bohrte YJOµ57 eine Weile in seinem Gedächtnis, bis er sich als zu erschöpft erkannte und aufgab. Inzwischen hatten sich zahlreiche Marktbesucher um ihn eingefunden, einige brachten ihm zu trinken und zu essen, er nippte kurz, rührte sonst nichts an, erholte sich aber sichtlich, begehrte aufzustehen, weiterzuziehen, aber die Menge hielt ihn davon ab.

»Es wird gleich Hilfe da sein, bitte gedulden Sie sich, es ist besser, wenn Sie noch ein wenig liegen bleiben.« Ein Kissen wurde gebracht, eine Decke gereicht, sogar eine winzige weiße Blume in einer Nährlösung. Ungläubig blickte er die Blüten an, die Blätter, die Staubgefäße, setzte sich auf, wagte nicht, das Geschenk entgegenzunehmen, blickte endlich hoch, erkannte die Spenderin im Augenblick.

SY Rem lächelte. »Es freut mich zu sehen, dass es Ihnen schon wieder besser geht, ich bin Dr. SY Rem und wurde zu Ihnen gerufen. Haben Sie Schmerzen? Wie fühlen Sie sich?« Rasch fühlte sie seinen Puls, hörte seine Herztöne ab.

»Ich kann aufstehen«, sagte er und zog seine Beine heran,

aber SY Rem drückte ihm leicht auf die Schulter.»Es ist mir lieber, wenn wir Sie erst untersuchen.« Er blickte in zwei fragende Augen und nickte stumm. Rasch wurde er auf eine Trage gehoben, in einen Wagen geschoben, der sich langsam, die sich verlaufende Menge teilend, in Bewegung setzte.»Ich bin nur entkräftet«, sprach er sich Mut zu. »Sie sind kerngesund«, bestätigte SY Rem,»aber Sie laufen zu viel herum. Sie bekommen eine Infusion und eine Mahlzeit, dann können Sie, nach ein wenig Schlaf, die Heimreise ohne Gefahr antreten.« Sie blickte aus dem Rückfenster und ordnete an:»Fahren Sie in die Quarantäne, Station vier, rasch! Wir bekommen Besuch.« Der Wagen beschleunigte, blaue Blitze und schrille Gesänge um sich schleudernd.

Takt <°16°>

SY Rem wartete persönlich vor der Aufnahmeschleuse auf die Verfolger, während der Rettungswagen in der Schleuse verschwand. »Hier haben Sie keinen Zutritt. Oder wollen Sie ein Mitbringsel mit nach Hause nehmen?«
»Was ist mit ihm?«
»Infiziert.«
»Woher?«
»Das müssen wir erst feststellen.«
»Äh, war die Dose sauber?« Sie schwieg wie eine Festung, die auf den Feind herabblickt. »Ich meine die Urne, war die dekontaminiert?«
»Selbstverständlich.«
»Was machen Sie mit ihm?«
»Wir löschen sein Gedächtnis, dann können Sie ihn mitnehmen. Ist das in Ihrem Sinne?«
»Besser, er fährt alleine.«
»Wird er das überstehen?«
»Das müssen Sie uns überlassen.«
»Dann bleibt er hier.«
»Nein!« Sie schwieg. »Gut, er wird sich bei Ihnen melden, seinen Dank aussprechen.«
»Und Sie werden ihn zeit seines Lebens in Ruhe lassen?«
»Das ist Sache der YJO.«
»Wir löschen sein Gedächtnis nur partiell, örtlich und zeitlich eingegrenzt auf die betreffenden Eindrücke. Wenn er Verdacht schöpft, erinnert wird, kann sich das Gedächtnis wieder regenerieren.«

»Welche Garantien geben Sie?«
»Keine. Welche geben Sie?«
»Gut. Wir lassen ihn in Ruhe.«
»Wir werden das nachprüfen.«
»Wer ist wir?«
»Ich muss jetzt zurück zur Arbeit.« Sie drehte sich um, verschwand in der Schleuse.
YJOµ57 hing inzwischen an einer Infusionsflasche, saß aufrecht im Bett, wunderte sich. »Mir fehlt doch nichts?«, begrüßte er SY Rem, als diese eintrat. Dann fiel ihm ein, während er sich umsah, »oder habe ich etwas abbekommen?« SY Rem lachte kurz. »Was Ihnen fehlt, wissen Sie besser als wir; und wie ich sehe, haben Sie noch immer keine Mahlzeit bekommen.«
»Aber, ich meine, warum dieser Bunker?«, war YJOµ57 versucht zu fragen, erinnerte sich aber an seine Frau und bat stattdessen nach einigem Zögern leise, »bitte retten Sie meinen Verstand.«
Sie wurde sofort ernst. »Wodurch fühlen Sie Ihren Verstand bedrängt?«
»Durch den Gedanken, dass meine Frau auch hier war, … oder ist.«
SY Rem rang ein wenig mit sich. »Bitte erzählen Sie mir, was Sie zu diesem Gedanken veranlasst.«
YJOµ57 fasste seine Zweifel in wenigen Sätzen zusammen. »Meine Frau wollte keine Urne, auf dem Foto sieht sie wohlauf aus, nur sie selbst wusste ihren Code, die Urne wurde gestohlen.«
»Haben Sie das beobachtet?«
»Es waren zwei Männer aus YJO. Sie trugen Chronometer, Waffen, und sie sagten, ich werde nicht weit kommen. Ich hörte, wie die Urne ausgetauscht wurde.«
»Waffen? Waffen sind bei uns verboten. Sind Sie sicher?«
»Ich hörte deutlich ›nicht schießen‹, als sich die beiden im Dunkel gegenüber standen.«

»Sind Sie sich im Klaren darüber, dass Sie in Gefahr sind?«
»Vollständig. Ich denke sogar, dass diese Gefahr so groß ist, weil meine Frau gar nicht begraben wurde«, bat YJOµ57 wieder.
SY Rem zögerte. »Ich trage eine große Verantwortung. Können Sie mir eine Sicherheit geben?«
»Ich gebe mein Leben in Ihre Hand.«
»Das ist zu wenig. Sie müssen Ihr Leben selbst in die Hand nehmen; und zwar in jedem Atemzug. Schaffen Sie das?«
»Ich habe noch nie etwas anderes getan. Nur diesmal brauche ich Hilfe.«
»Warum diesmal?«
»Weil ich sonst nicht klarkomme.«
»Ich habe den Eindruck, dass Ihr Verstand sehr klar ist.«
»Mein Verstand sagt mir, dass ich heimfahren soll, aber meine Gefühle verbieten es; und ich glaube, dass ich diese Situation nicht auf Dauer werde bewältigen können.«
»Wie kann ich Ihnen dabei helfen?«
»Indem Sie meinen Zweifel aufheben.«
»Sind Sie sich über die Konsequenzen im Klaren?«, probierte SY Rem.
YJOµ57 schöpfte Hoffnung. »Wahrscheinlich noch nicht ganz.«
»Ich habe zum Beispiel ausgesagt, dass wir Ihr Gedächtnis löschen werden.«
Er blickte entsetzt auf die Infusionsflasche, besann sich aber. »Sie können sich auf mich verlassen, bevor ich rede, sterbe ich.«
Das war SY Rem zu leicht dahingesagt. »Sie könnten sich versprechen, unter Drogen gesetzt werden, in Streit geraten. Gibt es in YJO Folter? Wissen Sie das? Haben Sie darüber nachgedacht?«
YJOµ57 musste sich eingestehen, dass er eine naive Haltung eingenommen hatte. »Ich verstehe, dass ich sehr

zurückgezogen werde leben müssen. Ich verstehe jetzt, was Sie mit ›jedem Atemzug‹ meinten.«

»Verstehen Sie, dass Sie womöglich auf sehr viel werden verzichten müssen? Vielleicht gerade auf das, was Sie am meisten ersehnen?«

»Ja, darüber bin ich mit mir ins Reine gekommen. Wenn meine Frau noch leben sollte, muss ich sie um des Kindes willen verlassen. Ich werde nie wieder nach SY kommen können, bis mein Sohn, sollte er noch leben, außer Gefahr ist.« SY Rem schwieg. Sie sah ihn fragend an. »Mein Sohn wird erst außer Gefahr sein, wenn die YJO seine Existenz nicht mehr leugnen können, ihn anerkennen müssen. Wie das zu erreichen sein wird, weiß ich nicht, aber so lange muss ich auf ihn und auf meine Frau verzichten.«

»Wäre es nicht leichter, an den Tod zu glauben?«, versuchte SY Rem.

»Es wäre wahrscheinlich leichter, aber ich kann es nicht.«

»Verstehen Sie, dass Ihr seelisches Vermögen allein nicht entscheidend sein könnte?«

Er sah sie fragend an, aber sie schwieg geduldig, er musste ihre Frage alleine klären. Schließlich verstand er den Vorwurf. War er egoistisch? »Meine Frau hätte sich, so glaube ich, an meiner statt auch so verhalten.«

»Das ist nicht möglich«, widersprach SY Rem, »eine Mutter denkt zuerst an das Kind, erst dann an den Partner.«

YJOµ57 sah seinen Fehler ein. »Ich verstehe jetzt, was ich meiner Frau antun würde, wenn ich sie noch einmal wiedersehen wollte, vorausgesetzt natürlich, dass sie noch lebt.« SY Rem änderte keine Miene. »Ich würde sogar darauf verzichten, … wenn es notwendig ist. Ich würde nur gerne … Gewissheit haben«, brachte er hervor. Jetzt senkte SY Rem ihren aufmerksamen Blick, um nachzudenken. Er hob zu sprechen an, unterließ es aber, um ihre Gedanken nicht zu stören. Langsam setzte sich die Überzeugung in ihm fest, dass er ihr eine Entscheidung über drei Menschenleben angelastet hatte. Sein Zwielicht aus Hoffnung und Angst wurde von Scham über sein Verlangen durchsetzt, während langsam, aber unabweislich seine Trauer vor dem Schmerz der bevorstehenden Trennung zurückwich.

Die Mahlzeit für YJOµ57 wurde hereingebracht. Er dankte, versuchte, konnte aber nicht essen. Schmeckte das Essen so furchtbar widerwärtig, weil er sich so zerrissen fühlte? Hilflos blickte er auf. Die Schwester blickte die Ärztin fragend an, die unbewegt saß. »Sie müssen essen, auch wenn Sie nicht wollen«, mahnte die Schwester. SY Rem blickte auf und wartete. YJOµ57 verstand, dass seine Kraft hinreichen musste, seine Pflicht zu tun. Jetzt konnte er essen, aß, als äße er Gift, aber aß alles auf.

»Werden Sie morgen früh heimreisen?«, fragte SY Rem unbewegt, als er fertig war.

YJOµ57 zuckte zusammen, so eine Nacht hatte er schon hinter sich. »Ja«, antwortete er kleinlaut.

»Und nie mehr wiederkommen, nie wieder Kontakt mit uns aufnehmen?«

Der Versuch, das Unfassbare zu fassen, ging über sein Gesicht hinweg. »Ja.«

SY Rem blickte die Schwester an, die Schwester nickte. »Kommen Sie mit!«, verlangte SY Rem und erhob sich.

»Ihre Frau ist vorbereitet!« YJOµ57 sprang aus dem Bett, auf die Infusion vergessend. Geistesgegenwärtig packte ihn die Schwester am Arm, bevor er sich die Nadel aus dem Fleisch reißen konnte. Schuldbewusst hielt er inne. Sie befreite ihn von der Nadel, hob sein Kinn, blickte ihn an, legte mahnend einen Finger an ihre Lippen. Er errötete und nickte. Jetzt schritt die Schwester voraus, SY Rem ging zuletzt. Nach einem Flur und einigen Türen klopfte die Schwester und öffnete. »Wir lassen Sie jetzt allein«, sagte SY Rem und nahm SY Lim Min fröhlich bei der Hand.

Takt <°17°>

Seit jenem denkwürdigen Morgen, als sie ihrem Mann hatte Lebewohl sagen müssen, um des Kindes willen sich das Herz noch einmal aus dem Leibe hatte reißen müssen, während er, als strahlender Held und jugendlicher Liebhaber gekommen, nach wenigen Stunden erschöpften Schlafes noch im Bett ergraut, sich wie ein geprügelter Knecht über die Schwelle schleppte, seit der Stunde, als die zart erblühende Zuneigung SY Jan Pa's ohne Abschied von ihr fortgerissen worden war, seit all diesen Schlägen, die sie doch besser vergessen sollte, sich aber um so verzweifelter an sie geklammert fand, wusste YJOµ17, dass ihre Einsamkeit für den Rest ihres Lebens vollständig sein würde.

Auch ihren kleinen Sohn, an dessen strahlenden Augen ihre gepeinigte Seele hing wie der Morgentau an einer Knospe, auch ihn würde sie eines Tages verlieren, dessen war sie gewiss, denn ihr Leben war offenbar um seinetwillen einem Plan unterworfen, den sie und niemand in ihrer Umgebung kennen durfte. Sobald ihr Kind nur genug herangewachsen sein würde, würde es zu seiner Ausbildung fortgerufen werden. Zugleich würde ihr und ihm zu verstehen gegeben werden, dass dies, zwar zum allgemeinen Bedauern, aber aufgrund der Umstände unvermeidlich, seine und ihre einzige Chance bleiben würde, das Leben ohne weitere Bedrohung zu durchstehen. Wie hart konnte sich doch der Sinn des Lebens gestalten, wenn er sich nicht zu zeigen vermochte!

So erforschte YJOµ17 die örtlichen Gebräuche, in welchem

Alter Kindern welche Ausbildung zugedacht wurde, insbesondere, ab welchem Alter mit einer Trennung von den Eltern zu rechnen war. Zuweilen ertappte sie sich auch darin, sich auszumalen, ob sie vielleicht in die ihrem Sohn zugedachte Rolle eingeweiht werden würde, um mitzuwirken; ja, manchmal versuchte sie sogar, Hinweise auf diese Rolle aufzufinden oder im Geiste verschiedene Möglichkeiten abzuwägen; aber sie unterbrach ihr Unterfangen jedes Mal mit der schließenden Einsicht, töricht zu sein. Verbot nicht ihre ganze Geschichte, wissend zu werden?
Sogar Flucht oder Selbstmord erwog sie zuweilen im Stillen, wenn sie verzweifelt war und sich unbeobachtet glaubte, ließ den Gedanken aber sofort fallen, wenn sie ihren Sohn erblickte oder sogar auch nur an ihn dachte. Vielleicht war ihm eine Rolle zugedacht, die er würde erfüllen können, vielleicht waren sie und er dann frei. Frei?
Ja, tatsächlich, sie fühlte sich als Gefangene eines unbekannten Zweckes, einer unbekannten Macht. Vielleicht würde sie dann, in Freiheit, sogar die Erlaubnis erhalten, ihren Mann zu suchen und wiederzusehen? Konnte dann die Gefahr vorüber sein, ihren unbekannten Gegenstand ebenso wie das schleierhafte Interesse der unsichtbaren Macht eingebüßt haben?
Dann aber schämte sie sich wieder, ihren Sohn selbst ihren Zwecken unterwerfen zu wollen. Ist ein Kind denn eine Versicherung gegen die Einsamkeit? Sie prüfte dann ihr Gemüt, ob sie nicht ihren Rettern dankbar sein musste, ob sie nicht eine Zeit der Läuterung von eigensinnigen, kleinmütigen Interessen auf sich nehmen musste, um schließlich als selbstlos erkannt und eingeweiht zu werden in das vielleicht mit Weitblick begonnene Vorhaben. Wie konnte sie denn glauben, dass ihre unbedeutenden Kenntnisse ausreichen würden, um das zu fassen, was vielleicht schon im Gange war? Warum hatten die SY all diese Mühen und Gefahren auf sich genommen, sie und das Kind vor den YJO zu ver-

bergen? War diese Gesellschaft nicht selbst in schwerster Bedrängnis, seit ihren digitalen Systemen die Netzrechte abgesprochen und die Zutrittscodes entzogen worden waren, alle Verhandlungen seither chronisch scheiterten, der Abbau und Umbau der Anlagen wie eine Seuche grassierte? Seit nunmehr zwei Jahren war den SY auferlegt, die Systeme der YJO zu übernehmen und jenen damit wachsenden Schuldenberg vor sich her zu wälzen, der als »Kredit auf Zeit« und »fürsorgliche Vorbereitung der Kooperation« mit schlecht vergorenem Nektar umflort wurde? Wie lange würden die SY dieses Joch schultern können, bevor sie im Schlamm der Abhängigkeit zu versinken und zu ersticken drohten? Wie lange mochte es umgekehrt dauern, bis die YJO ihr System als unantastbar wähnen würden, das System der SY als erfolgreich »umgestaltet, bereinigt, integriert und absorbiert« betrachten würden? Sodass dann, nach diesen Jahren des elektronischen Krieges, ihr Sohn keine Gefahr mehr bedeuten konnte? Noch immer rang sie mit dem Rätsel, welche Gefahr von einem mutierten, zweideutigen Chromosom 17 für das System der YJO ausgehen mochte, dass ihm Leben und Fortpflanzung zu verwehren versucht worden war und weiterhin versagt wurde.

Oft malte sie die Zweideutigkeit, entrang den Zahlen das Unbestimmbare, ja sie hatte es lieben gelernt wie jene Zukunft, die als Möglichkeit und Hoffnung zugleich in die Gegenwart gerufen wird, so wie man ein Kind herbeiruft, um sich und die Gäste von seinem Gedeihen zu überzeugen. Aber ihre Bilder konnten nicht mehr in das Netz gestellt werden, auch nicht unter falschem Namen, hätten sie doch ihre Autorenschaft unverkennbar preisgegeben und damit ihren Aufenthalt. So blieb sie allein auch im Ringen mit dem Unbestimmbaren, das als Vergangenheit ihr Fluch und als Zukunft zugleich ihr Segen geworden war. Freilich blieben alle ihre Ansätze fruchtlos, welkten nach kurzer Zeit vor der sengenden Kritik ihres einsamen Intellekts. So endete sie nach allen Anläufen, die Hürde des Rätsels zu nehmen, in Aufruhr des Gemüts und Auflehnung des Geistes. War denn irgendeine Gesellschaft überhaupt berechtigt, mit ihr und ihrem Sohn Pläne zu schmieden, ganz gleich, welcher Art und zu welchem wie immer vermeintlich geheiligten Zweck? Was sollte sie von einer Gesellschaft halten, die ihre Pläne so verbarg, geschweige denn ihre Einrichtungen zur Schmiedung dieser Pläne? Wo versteckte sich die Macht der SY, wenn sie überhaupt wirkte?

Wirkte sie denn nicht? Wer hatte SY Jan Pa abberufen, ihre hier erste und letzte Hoffnung, sich vom Fühlen lenken zu lassen? Ja, so viel war erwiesen, die Macht wirkte. Aber worin bestand sie? Galt das Fühlen in dieser Macht nicht? Ja, diese Macht war grausam, wenn sie so viel Einsamkeit und Verzweiflung duldete, nein, forderte!

»YJOµ17, komm bitte zu mir, wenn du Zeit hast!«

Eilig stand sie von ihrem Schreibtisch auf, jemand brauchte Hilfe? Hatte sie das Klopfen überhört? Die Stimme an der Türe klang so vertraut! Ja, sie war eine dienstbare Seele geworden. Auf welch anderen Trost aber konnte sie hoffen, als auf die Zuneigung jener Menschen, die ihre Gefangenschaft teilten? Und war es nicht eine wertvolle Aufgabe, Fehler in mangelhaft übersetzten Programmen zu bereinigen? Konnte sie damit den SY nicht danken für ihre und des Kindes Rettung?

»Du erkennst mich nicht mehr? Habe ich mich in kaum zwei Jahren so sehr verändert?«

YJOµ17 warf ihre trüben Gedanken fort, diese Stimme war so warm. Die Hoffnung schwoll in ihr an wie ein überlaufender Teich, trübte ihren Blick, hob die Last von ihrem Herzen. Konnte es sein? Diese strahlende Erscheinung?

SY Jan Pa verneigte sich wie ein Jahrtausend, bevor sie ihrem Auftrag nachkam. »Ich bin darin belehrt worden, dich zu unterrichten, welche Rechte und Pflichten, welche Möglichkeiten und Aufgaben der Rat der SY dir und deinem Sohn zugedacht hat, damit du dein Leben bei uns erwägen und vorbereiten kannst, wenn du einverstanden bist; und damit auch er, dein Sohn, sein Leben erwägen kann und in 16 Jahren sein Einverständnis wird prüfen, erteilen oder verwerfen können.«

YJOµ17 warf sich wortlos in die Arme der Jüngeren, als stünde die Verkörperung der Zukunft vor ihr. »Ich war deine Schwester, bin deine Schwester und werde deine Schwester bleiben«, sagte SY Jan Pa, die Einsamkeit zweier Seelen abstreifend.

Takt <°18°>

»Wenn es noch Flugzeuge gäbe, könnten wir uns das in der Natur von oben anschauen«, erwähnte die selbst erst eingetroffene Biologin arglos, während sie den Bildschirm erklärte. »Aber bevor wir hinausgehen, können wir uns auch auf diese Weise einen Überblick verschaffen. Bitte, SY Faun.«
YJOµ17*1, jetzt schon vier Jahre lang wissbegierig, hatte eher mit der Hand gewunken als aufgezeigt, schon legte er los: »Warum gibt es keine, ... ich weiß nicht, mehr?«
»Flugzeuge, das waren Maschinen mit Flügeln, die ungefähr so ausgesehen haben wie Vögel, manche auch wie große Insekten. Sie waren so groß, dass Menschen in ihnen sitzen konnten und damit durch die Luft flogen, wie Vögel und Insekten das tun.«
»Und warum sind sie, die Flug..., diese Tiere ausgestorben?«
»Die Flugzeuge brauchten Motoren, um zu fliegen. Als alle rauchenden Motoren verboten wurden, wurden auch die Flugzeuge verboten, wie alle Maschinen mit solchen Motoren.«
»Was ist das, ein Motor ... und Rauch?«
»Ein rauchender Motor braucht Luft, um sich zu drehen, und er macht die Luft dabei schmutzig. Weil aber zu wenig Luft auf der Erde ist, werden rauchende Motoren nicht mehr verwendet.« Sie überzeugte sich, dass ihr aufgeweckter Schützling zufrieden war, wandte sich wieder dem Bildschirm zu, hatte sich aber getäuscht.

»Warum gehen wir nicht auf den Berg hinauf? Kann man dort nicht hinunterschauen wie von einem Haus?«
»Auf dem Berg ist zu wenig Luft und Wasser, aber zu viel Sonnenlicht.«
»Können wir keine Anzüge und Helme anziehen ... und Luft und Wasser mitnehmen?«
»Ja, da hast du Recht, das könnten wir schon, aber Luft und Wasser sind schwer zu tragen, und dann sind wir auf dem Berg so weit oben und so weit weg, dass unten alles ganz klein aussieht.«
»Das wäre aber schön!«
»Wahrscheinlich, ja, aber weißt du, wenn alles so klein aussieht, erkennen wir die Unterschiede nicht mehr, die wir sehen wollen.«
»Was ist das, ... Unter...?«
»Unterschied? Das ist das, woran wir zwei Dinge auseinander halten. Zum Beispiel Tisch und Sessel. Der Tisch ist höher, sodass ich darauf schreiben kann. Der Sessel ist niedriger, sodass ich darauf sitzen kann. So unterscheiden sich Tisch und Sessel, und wenn sich zwei Dinge unterscheiden, das heißt Unterschied.«
»Warum kann der Computer von oben schauen und ich nicht?«
»Der Computer schaut nicht selbst, er zeigt uns nur die Bilder, die die Maler vorher gemalt haben. Die Maler wissen, wie die Welt von oben ausschaut, wenn sie sie von unten betrachten.«
Er schaute ungläubig. »Ich will selber schauen!«
Die neue Lehrerin resignierte, »gut, gehen wir schauen!«, blickte sich suchend um, bereute, nicht einige Tage früher angekommen zu sein.
Freilich wurde das Schauen eine Enttäuschung. Die Aussichtswarte war verglast, zeigte ringsum weiße Foliendächer, die wie tunnelförmige Schläuche dicht aneinander geschmiegt, hügelauf, hügelab die Talböden mit leichtem

Wogen erfüllten, bis die Ferne sie schrumpfen hieß, wie gekämmtes Frauenhaar anmuten ließ, schließlich verschluckte.

YJOµ17*1 interessierte sich mehr für die gleißende Silhouette am Rande des ereignislosen Geschehens, das von den Großen aufgeregt und abwechselnd mit Wörtern wie »Schnee, Fels, Berge und Gletscher« bedacht wurde. Dort wollte er hin, denn das war das Unmögliche, das, wovor auch die Großen Angst hatten, ja, das fühlte er und darin blieb er sich sicher, was immer auch beschworen und verboten wurde in kurzen Sprüchen oder langatmigen Sätzen, die ihm beide keinen Sinn zu schenken vermochten. Widerwillig folgte er dem Flehen und Mahnen der Großen, deren Worte schon eine ganze lästige Weile im Kreise gingen, hinab in einen der Schläuche, die ihm als »Gewächshäuser« angepriesen wurden. Gab es denn noch andere Dinge, die wachsen durften und sollten, wie ihm erklärt wurde, als jene meist grünen, selten farbigen Kleckse an schwächlichen, verwirrend verzweigten Stängeln, die ohnehin überall in solchen Schaukästen der Stadt zur Schau gestellt waren, an denen man sich den Kopf nicht stoßen sollte und auf deren Schimmer die Hände keine lustigen Schlieren malen durften?

Aus Protest gegen das Verbot der Berge und des Fliegens verschwieg er seine Neugierde, warum diese Kissen und Polster unter »Folien«, unter weißen, flatternden Häuten, anstatt unter Glas wachsen sollten. Jedoch merkte die Biologin mit einiger Erleichterung, dass die kleine Kinderhand zu ziehen begann, je näher sie, vom Turm absteigend, erst dem Erdboden und dann, von großen Augen gelenkt, dem ersten weißen Riesenschlund kam, um sich schließlich loszuwinden und von leichten Schritten beflügelt zu enteilen.

Da waren gar keine Polster, keine Kissen! Nur komische grüne Fäden, runde, flache, die in weißen Becken voll trübem Wasser schwammen. An manchen Fäden hingen grüne Blätter, und wieder Fäden, bildeten Knäuel über Knäuel, bis sich die Blätter an der Oberfläche versammelten, um den Blick in die Tiefe zu verdecken. Manche Knäuel sahen aus wie Schnipsel aus Folie, nur die zerfransten Ränder waren viel schöner gezackt, als er das jemals fertig gebracht hatte. Faden an Faden, Knäuel an Knäuel lagen da aufgereiht, soweit er sehen konnte, soweit er laufen und sehen konnte. Wozu sollte das gut sein? »SYhhh Fauhhhauhhhn.« Aber die Luft hier roch gut! Er zupfte, rieb, biss, schleckte, schmeckte, spuckte. Brrr, war das sauer, bitter und noch alles Mögliche, was er nicht kannte. »SYhhh Fauhhhn. SYhhh Fauhhhn.«

»SY Faun! SY Faun, hörst du nicht?« Die Biologin war noch ganz außer Atem, ordnete ihr silbriges Haar.

Mit unwirscher Stirn blickte er hoch, wer störte ihn, wo er so viel zu denken hatte, mehr Fragen als Worte, sie zu fragen. Wovor hatte die neue Lehrerin Angst? Warum keuchte sie so? Zögernd blickte er sich um, sah nur grüne Fäden und Knäuel. Wo war welche Gefahr versteckt? »Was ist?«, fragte er schließlich vorsichtig, um die Gefahr nicht zu wecken.

»Du bist weggelaufen«, keuchte die Biologin, »ich habe dich nicht mehr gesehen«, begann sie zu erklären, verstummte aber, sein Staunen bemerkend.

»Ich bin doch hier«, meinte er, »warum hast du mich nicht gesehen?«

Sie duckte sich unter die Pflanzreihen, die auf Betontischen zwischen Laufschienen angeordnet waren. »Siehst du mich jetzt?«

Er bückte sich. »Ja, warum?«

Sie nickte frustriert, lief gebückt einige Reihen weiter, duckte sich hinter das Gestänge eines Roboters mit vielen Schläuchen und Schwenkarmen, einem fast vergessenen Meereswesen nicht unähnlich. »Siehiehhst du mich jeeetzt?«

Er hatte zuerst ihren Schritten gelauscht, dann aber, als er den Roboter erblickte, sein Interesse verloren, war auf das Monster zugelaufen und begehrte jetzt Antwort: »Warum brauchen diese Knäuel zum Wachsen einen Roboter? Warum schmecken die Blätter so verschieden? Warum sind so viele da?«

»Ich werde dir alle diese Fragen beantworten, wenn du mit mir zu den anderen zurückkommst. Einverstanden?« Sie gab sich kühl, bis sie entsetzt bemerkte, dass die anderen nicht mehr zu sehen waren. Der grün-weiß geteilte Streifen des Horizontes war rundum unversehrt, sooft sie sich auch wenden mochte, um die tausendschiffige Halle des Flatterns zu durchmustern. YJOµ17*1 beobachtete ihr Kreiselspiel mit Ungeduld, nahm mit »einverstanden« ihre Hand und zog sie, die er im Schwindel wähnte, einen Blick durch die Foliendächer nach der Sonne werfend, einige Reihen zu einem Quergang zurück, an deren Ende der Rest der Gruppe sichtlich Ausschau hielt.

Etwas angeschlagen erläuterte die Biologin, unter vielen »bitte, bitte, zusammenbleiben«, was zu sehen war und was nicht zu sehen war, aber erhofft werden durfte. Aus welchen Steinwüsten inmitten der Ozeane kamen diese Kinder? Aber sie schaffte es. Sogar SY Faun schien zu müde zum Fragen, die Mittagsruhe wurde ein voller Erfolg. Der Nachmittag gehörte den Bildschirmen, SY Faun lauschte nur kurz, was die Biologin ergänzen und ausmalen wollte, suchte, sich abwendend, einen besonders großen Schirm, rief ein Suchprogramm für Kinder auf und gab »Flugzeug, Pflanze, Berg, Schnee, Maler« ein, fein säuberlich getrennt mit Beistrichen. Auf die Frage nach seinem Namen tippte er »weiß nicht« ein, sein Alter bezifferte er mit »6-7«, blickte erbost, wenn er gestört wurde. Nach einigen Bildschirmen, die er ungeduldig durchblätterte, stand er auf, kramte aus Hose und Hemd verschiedene Blätter hervor und entfaltete sie sorgfältig zwischen Schirm und Tastatur.

»Wenn ich schnell schlafe, kann ich dann gleich wiederkommen?«, begehrte er, nachdem er folgsam gegessen und sich zu Bett begeben hatte, fand seine Frage unverstanden, wartete nicht länger auf Antwort, sondern schlief abrupt ein.

»Entschuldige bitte«, lachte SY Jan Pa am Telefonschirm über die Schilderung ihrer mütterlichen Freundin, »ich hätte dir Bescheid sagen sollen. Er hat sich das von seiner Mutter abgeguckt, die ihm Buchstaben auf der Tastatur und dem Bildschirm vorgelesen hat. Buchstabe für Buchstabe hat er getippt und entziffert, bis er den Zusammenhang erkannte und Wörter zu bilden begann. Dann haben wir ihn freilich zu unterrichten begonnen. Er kann fast alles entziffern und ziemlich viel schreiben, ganz gut grundrechnen, Schach spielt er auch. Auf dem Rechner ist er die Hölle, da kannst du ihn allein lassen, wenn er eine Frage hat, kommt er von selber.«

»Ich glaube nicht, dass ich ihn unterrichten kann«, stöhnte SY Min Ra, »er ist einfach klüger als ich, wenn ich eine Frage nicht beantworten kann, merkt er das sofort.«

»Aber SY Min Ra, das merken doch alle Kinder. Und Kinder finden jemanden unheimlich, der vorgibt, alles zu wissen.«

»Wie aber soll ich dann sein Vertrauen gewinnen, wenn ich ihm nicht helfen kann?«

»Er will keine Hilfe von dir, er will nur unterscheiden, was du weißt und was du nicht weißt. Wenn du einfach sagst, das weiß ich nicht, wird er dir erstens glauben und zweitens wird er dich fragen, wer das weiß oder wo er nachschauen kann.«

»Und wenn er mir wieder davonläuft?«

»Du hast ihm nicht erklärt, warum du ihn dann nicht finden kannst. Sag ihm, dass du Angst hast, ihn zu verlieren, dann wirst du immer wissen, wo er steckt.«

»Er ist einfach unglaublich! Wie ist das möglich, wie kann ein Kind mit knapp fünf so werden?«

»Vergiss nicht, er ist unter Erwachsenen aufgewachsen, die

ihn rund um die Uhr beschützt und so auch beschäftigt haben.«
»Und du glaubst, dass ich allein zurechtkomme?«
»Sag ihm immer, was du möchtest, wenn du etwas tust. Dann wird er mitmachen, weil er dir abschaut, was du machst.«
»Er hört nicht auf seinen neuen Namen.«
»Namen sind ihm egal. Er hört nicht auf dich, solange du nicht ehrlich zu ihm bist.«
SY Min Ra schluckte etwas gekränkt, »warum meinst du, ich sei nicht ehrlich zu ihm?«
»Du wolltest ihm verbergen, dass du etwas nicht weißt.«
»Ach so. Ja, richtig, das war's. Jetzt verstehe ich, ich habe sein Misstrauen geweckt!«
»Mach dir nichts draus, das ist uns am Anfang allen so passiert. Er wird schon warten, dass du dich änderst. Kannst du das?«
»Ja. Jetzt weiß ich ja, was ich falsch gemacht habe.«
»Danke dir, du wirst viel Freude mit ihm haben!«
Nach der Verabschiedung lag SY Min Ra lange wach, um nachzudenken. Schließlich beschloss sie, um ihr Gewissen zu besänftigen, nach ihrem neuen Schützling zu sehen. Das Bett war leer! Sie lief ins Büro hinunter, um zu telefonieren, Alarm zu schlagen. Da saß YJOµ17*1 im Dunkeln. Der Bildschirm zeigte ein Blatt in dessen Kontur. »Das eine habe ich vergessen«, erklärte er seelenruhig, »und manche sind gar nicht da!«
SY Min Ra nahm ihn erleichtert in die Arme. »Ich habe, glaube ich, vergessen, dir, SY Faun, gute Nacht zu wünschen.«
»Du warst mir böse«, wehrte sich YJOµ17*1.
»Ja, SY Faun, aber jetzt bin ich es nicht mehr.«
»Warum warst du mir böse?«
»Ich hatte Angst, du würdest mir davonlaufen, nein, ich hatte Angst, ich könnte dich verlieren.«

»Ist gut«, antwortete er, »ich gehe jetzt schlafen. Wenn ich nicht im Bett bin, bin ich hier.« Er wies auf den Schirm. »Darf ich das?«
»Hast du dann genug Schlaf?«, zögerte sie.
»Wenn ich nicht genug geschlafen habe, wache ich nicht auf«, wusste er.
»Dann darfst du, ich bin einverstanden. Gute Nacht.«
Er umschlang ihren Hals, küsste sie tröstend auf die Wange. »Danke, du brauchst nicht weinen, SY Min Ra, ich laufe nicht weg. Gute Nacht.«

Takt <°19°>

Am nächsten Tag wollte sich SY Min Ra endlich in ihrem neuen Arbeitsfeld umsehen, führte deshalb ihren Schützling herum, erläuterte, was ihr bekannt war, was sie vor Ort erkannte. Zu ihrer Freude stellte sie fest, dass er ebenso neugierig wie kooperativ war, wenn er auch ihren Gedanken nur zuweilen folgte, mehr mit den seinen beschäftigt war. Immer wieder erbat er sich, dass sie neue Wörter für ihn aufschreibe, die er wohl später auf dem Schirm nachlesen wollte. Die Hallen aus Foliendächern erwiesen sich als sehr ähnlich in ihrem Aufbau, aber höchst unterschiedlich in ihrer Bestückung und Nutzung. Die Tische und Becken mit Nährlösung wurden bald abgelöst von Becken mit unterschiedlichen Erdböden, Sanden, Kiesen, Felsgestein, wobei der Bewuchs üppig bis kläglich korrelierte. Später tauchten reine Gewächskulturen auf, die der Nahrungsproduktion dienten. Die unscheinbaren Samen der niedrigen Gräser sollten direkt zu Mehl vermahlen werden, während das Schnittgut gehäckselt in Gärsilos und Zuchtbecken für Mikroben geblasen wurde. Die Farn-, Blatt-, Knollen- und Krautkulturen wurden nach dem Schnitt luftgetrocknet und ebenfalls gemahlen. Anscheinend gelangten alle essbaren pflanzlichen Eiweißzellen in Pulverform in die Pipelines, wogegen die anderen als Öl und Faulschlamm in die Randindustrien der Stadtinseln weitergepumpt wurden.
SY Min Ra's Interesse galt mehr den Forschungseinrichtungen, so sparte sie ihre Kräfte und die Geduld des Kindes für die Salzbecken auf. Lange Verdunstungskanäle unter-

brachen die Hallen wie überschweres Dachgebälk, unterbrochen von den Salz und Schlamm schürfenden Förderschnecken. Diese Kanäle waren mit durchsichtigen Folien abgedeckt und wurden mit Meerwasser gespeist, dessen Kondensat sich morgens an den abgekühlten Folien sammelte. Von dort wurde das so entsalzte Wasser durch reinigende Laufbürsten gesammelt und in Sammelbecken abgeleitet. Es gab jedoch auch in den Boden eingelassene Verdunstungsbecken, deren Kondensat direkt vom Wurzelwerk benachbarter Rankgewächse aufgesogen wurde. Die Versuche gingen dahin, ob sich von selbst ein Gleichgewicht zwischen dem verschattenden Wurzelwuchs und der Verdunstung einstellen wollte. Daraus sollte sich entscheiden, ob die Wüsten weiterwachsen würden oder in Sauerstoffplantagen verwandelt werden könnten.

Das »von selbst« des Gleichgewichts gab den Anlass zur Umkehr, ohne dass darüber weitere Worte fallen mussten. Zurück im Bürogebäude wollte YJOμ17*1 nach der Mittagsruhe wissen, warum im Computer wieder Blätter fehlten, die er auch diesmal gesammelt hatte.

»Wir züchten hier neue Pflanzen«, probierte SY Min Ra, auf ein »wie geht das?« vorbereitet.

»Warum?«, begehrte YJOμ17*1, denn fehlte der Zweck, so fehlte der Sinn, verrieten seine zerknitterten Brauen.

»Damit die Menschen genug zu essen haben werden. Es wird bald nicht mehr genug Pflanzen geben, wenn die alten Pflanzen sterben.«

»Warum sterben die alten Pflanzen?«

»Wegen der vielen Schadstoffe im Boden und im Wasser, auch wegen des bodennahen Ozons, das ist ein giftiger Teil der Luft, den man nicht einatmen soll, sind die Pflanzen sehr krank. Viele Arten werden sich wahrscheinlich nicht mehr erholen und aussterben.«

»Es gibt doch Algen, Muscheln, Fische, Insekten, Vögel und ..., und ... zum Essen.«

»Das stimmt, SY Faun, aber die Menschen wollen auch Blätter, Samen und Früchte essen, die auf dem Land wachsen, und dazu brauchen wir neue Pflanzen.«

»Warum müssen Blätter auf den kleinen Steinen wachsen, wo sie ihre Haut verbrennen? Wir verstecken uns doch auch vor der Sonne?«

»Ach so, jetzt verstehe ich deinen Einwand, SY Faun. Aber weißt du, früher gab es auf dem Land fast überall große Pflanzen, sogar Bäume, wie sie in der Stadt gezüchtet werden. Ich denke, das wäre schön, wenn die Wüsten wieder zuwachsen. Dann würde die Luft wieder besser werden und eines Tages könnten die SY vielleicht auf das Festland zurückkehren.«

»Wie die AKY?«

»Nein, nicht in Höhlen, sondern oberirdisch, unter Bäumen, Farnen, Sträuchern, Blumen, mit vielen Tieren, die dann wieder aufkommen werden.«

»Was heißt aufkommen?«

»Wieder wachsen. Die niederen Arten der Tiere werden sich wieder zu höheren, größeren Tieren entwickeln.«

»Die Tiere werden wiederkommen und die AKY werden aus den Höhlen kommen?«

»Ja, das hoffen wir. Mensch und Tier werden dann zusammen leben können. Auch die SY werden in die Siedlungen auf dem Land zurückkehren können, wenn es gelingt, neue Pflanzen zu züchten.«

»Erklär mir die neuen Pflanzen! Bitte!«

»Wir suchen Pflanzen, die an der Küste schwimmen und von dort das Land zurückerobern, so wie die ersten Pflanzen auf der Erde das getan haben.«

»Was heißt, das Land erobern?«

»Hmm ... Wurzeln schlagen. Diese Pflanzen müssen lernen, mit ihren Wurzeln den Regen aus der Erde unter den Steinen zu trinken, obwohl sie im Salzwasser schwimmen und dort aufwachsen. Dann können sie ihre Wurzeln immer weiter auf die Küste hinaufwachsen lassen, über Sand und Fels. Sie werden den Regen in ihren dicken Blättern und Knollen aufbewahren und schließlich ohne das Meer leben können. Wenn sie inzwischen auch gelernt haben, der Sonne zu widerstehen, wie zum Beispiel die Kakteen, die du in der Wüste gesehen hast, dann könnte das Land wieder grün werden.«

»Was heißt zurückkehren?«

»Sagte ich das? Ah ja! Die SY haben nicht immer auf dem Meer gewohnt, sondern früher auch auf dem Festland. Zurückkehren heißt, wieder dort leben, wo man früher gelebt hat.«

»Warum sind die SY vom Land weggegangen?«

»Die Menschen sind so zahlreich geworden, dass auf dem Land kein Platz zum Wohnen mehr war. So haben sie Städte auf künstlichen Inseln vor der Küste gebaut und sich dort niedergelassen. Als dann die neuen Gesellschaften gegründet wurden, sind die auf dem Festland verbliebenen Menschen zu AKY geworden.«

»Wie wird man ein AKY? Muss man unter die Erde gehen?«

»Es kam so, dass alle alten Kulturen Höhlen graben mussten, als die alten Städte unbewohnbar wurden. Später haben sich diese alten Kulturen zu den AKY vereint, weil sich die SY an den Küsten und die YJO auf dem Meer vereint haben. So sind alle Menschen auf dem Festland AKY geworden.«

»Warum wurden die alten Städte unbe...?«

»Unbewohnbar? Als die Bäume starben, haben die Menschen versucht, neue Bäume zu züchten, die dem Ozon standhalten könnten. Dabei sind aber viele neue Einzeller, ganz kleine Tiere und Pflanzen entstanden, die sich nicht miteinander vertragen haben.«

»Können Pflanzen miteinander raufen?«

»Die Pflanzen haben einander zuerst überwuchert und dann gegenseitig ihre Zellen zerstört, ihre Blätter und

Wurzeln, bis sie ganz krank und schwach wurden. Viele sind gestorben und wurden von den Einzellern aufgefressen, wodurch die Luft sehr arm an Sauerstoff wurde.«
»Ist unter der Erde mehr Sauerstoff?«
»Du meinst, in den Höhlen der AKY? Nein, aber dort kann der Sauerstoff erzeugt und aufbewahrt werden, so wie in unseren Stadtkuppeln. Als die Menschen auf dem Land und auf dem Wasser merkten, dass die Atmosphäre, das ist die Luftschicht rund um die Erde, zu giftig zum Atmen würde werden, begannen sie, ihre Städte mit Glasdächern einzuhausen und Sauerstoff aus dem Wasser zu holen.«
»Warum ist die Atmo…, die Luft giftig geworden?«
»Die Atmosphäre war durch die vielen rauchenden Motoren, Kraftwerke, Heizungen, Flugzeuge und Raketen sehr schmutzig geworden. Das ultraviolette Licht der Sonne, das ist jenes Licht, vor dem wir unsere Haut verstecken und welches das Höhenwachstum der Pflanzen verhindert, dieses ultraviolette Licht hat dann Teile der schmutzigen Luft in Atemgift verwandelt.«
»Du hast erst gesagt, die Städte sind verlassen worden, und dann, dass sie mit Glas zugemacht wurden.«
»Ja, SY Faun, das ist richtig. Zuerst wurden die Städte eingehaust, verglast. Aber auf dem Land gab es immer wieder Erdbeben und Kriege, wodurch die Glasdächer zerstört wurden. So haben die alten Kulturen begonnen, Höhlen zu graben und ihre Städte in den Bergwerken zu errichten.«
»Was sind Kriege?«
»Die alten Kulturen hatten viele Waffen, das waren Werkzeuge, um zu töten. Wenn die Menschen damit gegeneinander kämpften, sprachen sie von Krieg.«
»Warum haben sich die Menschen getötet?«
»Sie wussten nicht, wie man ohne Waffen streitet und trotzdem bekommt, was man möchte.«
»Was sind Bergwerke?«
»Das sind Tunnel und Höhlen im Inneren der Berge, gefüllt

mit Luft, so ähnlich, wie wir Röhren, Kuppeln, Kegel und Kugeln im Wasser haben, nur eben in der Erde, im Gestein.«
»In den Steinen?«
»Die Steine sind zerbrochenes Gestein. Die Hohlräume werden gegraben, um Stück für Stück jene Steine herauszuholen, mit denen man Häuser bauen kann, Glas und Metalle schmelzen, die Dinge herstellen kann, die wir nicht essen, sondern in Gebrauch nehmen, zum Leben verwenden. Wenn die Hohlräume groß genug geworden sind, kann man darin Häuser und kleine Städte bauen.«
»Wie werden Dinge aus Steinen gemacht?«
»Wenn du die Steine genau anschaust, dann siehst du, dass sie verschiedene Farben und Muster haben. Das kommt daher, dass in den Steinen verschiedene Teile, verschiedene Stoffe sind. Auch im Gestein sind diese Stoffe anzutreffen, manche sehen aus wie Sand, manche wie Kohle, manche glänzen wie Glas, manche sind flüssig wie Öl, auch Gase und Wasser gibt es unter der Erde. Die Steine und die Stoffe werden herausgeholt, ganz klein zerbrochen, in großer Hitze geschmolzen oder miteinander gekocht oder miteinander verbrannt. So lassen sich die Stoffe aus den Steinen herauslösen und neu zusammenfügen. Solange sie noch weich und flüssig sind, kann man Dinge daraus formen wie aus nassem Sand.«
»Sandkuchen zerfallen aber, wenn sie trocken sind.«
»Richtig, SY Faun, deshalb werden den kleinen Steinen vor dem Formen klebrige Stoffe beigemengt, wie Wachs, Harz oder Öl, die trocknen nur ganz langsam und so bleiben die Sandkörner ganz lange zusammen.«
»Ist es unter der Erde auch so finster wie unter dem Meer?«
»Sogar ganz finster, wie in einem Raum ohne Fenster. Deshalb verwenden die AKY künstliches Licht, so wie wir in den Häusern. Aber wo immer es möglich ist, graben sie Fenster in die Berge und fangen das Licht mit optischen

Linsen, Spiegeln und Glasfaserkabeln ein. Diese Kabel sehen so aus wie die Computerkabel, die du kennst, nur fließt kein Strom in ihnen, sondern Licht.«

»Was sind op..., was sind Linsen?«

»Optische Linsen sind Glaskörper mit gebogener Haut. Wenn das Licht durchläuft, sammelt es sich dort, wo das Glas dick ist. So kann man das Licht sammeln und lenken, indem das Glas dort dick gemacht wird, wo man das Licht gern haben möchte.«

»Warum sammelt sich das Licht, wo das Glas dick ist?«

»Im Glas sind mehr Stoffe, mehr kleine Teilchen als in der Luft. Deshalb ist das Glas nicht so durchlässig für das Licht, wie die Luft es ist. Wo das Glas dünn ist, läuft das Licht schneller durch, wo das Glas dick ist, braucht es mehr Zeit dazu. Das Licht sammelt sich dort, wo es länger braucht, um durchzukommen. So kommt es dort wieder aus dem Glas hervor, wo das Glas dicker ist.«

»Wie sammelt sich das Licht?«

»Die Teile des Lichtes finden wieder zusammen, nachdem sie den Teilen des Glases begegnet sind, nachdem der gegenseitige Austausch aller Teile abgeschlossen ist.«

»Was sind Teile?«

»Wenn du etwas zerbrichst oder auseinander schneidest oder zerreißt, dann teilst du es. Die Teile sind das, was nach der Teilung übrig bleibt. Die Teile des Glases zum Beispiel sehen aus wie durchsichtiger Sand.«

»Wie sehen die Teile des Lichtes aus?«

»So wie die Farben in einem Regenbogen. Die Wassertropfen zerlegen das Licht, dann siehst du seine Farben.«

»Warum sind die Farben in den Wassertropfen, und ...?, ... du hast gesagt, im Glas nicht.«

»Die Haut des Glases muss so gebogen sein, dass die Teile des Lichtes im Glas wieder zusammenfinden können. Wenn alle Teile wieder zusammen sind, dann sieht das Licht wieder weiß aus. Wenn ein Teil fehlt, dann siehst du eine Farbe.«

»Wie werden Teile ausgetauscht?«
»Die Teile tauschen ihren Platz, so entstehen neue Dinge. Zum Beispiel trinken die Pflanzen das Wasser aus dem Meer oder aus dem Boden. Wenn das Wasser dann in der Pflanze ist, ist es ein Teil der Pflanze geworden. Auch das Licht wird Teil der Pflanzen.«
»Sind die Pflanzen grün, weil sie das Licht essen?«
»Ja, sehr gut, SY Faun! Die Pflanzen essen einen Teil des Lichtes, das aus der Sonne kommt, und das übrige Licht, das sie wieder aussenden, das nennen wir grün.«
»Warum essen die Pflanzen das Licht aus der Sonne?«
»Die Pflanzen zerlegen die Erde in ihre Stoffe, so wie die AKY das tun, nur noch viel feiner, Körnchen für Körnchen, und sie zerlegen auch das Wasser und die Luft, wie die SY und die YJO. Die Pflanzen essen das Licht, damit sie das Wasser erwärmen können, in dem ihre Nahrung schwimmt.
»Das Wasser muss warm sein?«
»Es muss in den Blättern wärmer werden als im Boden oder im Wasser rundherum. Deswegen sammeln die Blätter das Licht. Dann können sie die feinen Stoffe aus dem Boden und aus der Luft herausfischen, zerlegen und umbauen. Die Pflanzen bauen sich aus den Stoffen, die sie zuerst zerlegt haben. Die Pflanzen bilden zuerst die Teile und dann daraus sich selbst.«
»Wie macht das Licht das Wasser warm?«
»Wenn das Licht fehlt, dann wird es kalt, und wenn es kalt ist, dann werden alle Bewegungen langsam, alles wird steif und spröde, der Austausch der Teile kommt zum Erliegen. Das Wasser friert sogar zu Eis, im Winter, wenn sich die Erde zu sehr von der Sonne abwendet. Im Frühling wendet sich die Erde der Sonne wieder zu. Dann gibt es genug Licht für die Bewegung, so wird es wieder warm und alles beginnt sich zu regen.«
»Das Licht macht die Bewegung?«
»Hmm, ja, SY Faun, eigentlich schon, ja, ich glaube, da hast

du Recht. Wenn die Stoffe zu wenig Licht haben, dann nimmt ihre Bewegung ab, und wenn das Licht wieder ausreicht, dann setzt die Bewegung wieder ein, weil der Austausch der Teile wieder in Gang kommt.«
»Wie wird das Eis, wenn dem Wasser kalt ist?«
»Die Stoffe im Wasser rücken zusammen, weil ihnen kalt ist. Hmm, das ist aber eine Bewegung. Warte kurz, SY Faun. Ja, so muss das sein. Wenn nicht genug Licht da ist, dann vereinen sich die Stoffe, die Teile fallen oder rücken zusammen; und wenn zu viel Licht da ist, dann trennen sich die Stoffe, dann entfernen die Teile einander gegenseitig.«
»Das Licht ist zu viel ... und zu wenig?«
»Ja, natürlich, SY Faun, einmal zu viel, einmal zu wenig, ... entschuldige, warte bitte, lass mich nachdenken, so könnte ..., so wird das sein. Auch die Himmelskörper bewegen sich, weil sie Licht austauschen. Wenn Sterne entstehen, neue Sonnen, weißt du, dann gibt es viel Licht, dann trennen sich die Sterne. Wenn Sterne erlöschen, dann gibt es wenig Licht, dann versammeln sich die Sterne und Planeten. Das heißt aber, dass die Himmelskörper, nein, dass alle Körper sich immer dort bewegen, wo sie genug Licht haben, immer gleich viel Licht, so sind ihre Bahnen stabil, so werden sie selbst stabil. Das bedeutet doch ..., ja, ... tatsächlich, dass erstens die Bewegung auf dem Austausch des Lichtes beruht und dass zweitens die Körper auf dem Mangel an Licht beruhen!
Dann ..., ja dann ist das Licht jene Einheit von Körper und Bewegung, aus der alle Körper und alle Bewegungen hervorgehen; ... und tatsächlich, ... ja, das Licht ist der Übergang von Körper und Bewegung, ... weil doch nichts so schnell wie das Licht sein kann ...; alles, was so schnell wird wie Licht, hört auf Körper zu sein, ist nur mehr Energie, nur mehr Austausch von Licht; ... und alles, was langsamer wird, wird beharrend, träge, wird Masse, wird Körper, verarbeitet Licht, vereint Licht zu sich. SY Faun! SY Faun! Das

könnte doch ..., das ist womöglich die Einheit der Natur! SY Faun? Bist du noch da?«
YJOμ17*1 hatte erstaunt beobachtet, wie sich die Füße seiner Lehrerin selbständig gemacht hatten, den ziellosen Leib mit dem sich wiegenden Kopf einige Schritte im Kreise herum getragen hatten, um schließlich vergessen unter einer Stuhlkante herumzubaumeln, der Rest war hinter der tiefen Lehne versunken. So hatte er noch nie nachgedacht, immer war er auf den Beinen geblieben, aber der neuen Lehrerin schien es Freude gemacht zu haben, sie hatte keine Angst bekommen. »Wirst du mir das erklären, was du jetzt gesagt hast, später, wenn ich diese Wörter verstehe?«
»Ja, SY Faun, das verspreche ich dir, ich werde dir alles erklären, Wort für Wort. Können wir morgen anfangen?«
»Gut, ja, weißt du, ich bin auch müde geworden, so wie du. Aber du musst mir auch sagen, wie die neuen Pflanzen auf das Land gehen und das Licht essen.«
Sie zog ihn an sich und küsste seine Wangen. »Du bist ein prächtiger Junge, SY Faun.« Er schaute sie lange groß an.
»Du bist lieb«, war sein Befund.

Takt <°20°>

»Was bedeutet ›ausgestorbene Art‹? Warum gibt es diese schönen Tiere nicht mehr?« YJOµ17*1 trommelte ungeduldig auf Arm, Schulter und Rücken seiner Mutter, die ob der Darbietung verstummt war.
»Hör auf! SY Faun! Du tust mir doch weh!«, mahnte sie heftig, um ihn dann tröstend in die Arme zu schließen. »Weißt du, es ist schwer, das zu verstehen. Die Menschen waren früher sehr überzeugt von ihren Fähigkeiten. Sie haben gedacht, sie könnten ihre Fehler wieder gutmachen und es würde alles wieder gut werden.«
»Die Menschen haben diese Tiere umgebracht und geglaubt, sie könnten sie wieder lebendig machen?« YJOµ17*1 wand sich enttäuscht und ungläubig aus den Armen seiner seufzenden Mutter.
»Nein, SY Faun, so war das nicht. Hast du auch die schönen Wälder beachtet, diese großen, prächtigen Bäume, wie sie nebeneinander aufgewachsen waren, um Schatten, Nahrung und Unterschlupf zu spenden? Die Säugetiere bedurften dieser Wälder, um leben zu können.«
»Warum haben die Menschen die Bäume umgebracht? Wussten sie nicht, dass die Tiere sie brauchten?«
»Nein, SY Faun, es kam ganz anders. Die Menschen wussten von der Bedeutung des Waldes, aber sie merkten es zu spät, dass sie die Nahrung der Bäume bereits vergiftet hatten, die Luft, das Wasser, den Boden. Auch gab es immer wieder arme Völker, die mehr Bäume aus dem Wald holten, als nachwachsen konnten.«

»Was sind arme Völker? Warum haben sie die Bäume geholt? Warum haben die Menschen das nicht verhindert?«
»Ich habe dir das schlecht erklärt, SY Faun. Ich muss ein bisschen weiter ausholen. Was meinst du, gehen wir hier ein bisschen herum und ich zeige dir, wie das alles zusammenhängt?«
»Ich will nicht sehen! Ich will wissen! Sag mir, was arme Völker sind!«
»Da drüben, schau, auf dem großen Schirm, das ist eine historische Weltkarte, die zeigt, wo die Völker gewohnt haben. Gehen wir dort hinüber?«
»Die Völker waren auch Menschen? Und haben die Bäume vergiftet, die sie geholt haben? Hatten diese geteilten Menschen denn Angst vor den Bäumen?« YJOµ17*1 zappelte ungeduldig vor seiner Mutter herum, die sich nicht so behände wie er aus den Sitzreihen schälen konnte.

Endlich tippte sie einige Symbole an, rief hilfreiche Bildschirme auf, deren Simulationen YJOµ17*1 begierig in sich aufsog. Nach einer Weile begehrte er, »bitte ich, ich will suchen!«, beharrte aber auf ihrer Anwesenheit, indem er sie mit Fragen bombardierte, die das Programm offenbar nicht in geeigneter Form gespeichert hatte.

»Warum waren diese Völker arm, wo sie doch das Holz, das Fleisch, die Milch, die Früchte hatten? Was heißt arm, das verstehe ich nicht!«

»Diese Leute konnten nicht immer genug essen, sie hatten auch zu wenig Geld, um andere Güter zu kaufen, wie Häuser, Maschinen, Fahrzeuge, Computer. Als arm galt, wer zu wenig Geld hatte, um gesichert leben zu können. Armut war Geldmangel.«

»Geld?« Er fand keinen geeigneten Bildschirm, blickte forschend auf.

»Geld war ein Tauschmittel. Einige Völker produzierten mehr Nahrung, andere mehr Maschinen. Zum Tauschen brauchten beide Geld. Es drückte in Zahlen aus, wie viel

Nahrung gegen wie viele Maschinen getauscht werden konnte. Wer nun zu wenig Geld zum Tauschen hatte, war arm. Das galt auch für ganze Völker.«

»Warum haben die Menschen nicht mehr Geld gemacht, damit alle tauschen konnten?«

»Dann hätten die reichen Völker ihre Güter zu billig verkauft, sie hätten um das vermehrte Geld weniger Nahrung bekommen, als sie haben wollten.«

»Aber die armen Völker hätten doch mehr Geld herstellen können?«

»Die Herstellung von Geld war streng überwacht. Nur das kontrollierte Geld zählte im Tausch, im Handel. Das selbst gemachte Geld galt als gefälscht und wurde vernichtet.«

»Warum war das so? Das verstehe ich nicht, wo doch das Geld gebraucht wurde.«

»Die Völker wollten sichergehen, dass sie untereinander gleich viel Geld wie Güter tauschten. Deshalb durfte nicht zu viel Geld verwendet werden.«

»Gab es zu viel Geld und zu wenig Güter?«

»Am Anfang waren alle Völker arm, sie hatten alle zu wenig Güter, als sie zum Leben brauchten. Dann wurden einige durch reiche Ernten und große Herden satt und begannen, ihren Überschuss einzutauschen, gegen das, was ihnen fehlte. Dazu wurde das Geld erfunden, um den Tausch messen, um zählen zu können. Hätten die reichen Völker aber zu viel Geld geduldet, dann hätten sie zu wenig dafür eintauschen können.«

»Die reichen Menschen wollten reich bleiben?«

»Ja, sie hatten Angst, in die Armut zurückzufallen.«

»Aber warum haben sie die Wälder nicht gekauft, um sie vor den armen Völkern zu schützen?«

»Die reichen Völker haben das Holz gekauft, die Bäume wurden gefällt und abtransportiert. Die armen Völker verkauften anfangs ihre Bäume, um Geld zu bekommen.

Später schützten sie ihre Wälder, um die Tiere und die Atmosphäre zu schützen.«
»Aber du hast gesagt, die Bäume wurden vergiftet!«
»Nicht die armen Völker haben die Bäume vergiftet, sondern alle Menschen haben die Nahrung der Bäume vergiftet, als sie begannen, die Haut der Erde nach ihren Vorstellungen umzugestalten. Die Völker, die zuerst reich geworden waren, erfanden die Industrie, die Arbeit mit Maschinen, um Rohstoffe zu gewinnen und zu Gebrauchsgütern umzuformen.«
»Maschinen? Waren das die Roboter, die den Menschen zum Steuern gebraucht haben?«
»Ja. Maschinen waren Werkzeuge, die von Motoren betrieben wurden. Sie ersetzten nach und nach die Hände der Menschen in der Produktion von Gütern, in der Umgestaltung der Erdrinde. Aber erst als die Computer erfunden worden waren, konnten sie das Lenken der Werkzeuge übernehmen. Die Roboter sind eine Kombination aus Computer und Maschine, deswegen können sie ihre Werkzeuge selbst steuern.«
»Warum haben die Maschinen die Nahrung der Bäume vergiftet?«
»Durch die Abgase der Motoren. Die Motoren verbrannten Kohle, Öl, Benzin, später auch Uran und Wasserstoff, um zuerst Dampf, dann Strom zu erzeugen. Auch die Städte wurden durch die Verbrennung von fossilen Lebensresten beheizt. Insgesamt sind Luft, Wasser und Boden durch diese Verfahren allmählich, aber immer stärker vergiftet worden, bis die Bäume nicht mehr zu retten waren.«
»Dann konnten die armen Völker gar nichts dafür?«
»Alle Völker haben diese Verfahren verwendet.«
»Warum haben sie keine anderen Verfahren erfunden?«
»Die armen Völker waren zu arm dazu, neue Verfahren zu entwickeln.«
»Und die reichen Völker?«

»Die wollten jene Verfahren fortsetzen, die sie reich gemacht hatten.«
»Warum?«
»Sie hatten Angst, sie könnten sonst wieder arm werden.«
»Angst macht wirklich dumm.«
»Wo hast du das her?«
»SY Rem hat das gesagt.«
»Glaubst du, dass die Menschen heute keine Angst mehr haben?«
»Heute macht die Angst die Menschen schlau.«
»Meinst du? Wieso das?«
»Die SY wissen schon, warum sie Angst haben sollen. Deshalb fürchten sie sich nicht vor der Angst. Sie denken nach, was sie tun können.«
»Warum sollen die SY Angst haben?«
»Damit die YJO reich sein können.«
»Wer hat das gesagt?«
»Weiß nicht, ich.«
Eine andere Frage beschäftigte ihn mehr. »Sag mal, Mama!«
»Ja?« Sie schmiegte sich vorsichtshalber an ihn.
»Warum hast du geweint?«
Sie seufzte wieder. »Na ja, die Tiere haben mir gefallen, es war mir leid um sie.«
»Hast du diese Tiere, … diese Filme noch nie gesehen?«
»In YJO? … Nein. Richtig! Du hast Recht. Solche Filme gibt es dort nicht. Die YJO beschäftigen sich mehr mit den Meerestieren, weißt du«, beschwichtigte sie mehr sich selbst als ihn.
»Ich glaube nicht, dass du deswegen geweint hast.«
Sie zögerte, schob ihn vor sich, um ihn anzusehen. Es war ein bittender, ängstlicher Blick. Er erwiderte ihren Blick ebenso bittend, aber ohne Scheu. »Sondern?«, fasste sie Mut.
»Es war wegen Papa. Die Tiere waren immer zusammen.«

Sie zog ihn rasch wieder an sich. Seine Worte taten ihm Leid, als er sie beben fühlte. »Vielleicht sind die schönen Tiere deswegen ausgestorben, Mama«, versuchte er sie zu trösten, aber sie war entsetzt.
»Was meinst du?«, fasste sie sich sofort.
»Wenn die Tiere aus dem Wald fortgegangen wären, hätten sie vielleicht überlebt.«
»Aber was hätten die Tiere dann fressen sollen?«
»Die Menschen hätten sie doch füttern können.«
»Das geschah auch eine Weile, SY Faun. Aber schließlich haben die Menschen das Land verlassen müssen und die Tiere sind zurückgeblieben.«
»Aber die AKY leben doch dort?«
»Die AKY leben in Höhlen, unter der Erde. Die Tiere aber lebten auf der Erde, auf dem Land, das heißt oberirdisch.«
»Warum konnten die Tiere dort nicht mehr gefüttert werden?«
»Die Pflanzen wurden immer kleiner und immer weniger. Die Menschen wären verhungert, wenn sie auch die großen Tiere weiter gefüttert hätten.«
»Warum wurden die Pflanzen kleiner? Und wieso wurden sie weniger? Es gibt doch überall Pflanzen, auch wenn sie ganz klein sind, meine ich.«
»Als die Bäume starben, die Wälder, da wurde der Sauerstoff in der Luft immer weniger, denn die Bäume haben dieses Gas produziert.«
»Alle Pflanzen produzieren Sauerstoff!«
»Ja, schon, alle Pflanzen haben Zellen, aber die Bäume waren groß und hatten viele Blätter mit vielen Zellen. Dadurch konnten sie besonders viel Sauerstoff produzieren, mehr als alle anderen Pflanzen.«
»Wenn überall Pflanzen sind, dann ist das doch egal, oder?«
»Leider nein, denn die Blätter bildeten viele Schichten, viele Etagen aus Zellen, übereinander, wie Stockwerke in einem

Haus. Je niedriger die Pflanzen sind, je weniger verzweigt, desto weniger Stockwerke und Zellen haben sie, um Sauerstoff zu produzieren.«
»Gibt es deswegen in den Städten die Sauerstoffwerke?«
»Ja, und deswegen konnten die Tiere auf dem Land nicht überleben. Je mehr Pflanzen sie auffraßen, desto dünner wurde die Luft zum Atmen, sodass sie schließlich erstickten und den Bakterien anheim fielen. Als die Menschen merkten, dass es für die großen Tiere zu spät war, haben sie alle aufgegessen.«
»Werden die Menschen auch aussterben, von den Bakterien gefressen werden?«
»Das wissen wir noch nicht. Die YJO haben Rechenmodelle, wie viele Eiweißzellen produziert werden müssen, um wie viele Menschen ernähren zu können.«
»Was sind Eiweißzellen?«
»Das sind die Zellen, die wachsen können und die wir essen, damit wir wachsen können.«
»Die großen Menschen wachsen doch nicht mehr!«
»Jede Zelle wächst, solange sie lebt, und wird dabei größer, aber sie stirbt auch ein bisschen, so wird sie wieder kleiner. Die Zellen nehmen Nahrung auf, um größer zu werden, und sie scheiden verbrauchte Stoffe aus, um kleiner zu werden. So bleiben sie gleich groß, wenn sie ausgewachsen sind.«
»Wie wird dann etwas groß, wenn die Zellen nicht groß werden?«
»Ausgewachsene Zellen teilen sich, sie werden immer mehr, bis die Pflanze, das Tier oder der Mensch fertig gewachsen, groß geworden ist.«
»Auch in den Menschen sind solche Zellen?«
»Auch wir Menschen wachsen ganz aus Zellen. Wenn nur mehr so viele Zellen nachwachsen als auch sterben, dann ist ein Mensch groß geworden. Wenn zu wenige Zellen nachwachsen, dann wird der Mensch alt und stirbt schließlich.«

»Woher kommen die Zellen zum Essen?«
»Diese Eiweißzellen stammen aus Pflanzen, Insekten, Fischen, Vögeln, Amphibien, Plankton, Mikroben. Alles, was wächst, wird zur Nahrungsproduktion herangezogen und gezüchtet.«
»Es gibt aber auch giftige Pflanzen und Tiere!«
»Das Gift wird zuerst entfernt, die Zellen werden so verändert, dass sie kein Gift mehr bilden, dann werden sie gezüchtet.«
»Die SY haben keine solchen Rechenmodelle wie die YJO?«
»Die SY züchten neue Lebensformen, sie verwenden andere Rechenverfahren, die Wachstum simulieren können.«
»Welche Zahlen können Wachstum simulieren?«
»Die Zahlen, die aus fraktalen Gleichungen errechnet werden. Zuerst wird ein Ergebnis geteilt, es wird ein Teil entfernt. Das entspricht der Ausscheidung einer Zelle. Dann wird der entfernte Teil durch einen neuen Baustein ersetzt, der immer derselbe bleiben muss. Das entspricht der Aufnahme von Nahrung, so wächst das Ganze. Es entstehen immer neue Zellen, neue Teilungen und wieder neue Zellen. Wenn du statt der Zellen Farben verwendest, dann entstehen die schönen Bilder, die du vom Computer kennst.«
»Wie züchten die SY neue Lebensformen, mit Fraktalen?«
»Die SY kombinieren verschiedene Zellen miteinander, dann wachsen diese neuen Zellen so, als hätten sie die Fähigkeiten der alten, getrennten Zellen voneinander erlernt. Die neuen Fähigkeiten werden zuerst am Computer ausprobiert. Wenn die Bilder nicht zerfallen und schön werden, dann werden die Zellen im Labor zusammengebracht.«
»Sind das die Bilder, die du jetzt am Computer malst?«
»Auch, aber meistens suche ich jetzt den Grund, warum die anderen Bilder misslingen, welche Zellen sich vertragen und welche nicht.«

»Was geschieht, wenn zu viele Menschen geboren werden und zu wenig neue Zellen?«
»Dann gibt es eine Hungersnot. Damit das nicht geschieht, legen die Menschen Vorräte an.«
»Warum wird nicht auch vorgesorgt, dass nicht zu viele Menschen geboren werden?«
»Auch das wird getan.«
»Wie?«
»Es wird vorgesorgt, dass die Zellen des Mannes nicht mit den Zellen der Frau zusammenkommen. Wenn die Zellen zusammenkommen, wächst daraus ein neuer Mensch.«
»Wie kommen Zellen zusammen?«
»Eine Zelle des Mannes dringt in eine Zelle der Frau ein. Dann wachsen die Zellen zusammen und teilen sich immer wieder, sodass sie immer mehr und immer vielfältiger werden.«
»Wie kann eine Zelle in eine andere eindringen?«
»Die beiden berühren einander, dann öffnet sich die eine Zelle und die andere schwimmt hinein.«
»Bin ich auch so gewachsen?«
»Ja, ich auch, alle Menschen sind so gewachsen.«
»Wie ist dann der erste Mensch gewachsen?«
»Die Zellen haben sich eine aus der anderen entwickelt, zu immer reichhaltigeren Zellverbänden. Zunächst sind daraus Pflanzen und Tiere hervorgegangen, zuletzt der Mensch.«
»Woher kam die erste Zelle?«
»Die erste Zelle hat sich im Wasser aus den Stoffen vereinigt, die zum Leben notwendig sind. Als die Zelle diese Stoffe, die in der Umgebung herumschwammen, weiterhin, fortwährend in sich vereinigen konnte, hat das Leben begonnen.«
»Das Leben besteht darin, zu essen?«
»Nicht nur zu essen. Die Zellen müssen die Stoffe auch ausscheiden, die sie gegessen haben, aber nicht brauchen

können. Die Zellen zerlegen die Stoffe und bauen sie so lange um, bis sie zu Stoffen der Zellen selbst geworden sind. Das ganze Leben der Menschheit besteht immer noch aus dieser Tätigkeit, die schon von der ersten Zelle begonnen wurde.«
»Auch die Pflanzen und Tiere haben dasselbe gemacht?«
»Ja, alles Leben besteht darin, das Leben setzt sich so fort.«
»Warum haben die Menschen dann das Leben der großen Bäume und schönen Tiere ausgelöscht?«
»Das haben wir vorhin besprochen, weil sie arm und reich waren.«
»Armut und Reichtum zerstören das Leben?«
»Ja, eigentlich schon, da hast du wohl Recht.«
»Wenn die YJO reich sind und die SY arm, zerstören sie dann das Leben?«
»Ja. SY Faun! Du erschreckst mich.«
»Warum, Mama?«
»Ich weiß nicht so recht. Wenn das wahr ist, was du sagst, dann sieht unsere Zukunft schlecht aus.«
»Warum, kann Armut und Reichtum nicht ausgetauscht werden? Eine Zelle öffnet sich, die andere schwimmt hinein, dann wachsen beide, so funktioniert das Leben, hast du gesagt.«
»Es ist nicht leicht, Armut und Reichtum auszugleichen, SY Faun, aber ich glaube, du hast Recht. Das Leben funktioniert so, und, ja richtig, es funktioniert nur so.«
»Warum ist es schwer, Armut und Reichtum auszugleichen?«
»Ja, das ist wohl so, wie wir vorhin gefunden haben, die Reichen haben Angst, in die Armut zurückzufallen.«
»Glaubst du, dass die YJO lieber sterben wollen als nicht mehr reich zu sein?«
»Ja, SY Faun, ich fürchte, dass das so ist.«
»Dann ist es besser, Mama, wenn ich kein YJO werde. Ich möchte nämlich nicht sterben.«

»Ja, SY Faun, das kann ich gut verstehen, dass du so denkst.«
»Wenn du das sagst, sagst du später immer etwas ganz anderes.«
»Vielleicht gibt es auch einen Weg, arm und reich auszugleichen.«
»Natürlich gibt es diesen Weg. Du hast gesagt, das Leben funktioniert so.«
»Ja, ja, SY Faun, du hast Recht. Wenn arm und reich den Weg des Lebens gehen, dann werden sie einander aussöhnen.«
»Dann werden YJO und SY Freunde sein?«
»Ja, dann werden sie zusammen arbeiten und zusammen leben.«
»Werden wir dann mit Papa zusammen sein?«
»Ja, SY Faun, aber ich weiß nicht, ob wir das noch werden erleben können.«
»Warum nicht?«
»Auch wir werden älter und können nicht ewig leben.«
»Das macht doch nichts. Arm und reich können sich doch vorher …, wie hast du gesagt?«
»Aussöhnen. Aber vergiss nicht, die reichen Gesellschaften haben Angst, das kann lange dauern.«
»Aber die SY sind schlau, sie können den YJO sagen, dass Angst nicht dumm machen muss.«
Sie lachte. »Das wäre eine Möglichkeit.«
»Warum hast du gelacht?«, verlangte er böse.
Sie setzte sich, fasste ihn an den Schultern, blickte ihn lange nachdenklich an. »Entschuldige bitte, SY Faun. Es war dumm, dass ich gelacht habe. Ich glaube, dass du etwas ganz Richtiges gesagt hast, nur hatte mir der Mut gefehlt, daran zu glauben. Aber jetzt wünsche ich dir von ganzem Herzen, dass du den YJO wirst sagen können, was du zu sagen hast.«

»Du meinst, ich soll doch zu den YJO gehen, wenn ich groß bin?«
»Das weiß ich nicht, SY Faun, aber ich bin mir sicher, dass du es wissen wirst, wenn es so weit ist.«
»Wann ist etwas so weit, Mama?«
»Wenn etwas reif ist, dann teilt es sich. Die Zellen sind dann auf beiden Seiten so weit gewachsen, dass sie ohne einander, jede Seite für sich, das Leben fortsetzen können.«
»Habt ihr euch, Papa und du, deshalb getrennt?«
»Nein, SY Faun, ich wurde von Papa getrennt, weil die YJO Angst vor dem Leben hatten.«
»Können wir den YJO nicht sagen, dass das dumm war? Dann können wir wieder zusammen sein, wie die Tiere.«
»Ich kann es nicht, SY Faun. Vielleicht wirst du es können, wenn du groß bist.«
»Warum kann es ihnen Papa nicht sagen?«
»Die YJO glauben ihm nicht.«
»Werden sie dann mir glauben?«
»Ich hoffe es, SY Faun.«
»Gut Mama, ich werde darüber nachdenken.«
»Worüber, SY Faun?«
»Über das, was ich sagen möchte.«
»Gut, SY Faun, ich bin ganz einverstanden.«

Takt <°21°>

»Kennst du das Gewebe, SY Faun?«
»Gewächshausfolien! Daraus werden unsere Kleider gemacht, SY Min Ra?«
»Ist doch praktisch, meinst du nicht? Früher gab es Baumwolle, Flachs, Hanf, Leinen, erinnerst du dich an die Reproduktionen aus dem Archiv?«
»Baumwolle, ja, und was war Wolle? Das habe ich vergessen.«
»Erinnere dich an die braunen und weißen Schafe im Museum, Wolle war das gesponnene Haar dieser Tiere.«
»Genau, und noch früher trugen die Menschen die ganze Haut der Tiere, wie hieß das, Pelz?«
»Ja, SY Faun. Und jetzt tragen wir eben Folien aus Kunststoff.«
»Das Material fühlt sich aber ganz weich an, nicht so steif und dick wie die Dächer, wie kommt das?«
»Den Folien werden organische Moleküle beigemengt, dann werden sie bewittert. Tatsächlich werden sie einfach jahrelang für Schutzdächer verwendet. In dieser Zeit setzen sich Bakterien an und lösen die organischen Moleküle heraus. Dadurch werden die Folien porös und geschmeidig wie Haut.«
»Wie entsteht der weiche Flaum an der Unterseite?«
»Die grob gewalzten Folien werden elektrostatisch beflockt und dann erst fein ausgewalzt. Durch die thermische und mechanische Beanspruchung während der Bewitterung lösen sich die feinen Haare aus der Folie, beim

Schälen, Dampfreinigen und Färben stellen sie sich wieder auf.«

»Wie wird gefärbt?«

»Durch Bestäubung. Die Folie wird wieder elektrostatisch aufgeladen und durch eine Staubkammer gezogen. Dabei zieht sie die Pigmente an, die sich molekular verbinden.«

»Die Glashausdächer sind doch mit Glasvlies verstärkt? Wie wird er entfernt?«

»Durch das Schälen. Die Faserschicht liegt in der Mitte, die Folien werden über zwei Kanten mit kleinen Radien gezogen. Die unterseitige Kante ist kalt, die oberseitige heiß. Dadurch trennt sich das Glasvlies, weil die untere Faserlage im Vlies beim kalten Knicken bricht und sich beim heißen Knicken aufstellt. Dann wird die obere Schicht mit einem Saugkamm erfasst, in einer Walze eingeklemmt und abgezogen. Schau, da liegt ein Muster.«

»Schutzanzüge! Die haben außen so ein Vlies.«

»Richtig, aus der gewendeten Oberschicht werden die Schutzanzüge für draußen geschneidert. Wenn du genau schaust, erkennst du auch noch feine Glasfasern auf der Kleiderfolie. Die bleiben beim Abziehen der Oberschicht zurück, werden eingebügelt und machen die Kleidung reißfest und resistent gegen das ultraviolette Licht.«

»Gehen wir schauen? Ich glaube, ich komme schon zurecht.«

Die Bildschirme verdunkelten automatisch, als die Sensoren keine neugierigen Nasen mehr witterten, aber SY Min Ra blickte sich zögernd im noch immer auffallend leeren Besucherfoyer des Werkes um. »Wir müssen uns einer Führung anschließen, SY Faun. In mehreren Hallen werden neue Roboter installiert, einige könnten von den YJO stammen und noch nicht freigegeben sein.«

»Freigegeben? Sind die YJO so eifersüchtig auf ihr Wissen?«

»Na ja, über Konkurrenz und Kooperation haben wir uns ja

schon ausgiebig anhand der Zellkulturen unterhalten. Mit den menschlichen Kulturen ist es noch nicht ganz so weit, fürchte ich. Die Roboter der YJO jedenfalls laufen über externe Programme, also nur, solange sie am Datennetz angeschlossen sind.«
»Dann kann doch nichts passieren, wenn wir einfach hineinschauen? Wer könnte einem Roboter das Programm abschauen?«
»Bleib da, SY Faun! In Sachen Spionage ist mit den YJO nicht zu spaßen. Während die Roboter installiert werden, sind Konstrukteure und Programmierer hier, die niemanden dulden, bis alles klaglos funktioniert.«
»Ist doch prima, SY Min Ra, dann laufen die Roboter am Anfang mit den Programmen, die unsere Gäste mit den Chronometern aufrufen. Wären die Pannen nicht interessanter als der laufende Betrieb?«
»Unterstehe dich, du Schelm, mich hier allein zu lassen! SY Faun, wenn du das vorhast, drehen wir hier und jetzt um.«
»Mach dir keine Sorgen, ich vertreibe nur die Zeit. Seltsam, dass niemand kommt. Hast du die Führung auch gebucht, SY Min Ra?«
»Gebucht? Du meinst, wir schulden etwas?«
»Wir sind hier unter Glas, SY Min Ra, nicht im Tal der flatternden Himmel. Wo gibt es in der Stadt noch irgendetwas Wissenswertes umsonst?«
Sie weckte den Schirm. »Diese Sitten sollten bei uns nicht einreißen! Tatsächlich! Schau her!« Sie lachte erstaunt auf. »Wir bedauern, dass wir heute Ihr Interesse nicht wecken konnten, freuen uns aber, wenn Sie ein andermal wiederkommen wollen. Auf Wiedersehen!«
»Das ist nicht die Sprache der SY!«, sinnierte YJOµ17*1, fand keine Tastatur, musste sich mit den Sensorfeldern begnügen, überflog die angebotenen Schirme, fand einen Verweis auf geistiges Eigentum. »Schau, SY Min Ra! Da! Ein Import!«

»Buchen wir trotzdem?«, zögerte SY Min Ra. »Na ja, jetzt sind wir schon mal da.« Sie selektierte ein Sensorfeld.
»Wir bedauern sehr, Ihnen mitteilen zu müssen, dass zur Zeit keine Führungsprogramme vorgesehen sind«, ätzte YJOµ17*1, als der Schirm Auskunft erteilte. »Nicht einmal mit einem Grund warten unsere Gönner auf!«
»Was machen wir jetzt?«, fragte sie, während er sich wieder im Foyer umsah, aber keine Seele erblickte.
»Bist du sicher, dass SY Rem dieses Werk gemeint hat?«
»So viele gibt es hier ja nicht, SY Faun«, wehrte sich SY Min Ra, »sie sagte, das ganz Neue, und die Adresse stimmt.«
»Entschuldige bitte«, zog YJOµ17*1 seinen Verdacht zurück, »es geht mir wahrscheinlich auf die Nerven, dass wir bei jeder Reise rückfragen müssen.«
»Du vergisst, SY Faun, dass deine Ausbildung auch vorbereitet werden muss. Immerhin kannst du nicht immer nur vor dem Schirm herumhocken, sonst bildest du dir eines Tages noch ein, dass die Welt in einem Kästchen hockt wie der Intellekt einer Maus in einem Käfig aus Zahlen.«
Er lachte. »Du bist unschlagbar, SY Min Ra! Ich verstehe, ich war undankbar und habe dich verletzt, entschuldige bitte. Eigentlich bin ich ja froh, dass das Schulwesen individualisiert wurde, so kann ich viel schneller Fortschritte machen.«
»Nicht nur du, SY Faun. Und wozu sollten alle Alten wie ich auf ihrem Wissen hocken bleiben? Solange die SY genug zu essen haben, kann ihr Wissen nur wachsen, wenn es die Alten direkt an die Jungen weitergeben, statt Furcht erregende Archive damit zum Bersten zu bringen.«
Unschlüssig und bar jeden Schrittes presste er Nase und Handflächen auf ein Sichtfenster. In der dahinter liegenden Halle sah es eher aus wie in einer Druckerei als wie in einer Schneiderei. »Wer braucht heute noch Druckmedien?«, dachte er und fragte, »sind diese Folien waschbar und wieder bedruckbar, SY Min Ra?«

Sie schirmte die Spiegelungen ab, um Durchblick zu gewinnen. »Ja, SY Faun, die Folien müssen das Papier aus Zellulose ersetzen, seit es zu wenig Pflanzen gibt.«
»Da hinten ist jemand!«, rief YJOµ17*1 und probierte an der Türe, die jedoch versperrt war. Er klopfte an die Scheibe, winkte, klopfte. »Ist doch zu blöd, jetzt wieder umzudrehen!« Kurz darauf erklangen unweit schwungvolle Schritte, ein Techniker öffnete eine benachbarte Türe. »Was gibt es denn? Ach so, Besucher! Tut mir ja Leid für Sie, aber ich kann auch nichts dafür.«
»Wo liegt denn der Fehler?«, begehrte YJOµ17*1 unbefangen, aber SY Min Ra war das gar nicht recht. »Komm, lass uns gehen, SY Faun, haben wir eben Pech gehabt!«
»Ich glaube nicht an Pech, SY Min Ra! Guten Tag, Herr Ingenieur! Wir sind nur neugierig. Aber wenn wir helfen können, tun wir das gerne.«
Der hellhörige Techniker war schmunzelnd herangekommen. »Guten Tag, Madame SY Min Ra und Herr SY Faun. Schöne Namen haben Sie hier, so was würde mir auch gut stehen.«
Er reichte freundlich seine Hand, YJOµ17*1 betrachtete aufmerksam das Chronometer, SY Min Ra wurde scheu. Der Herr aus YJO lachte. »Die Dinger beißen nicht, Madame. Wenn ich könnte, würde ich Ihnen meines gerne zum Spielen da lassen. Tja, was machen wir jetzt? Der junge Herr glaubt nicht an Pech und ich habe großes Pech.«
»Welches Pech haben Sie, Herr ...?«, witterte YJOµ17*1 wieder seine Chance.
»Ach, nennen Sie mich einfach Herr Pech«, schlug YJOµ57 mit einer galanten Verbeugung vor, »mein Reisename gefällt mir sowieso nicht.«
»Was ist ein Reisename?«, verlangte YJOµ17*1 erstaunt, erntete aber ein verschmitztes Lächeln.
»Das darf ich Ihnen leider nicht mitteilen, junger Mann, aber ich bin sicher, dass Sie mich bald verstehen werden.«

SY Min Ra zupfte YJOµ17*1 am Ärmel.» SY Faun, wir müssen gehen, das Werk ist doch geschlossen.«
»Aber dann erfahre ich nicht, ob es das Pech wirklich gibt, wie Herr Pech behauptet!«, protestierte YJOµ17*1.
»Da hat er ganz Recht, Madame SY Min Ra! Können das zwei erwachsene Leute verantworten, die aufblühende Hoffnung der Menschheit in Zweifeln zu hinterlassen?«
Sie lachte vergnügt auf.»Sie sind mir einer! Ich kenne doch die Vorschriften nicht. Wie soll ich die Verantwortung übernehmen?«
»Das bedeutet keine Schwierigkeiten, Madame. Ich übernehme die Verantwortung für das Pech und Sie dafür, dass Sie mein Pech nicht verpfeifen. Schließlich hat der junge Mann Hilfe angeboten und ich bin hier auf die Hilfe meiner Gastgeber angewiesen, meinen Sie nicht?« Er öffnete mit einem einladenden Grinsen die Türe, aus der er gekommen war, schloss aber sorgfältig ab, nachdem die beiden mit großen Augen durchgeschlüpft waren.»Das hier ist inzwischen eine Druckerei, aber mein erstes Pech ist, dass ich Sie Ihnen nicht zeigen darf. Ich habe Sie also hier herausgeführt, weil Sie sich verlaufen haben, nachdem irgendein Esel, wie schade, dass uns diese Nutztiere abhanden gekommen sind, vergessen hat, die Türe und die Jalousien zum Foyer zu schließen.«
»Herausgeführt?«, verwunderte sich YJOµ17*1 etwas zu laut.
»Junger Herr SY Faun!«, mahnte YJOµ57 mit einem Zwinkern,»es könnte doch sein, dass ich gerade etwas entlegen zu tun habe und dort hinauswill? Wollen Sie mir die Güte erweisen, meinem bescheidenen Ansinnen wohlwollend beizupflichten?«
»Ach du meine Güte!« SY Min Ra schmückte ein Funkeln in den Augen.
YJOµ57 öffnete seitlich eine Gangtüre und wartete geduldig, bis die staunenden Gesichter ihn entdeckten.»Sie

haben in der Eile natürlich nicht bemerken können, dass noch gar keine Jalousien montiert sind, denn schon begeben wir uns, ... ja wo war das denn gleich? Schon wieder Pech! Diese Türen hier! Na gut, Sie müssen mir eben suchen helfen.«

»Die Wäscherei!«, brüllte YJOµ17*1. »Hier werden die Bakterien ausgewaschen«, bestätigte SY Min Ra umsonst, denn ihre Stimme war zu leise. YJOµ57 zog die beiden wieder nach draußen, zog die Schutztüre zu und legte schelmisch einen Finger an die Lippen. »Es freut mich, dass ich meine Stimme schonen darf. Ich empfehle, dass wir unsere Suchergebnisse zuerst sammeln und zuletzt besprechen.« Jetzt schritt er aus, öffnete nacheinander genüsslich jede Türe der brandsicheren Besuchergalerie, um den Zutritt zu den kurzen Stichgängen und Emporen zu gewähren, von wo sich verwirrende Aus-, Tief- und Durchblicke in alle Richtungen auftaten, als sei eine zerklüftete Felsküste von einer Hängebrücke aus zu begutachten; und tatsächlich schien der Boden über dem Tosen der Elemente zu wanken.

Die Wäscherei war der Druckerei nicht unähnlich, was die zwei Geschosse hohen Monster mit den Walzen und die straßenbreiten Laufbänder mit den Folien betraf. Aus Schlitzen in den Stirnwänden schoss das weiße Flimmern etwa sechs Meter breit in den Raum, wurde rotierend hochgeworfen, lief bedrohlich zurück, fand sich in dampfenden Kreisen herumgewirbelt, atemberaubend eingequetscht, quoll in einem Aufschrei wieder übermächtig hervor, wurde erneut gewendet, wieder gegengedreht, abermals herumgewirbelt, sprang von Etage zu Etage, von Walze zu Walze, um von flimmernden Dioden umkränzt die Sinne zu verwirren, nach unentwirrbaren Wechseln des Auftauchens und Verschwindens wieder flach davonzulaufen und endlich am anderen Ende der Halle mit rasender Gier wie das Gleißen der Unschuld verschluckt zu werden.

Die Scheidehalle überraschte sofort durch ihre doppelte

Höhe. Die Folienbahnen, zitternd und flimmernd ob ihres geteilten Schicksals aus der Wäscherei einlaufend, verschwanden wie die Bettlaken der Unendlichkeit in einem Walzenbügler, der noch größer anmutete als jenes vorige Ungetüm, dem die Farbe der Unschuld eben erst unbeschadet entronnen war. Dieses Maul der Unendlichkeit, das keine Falte in seinem Opfer dulden wollte, werkte mit geschwollenen und doch gepressten Lippen in bedrohlichen Nebelschwaden wie ein untergehender Opernheld, warf seine Schatten in die leuchtenden Dampfgebilde und schien bald da, bald dort Kontur anzunehmen, als sei es eine pulsierende Amphibie vor dem Sprung nach jenem glutäugigen Insekt auf der Besucherempore.

Nach dem Bügler stieg das weiße, nun wie ein Laserstrahl makellos ebenmäßige Flimmern aus den Nebeln der Tiefe in die Höhe, verschwand flackernd mit hellem Surren zwischen zwei stählernen Kastenbrücken, die die Halle in halber Höhe entzweiten und – trotz ihrer blockigen Masse und bedenklich wabbeligen Federbeine – durch Vibrationen in deren Bestand unbarmherzig bedrohten. Einer der Hohlkästen mit den Ziehkanten verschleierte seine Konturen wie ein Drucktopf mit zu vielen Überdruckdüsen, während der andere schimmernd vereist war und wie Schnee in der Sonne dampfte. Das weiße Flimmern der Unschuld entzweite seine Unendlichkeit hinter den zweifachen Schleiern, schoss jäh zur Decke auf und ebenso bedrohlich zum Boden hinab, um wie ein brodelnder Wasserfall samt seinem himmlischen Spiegelbild eingefangen zu werden, stürzte untröstlich ob der Trennung wieder aufeinander zu, um endlich in zweifach vorbemessener Bahn als besiegt und gezähmt für immer getrennt abzurauschen.

Die Färberei verlangte schwindelfreie Gemüter, zerstreute sie doch Raum und Zeit wie ein gordischer Knoten aus surrenden Schleifen, die nicht länger auf ihr Schwert warten wollten. Aus zwei Schlitzen toste das Weiß wie das Schicksal herbei, obwohl es zugleich unveränderlich flimmernd, wie die absolute Ruhe immer sich selbst gleich, im Raum zu verharren schien. An blinkenden Schneiderollen wurde das zweifache Band der Ewigkeit gleich mehrfach aufgerissen, um über Umlenkrollen und Umkehrschlaufen die turmhohen Wände der Halle in ungezählten Streifen, Breiten und Richtungen hinaufzujagen, die Halle scheinbar zu verlassen, in Wahrheit aber überraschend bunt aus den in der Wirrnis versteckten Pigmentierkammern wiederzukehren und als Register von bunten Pfeilen die gutmütig durchlöcherte Schlusswand in nicht ganz halber Höhe des Turmes zu durchstoßen.

Die lang gestreckte Schnitthalle zerbrach den Traum von der Unendlichkeit mit haushohen Fragmentierwalzen, die nebeneinander aufgereiht das bunte Flimmern der Pfeile an der Decke aufsogen und verächtlich in unterschiedlich großen Laken wehend vor sich zu Boden warfen, sodass sie sich nun bebend zu hohen, farbsortierten Paketen aufstapelten, die im Minutentakt schaukelnd davonwankten, als hätte die Endlichkeit sie trunken gemacht. Die farbigen Pakete liefen jedoch nicht auf Förderbändern ihrer Bestimmung entgegen, wie es zunächst aussehen wollte, sondern schienen von tischgroßen Ameisen erbeutet worden zu sein, die nur ihren beladenen Rücken zeigen wollten, sich sonst aber hinter grauen Schalen verbargen, während sie flink durcheinander eilten, blinkende Küsse austauschten, um dann doch in Reih und Glied einen Weg und ein Ziel zu finden, das in einer der seitlich anschließenden Gänge und Hallen vermutet werden durfte.

»Logistik-Roboter!«, konnte sich YJOµ17*1 nicht verbeißen, was YJOµ57 zu einem gleichwohl lippenlesenden wie anerkennenden Blick und der mit Stentorstimme gebrüllten Bemerkung veranlasste: »Nur knapp drei Prozent der Stücke werden hier weiterverarbeitet, der Großteil geht in andere Folienwerke und Schneidereien.«

In der Sägehalle schrumpften die bunten Stapel auf dem Rücken der Ameisen auf ein Drittel ihrer Höhe, während die Ameisen ihre Schalen nebeneinander auf dem Boden verspreizten, um dem Stempeldruck der Riesenpresse widerstehen zu können. Den vielleicht 50 Absätzen des riesenhaften Tausendfüßlers entfuhren Laserstrahlen wie Schwerter, stanzten die erwünschten Konturen des Stapels in Sekunden heraus, bis die überflüssigen Randstreifen und unerwünschten Zwischenstücke von Saugdüsen geschnappt wurden, um zappelnd und flatternd wie kleine Flammen in Rohrtrichtern zu verschwinden. Die Ameisen wurden von einem Laserkuss des schneidigen Prinzen geweckt, registrierten das Nachlassen der Last auf ihrem Rücken, klappten ihre Schalen ein, fuhren ihre Räder aus und suchten unter neuen optischen Kontaktaufnahmen ihr nächstes Ziel.

In der unüberschaubar großen Klebehalle kehrte Beschaulichkeit ein, denn jetzt ging es ans bunte Stückwerk. Blatt für Blatt wurde durch Riesenspinnen von den Stapeln angesaugt und abgehoben, während kopfüber ein Heer von schwarzen Kleiderpuppen mit hängenden Leibern und Armen vorbeirauschte. Die Spinnen bedeckten jeweils die passenden Körperteile der Puppen mit den entfalteten Blättern, die sich erst jetzt als Vorder-, Seiten- oder Rückenteil eines Kleidungsstückes zu erkennen gaben. Die nach Statur und Größe sortierten Puppen mussten ihrerseits mit saugenden Poren übersät sein, denn die farbigen Folienzuschnitte blieben faltenfrei gedehnt wie angeklebt an ihnen haften. Fand sich eine hängende Puppe je nach Geschlecht und Alter ausreichend keusch bedeckt, schwenkte sie mit blinkenden Lockrufen nach oben in den Stand, wo ein grausiges Zischen auf sie zueilte und bald den besorgten Blicken entziehen sollte. Riesenraupen mit Beinreihen aus thermischen Schweißnadeln betasteten tausendfach ihr ahnungsloses Opfer, um die Kanten der Folien in dichten

Punktreihen miteinander zu verschmelzen. Spinnen verdrängten die fliehenden Raupen und begannen, aus ihren Bäuchen hervorquellende Verschlussbänder wie bunte Säume an klaffend verbliebenen Wundrändern der Folien anzuschweißen. Fertige Kleidungsstücke wurden von der anscheinend schrumpfenden Puppe zur Probe aufgeblasen und von herbeischwenkenden Saugrüsseln elastisch abgesaugt. Dabei schienen die an der Decke laufenden Tintenfische immer zu wissen, wo mit dem geringsten Widerstand zu rechnen sei, und hielten die wehrlose, schlaff mit ihren verbogenen Gliedmaßen schlenkernde Puppe einstweilen fest, um sie schließlich, aller Reize und Folien entkleidet, wieder unter die hängenden Köpfe einzureihen, wo sie sich alsbald zu alter Blüte und jugendlicher Elastizität aufzublasen vermochte, um neue Bedeckung zu erheischen.

In der Versandhalle flatterten die von Hunderten Schläuchen an der Decke ausgespuckten Kleidungsstücke in darunter wartende Fangkörbe, wobei das Spucken und Fangen einem höchst launischen Rhythmus folgte. Auch liefen die Fangkörbe von Spenderloch zu Spenderloch, als hätten sie geahnt, wann der Himmel wo welches Modell in welcher Farbe regnen lassen wollte. Dabei folgten sie trotz aller Seitensprünge einem spiralförmigen Kurs von innen, wo sie auftauchten, nach außen, wo sie leer gesaugt wurden und wieder untertauchten, als wäre ihr Konsumverhalten nur der Unterwelt würdig. Der saugstarke Schlund, der die gierigen Körbe vor dem Abtauchen zur Strafe ausraubte, wurde oberseitig von einem weißen Flimmern gespeist, das dem niedrigen bunten Treiben offenbar bis hierher unbehelligt entglitten war, nun aber abrupt, als Verpackung der ausgestoßenen Pakete, in sein zeitliches Dasein gestoßen wurde. Die versandfertigen Folientaschen fielen in eine Sortiertrommel, wo sie wie aufgeschreckte Schmetterlinge im Sturm herumgepeitscht wurden, bis sich eine ihrem

Strichcode entsprechende Schleuse gnädig auftun mochte, sie zuhauf in eine wartende Kapsel pumpte und endlich in die Pipeline jagte.

YJOµ57 öffnete die letzte Türe im Besuchergang. Eine verschwiegene Stiege führte über sechs Läufe tief hinab in den Keller, der unheimlich von einem Rauschen wie von der Brandung beseelt wurde, als ob er dem Meer ein bisschen Raum abtrotzen wollte. Wortlos händigte YJOµ57 bereitgelegte Lärmschutzhelme aus, dann öffnete er die schwere Schallschutztüre mit seiner Codekarte.

Instinktiv fassten die Hände von SY Min Ra und YJOµ17*1 an die seitlich hinter der Türe angebrachten Handläufe, als ihre Leiber von dem Getöse schier zurückgeworfen wurden. Aus einer Druckschleuse unweit des Kontrollganges wurden mit zyklischem Knall weiße Pakete in Kabinengröße ausgeworfen, die sich nach dem schnalzenden Bersten der Bandschnürungen als gefaltete Folien entpuppten. Die Enden wurden von Saugkämmen erfasst, verschwanden flatternd in den Aufnahmeklemmen eines dröhnenden Laufbandes, dessen Ende sich im weißen Flimmern dem Blick entzog, unter allen Hallen durchzulaufen schien, um den Anfang der Unendlichkeit zu suchen. Vom Laufband hochgeschreckt peitschten die Folienschlaufen durch die Luft, um nur nach und nach, vom Laufband angesaugt, der Länge nach hingestreckt zur Ruhe zu kommen, was hier freilich eine Fahrt in die Ungewissheit bedeutete. Dann und wann zeigte sich ein Schaden an einer Folie, wehten lose Fetzen durch die Luft, um seitlich abgesaugt zu werden, bevor sie die stete Fahrt des Laufbandes behelligen mochten. Zuweilen riss eine Schlaufe, aber das Laufband wollte nicht innehalten, fing das hilflos flatternde Ende erneut ein und setzte seinen Beutegang unbeirrt fort. Nur der Wechsel von Hell und Dunkel auf dem Band wollte das lückenhafte und doch kontinuierliche Jagdglück preisgeben und gerade dieser Wechsel wurde von digitalen Kameras an der Decke aufgezeichnet. Fand sich nach einigen Minuten ein Schlaufenpaket restlos entfaltet und fortgerissen, verkündete das grausame Knallen die nächste Spende an die Unersättlichkeit.

YJOµ57 öffnete eine seitliche Türe und die taube Gruppe entfloh dem Brüllen des Ungeheuers, schritt behände aus, um die Angst aus den Knochen zu holen und nach mehreren hundert Metern und zwei Stiegenläufen eine Etage höher einen weiteren Zutritt zu wagen.

Das Laufband hatte seine Umkehrrolle hier bereits hinter sich und riss seinen fragmentierten und löchrigen Fraß in entgegengesetzter Richtung mit sich fort, wurde aber von oben durch waagrecht herabhängende Walzen bedroht, die sich zuweilen zischend und fauchend in das Geschehen einmischten. Die Beute des Meeres wurde aber nicht in neuem Kreischen wie unter hungrigen Möwen aufgeteilt, sondern im Gegenteil, sie wurde vervollständigt. Die Walzen pressten genau passende Folienstücke in die Lücken des flimmernden Weiß, das unter ihnen zu entlaufen trachtete, als wollte es den digitalen Beobachtern seines Zustandes ein Geschoss tiefer nicht trauen.

»Woher nehmen die Walzen die passenden Stücke?«, bedeutete der sich wendende Helm von YJOµ17*1. YJOµ57 zeigte wortlos an den Deckenschlitz vor den Walzen. Dort huschten dann und wann Folienzuschnitte auf Laufnetzen herab, gespeist von oben liegenden Walzen, die dazwischen erkennbar wurden. Es gab also noch ein flaches Zwischengeschoss, das umso rascher über die vorige Treppe erreicht wurde.

Hier zischten von Rechnern gesteuerte Laserdüsen wie Geisterchirurgen auf langen Tischen herum, um die von den Kameras angeforderten Zuschnitte zeitgerecht und passgenau zu liefern. Zwischen den Tischen wälzten sich dicke, gutmütige Folienrollen, um den Tisch kontinuierlich immer wieder neu zu decken, während am anderen Ende eines jeden Tisches die löchrige Bescherung aufgewickelt wurde. Unter den Tischen rollten langsam neue Tischdeckerwalzen heran und volle Restwickler davon. Binnen Sekunden verschwanden unzählige Flecken, Laken und Bahnen in den Schlitzen der Tische, angesaugt von den darunter surrenden Lieferwalzen, die ihren Präzisionsfang ihrerseits mit rotierendem Gestus an die zischenden Lückenfüller ein Geschoss tiefer zu übergeben wussten. Dann und wann huschte eine ganze Bahn, gespeist von Deckenwalzen, in die Tiefe, um gerissene Schlaufen miteinander zu verbinden. Diese Bahnen liefen nicht über die Tische, sondern wurden direkt an ihren vertikalen Laufnetzen gesäumt und abgelängt, um zwei Geschosse tiefer die dunklen Morsezeichen der Konkretheit in das weiße Flimmern der Stetigkeit zu verwandeln.

YJOµ57 zupfte seine in das Schauspiel der Roboterchirurgen versunkenen Gäste, verschwand mit ihnen im Stiegenhaus und öffnete eine Etage höher eine Türe zum Foyer, nahm die Helme entgegen und verbeugte sich. »Ich hoffe, die Führung hat ihren Erwartungen entsprochen. Hat es Ihnen gefallen?«

»Oh ja, vielen herzlichen Dank«, antwortete SY Min Ra sichtlich noch benommen, »wir sind sehr beeindruckt und danken für Ihre Liebenswürdigkeit.«

»Ich danke Ihnen auch sehr, Herr Pech. Aber ...«, wollte YJOµ17*1 den Abschied verzögern, »worin bestand denn nun eigentlich Ihr Pech, Herr Pech? Es hat doch alles klaglos funktioniert, oder?«

»Ach, wissen Sie, Herr SY Faun«, lächelte YJOµ57 bereitwillig, »das hat sich inzwischen erledigt. Als wir gestern Abend fertig wurden, sind meine Kollegen samt den Kontrolleuren nach dem letzten Testlauf abgereist. Da ich wie immer der Letzte war, war ich es, der den Anruf unseres Bestellers entgegennehmen musste, wonach die Roboter für die Führungen erst heute Nachmittag nach der Übernahme der Codes aktiviert werden sollten. Ich musste also bleiben und mein Pech war, nichts zu tun zu haben als auszuschlafen und auf die Verschwisterung der Programme zu warten, die ...«, er blickte auf sein Chronometer, »inzwischen erfolgreich abgeschlossen wurde. Aber Sie haben mir glücklicherweise höchst kompetent aus der Patsche geholfen. Madame SY Min Ra, Herr SY Faun, ich bedanke mich ganz herzlich.«

Er schüttelte vier Hände, küsste zwei, klopfte YJOµ17*1 auf beide Schultern, betrachtete ihn noch ein wenig mit Freude, in die sich ein Anflug von Wehmut zu gesellen versuchte. Das aber wurde nur von der aufmerksamen SY Min Ra bemerkt, die in vielen Seitenblicken immer wieder überraschende Ähnlichkeiten in den Gesichtszügen ihrer männlichen Begleitung zu entdecken geglaubt hatte. Sie hatte jedoch, von tiefen weiblichen Instinkten gelenkt, darüber vorsorglich hinwegzusehen verstanden und geschwiegen. Jetzt wurde sie von einer großen Wärme belohnt, die ihre Mitte zu erfüllen begann, als wohnte dort ihre mütterliche, aber kinderlose Seele.

»Es hat mich wirklich gefreut, Sie kennen zu lernen! Ich muss mich aber jetzt leider tatsächlich entschuldigen, ich reise in Kürze ab. Auf Wiedersehen!« Der Gast mit dem Chronometer zog sich mit einer galanten Verbeugung zurück und verschwand alsbald in den Tiefen der Druckerei.

Takt <°22°>

SY Jan Pa stand atemlos in der aufgerissenen Türe, ohne das Erwachen ihrer verdutzten Freundin erwarten zu können. »SY Fleur! SY Fleur! Wir müssen fort! Wo ist SY Faun?«
YJOµ17 richtete sich besorgt auf. »Was ist geschehen?«
»Später! Wir haben keine Zeit! Wo ist SY Faun? SY Faun! SY Faun!«
YJOµ17*1 noch verschlafener, aber schon neugieriger Lockenkopf kam stumm hinter seiner Zimmertüre zum Vorschein, während YJOµ17 verwirrt aus dem Bett stieg. SY Jan Pa schnappte die beiden Ratlosen kurz entschlossen an der Hand und zog sie mit sich fort. »Los! Rasch! Lauft! Hier entlang! Schneller! Schneller!«
YJOµ17 bemerkte noch, wie hinter ihr Flammen aus dem Zimmer schlugen, dann bog sie um die Ecke des Flures, ein Adrenalinstoß löschte ihre Gedanken und trug die Beine unter ihr fort.
»SY Faun! Hierher!«, gebot die Stimme SY Jan Pa's, SY Faun war zu schnell vorausgelaufen. Jetzt schlug der Feueralarm an. SY Jan Pa hatte die Türe zu einem Installationsschacht geöffnet, hinter der sich die Schleuse zu einem schmalen, steilen Stiegenhaus verbarg. »Hinauf!«, verlangte SY Jan Pa. Nach vier keuchenden Stockwerken erreichten sie ein Installationsgeschoss mit einem brandgeschützten Fluchtkorridor, liefen, liefen endlos, eine Schleuse, wieder ein Stiegenhaus. »Hinunter!«, keuchte SY Jan Pa, denn SY Faun war wieder vorausgelaufen, während SY

Fleur hinter ihr nach Atem rang, die Hände in die stechenden Seiten gepresst. SY Jan Pa streifte den Blick der weit aufgerissenen Augen, lief wieder voraus, SY Faun hatte kurz gewartet, sich seiner Mutter vergewissernd. »18 Stockwerke!« SY Faun hatte mitgezählt, aber niemand hörte zu. Eine Schleuse, ein Gang, eine Schleuse. Eine Tiefgarage, da stand ein Rettungswagen, unterirdische Tunnel, zwei Fahrer, viel zu schnelle Kurven, knappe zwei Minuten, tosende Herzen, brodelnde Lungen, Schwindelanfälle, plötzlich Stopp, eine Schleuse, ein Tauchboot, Luke dicht, fort.

Die taumelnde YJOµ17 bekam sofort Sauerstoff, ihr Gehirn war im Paniklauf unterversorgt geblieben, ihre verkrampften Waden wurden sachte nach oben geknetet. YJOµ17*1 starrte keuchend und hustend abwechselnd auf die vorgebeugte, schwer atmende SY Jan Pa und die Helfer, umsonst auf eine Erklärung hoffend. SY Jan Pa erholte sich langsam, umarmte, küsste die hingestreckte Freundin, die mühsam wieder klarkam. »Es hat geklappt«, streichelte sie ihre Wange, »ihr seid in Sicherheit!« YJOµ17 blickte suchend nach ihrem Sohn, er trat zu ihr, ein einziges Fragezeichen. Der Puls von YJOµ17 stabilisierte sich, das Blut kehrte zögernd in die fahlen Wangen zurück, der Brustkorb schmerzte leicht, hob und senkte sich aber wieder ohne das befremdliche Zucken. Der Rettungsarzt nickte SY Jan Pa zu, die erste Gefahr war vorüber, bat aber YJOµ17, die sich aufsetzen wollte, besser noch etwas liegen zu bleiben. YJOµ17 begann leise zu weinen, die Erinnerungen stiegen zu lebendig aus dem Grab ihrer Seele empor.

»Ihr seid enttarnt worden«, erklärte SY Jan Pa nun kurzatmig, »wir bringen euch zu den AKY, ihr bekommt ein neues Zuhause, neue Namen.«

»Und das Feuer?«, begehrte YJOµ17*1 unruhig, aber YJOµ17 wandte sich besorgt an SY Jan Pa, »was geschieht mit dir, kommst du mit?«

SY Jan Pa schüttelte traurig den Kopf. »Ich würde euch in Gefahr bringen.«
»Das Feuer?«, erinnerte YJOµ17*1, aber SY Jan Pa verbarg ihr Elend in den Armen der erwählten Schwester.
»Wir mussten alle möglichen Beweise vernichten«, kam der Arzt zu Hilfe. »Die Fahnder waren schon in eurem Wohnhaus.«
»Was wird mit SY Rem geschehen?« YJOµ17 suchte in den Augen des Arztes, was er nicht sagen würde.
»Sie arbeitet inzwischen im diplomatischen Dienst, ihr kann nichts geschehen«, beruhigte er.
»Und die Verträge?« verstand YJOµ17 augenblicklich.
Der Arzt zuckte die Achseln. »Die sind ohnehin gescheitert«, fiel ihm ein, ohne YJOµ17 zu überzeugen.
»Ist SY Jan Pa in Gefahr?«, bohrte YJOµ17 weiter.
Der Arzt überlegte auffällig lange, SY Jan Pa erstarrte in den Armen der Freundin, YJOµ17 wurde unruhig.
»Sie muss auch eine AKY werden!«, verlangte YJOµ17*1, seinen Blick nicht vom Arzt abwendend. SY Jan Pa erhob sich stumm wie vor dem Schicksal.
»Einverstanden«, sprach der Arzt nach endlosen Sekunden fieberhaften Nachdenkens, setzte sich, plötzlich sichtlich erschöpft. Das Tauchboot dockte an einem größeren Boot an, der Arzt begleitete die Flüchtigen in die Kajüte, die Mannschaft drängte zum Aufbruch. Wartende Blicke ruhten auf dem Arzt, der sich nicht lösen mochte. Er fühlte nochmals den Puls von YJOµ17. »Das Chronometer«, fiel ihm plötzlich ein, als er das leere Handgelenk betrachtete, »ist bei uns in Verwahrung. Wenn es so weit ist, schicken wir es nach. Die AKY sind vorbereitet, sie werden euch neu ausstatten. Vergesst bitte, dass ihr bei uns wart. Lebt wohl!« Er küsste alle drei auf die Stirn, SY Jan Pa zog er dabei kurz an sich, verließ gebeugt und fahrigen Blickes die Kajüte. SY Jan Pa suchte hilflos die Schulter der Freundin, als der Mann ihres Lebens gegangen war. YJOµ17 strich ihr zärt-

lich über das lange, tiefschwarze Haar, das im Rhythmus des Kopfes bebte.

Takt <°23°>

»Gibt es noch Pläne von diesen Signaturen der Männlichkeit?« YJOµ57 legte seinen Kopf in den Nacken, soweit das Schutzanzug und Helm gestatten wollten. Als er keine Antwort bekam, sah er sich um, er war nicht gehört worden. Er zupfte zwei der Ingenieure am Ärmel, deutete auf das Visier, auf die Bauhütte, die der Schiffskran abgestellt hatte. Der Rest folgte von selbst. In der Hütte zerrten alle an ihren Helmen, »endlich Luft«, obwohl die Luft in der Hütte schlechter aufbereitet war als jene aus den Rückenpolstergeräten. »Was ist, YJOµ57? Geht dein Funkmikrofon nicht?«

Er übergab seinen defekten Helm mit einem Achselzucken dem Servicetechniker. »Gibt es noch Pläne von den Wolkenkratzern?«, wiederholte er seine Frage.

»Schön wär's. Alles vermodert, verbrannt, verschüttet, je nachdem, was hier los war. Die Mikrofilme sind verdunstet und die Datenträger geschmolzen.«

»Gibt es numerische Auswertungen der Satellitenaufnahmen?«

»Der letzte hier stationierte Satellit ist vor knapp hundert Jahren verglüht. Die gespeicherten Aufnahmen sind zu grob, sie lassen nur geringe Rückschlüsse auf die innere Struktur der Dinger zu.«

»Wir können doch nicht ohne statische Berechnungen einfach losknabbern!«, protestierte YJOµ57, »die Roboter sind doch viel zu kostbar für das bisschen Stahl!«

»Roboter werden laut Einsatzplan nicht bereitgestellt.«

YJOµ57 fand seinen Verdacht bestätigt, dass mit seiner überstürzten Versetzung etwas nicht gestimmt haben konnte. Seit er aus dem Textilwerk heimgekehrt war, waren im Werk mehrmals Leute zur Ausbildung aufgetaucht, die ihm mehr als missfallen hatten. Und jetzt das! »Dann fahren wir nach Hause, ich leite keine Todeskommandos, die Leute unterstehen meinem Schutz.«
»YJOµ57, nehmen Sie Vernunft an. Das ist Ihre letzte Chance. Der Sicherheitsdienst der Gesellschaft hat den Auftrag, Saboteure zurückzulassen.«
»Früher bediente sich die Gesellschaft der Staatsgewalt, um Killer einzusperren.«
»Sie wissen, dass die Gefängnisse als unproduktiv geschlossen wurden. Die Polizeibefugnisse werden von den Detektiven der Gesellschaft sehr viel effektiver wahrgenommen.«
»Jetzt bedient sich die Gesellschaft der Killer, um ihre obersten Etagen zu bilden.«
»YJOµ57! Ich verwarne Sie wegen aufrührerischen Redens! Unterlassen Sie das.«
»Ich weise Ihren Vorwurf zurück und habe das Recht, mich zu verteidigen. Die Gesellschaft bedient sich der Killer, um ihre erschöpften Stahlreserven aufzufüllen, weil die obersten Geschosse unter den Glasdomen als Brückentragwerke aus Stahl errichtet werden. In dieser Aussage liegt keinerlei Aufruhr. Außerdem kann ich nicht erkennen, wen ich hier rühren sollte.«
»Also, übernehmen Sie den Job oder weigern Sie sich?«
YJOµ57 überlegte kurz. »Gibt es Sprengmittel?«
»Die können wir bereitstellen.«
»Ich werde eine Liste zusammenstellen. Außerdem verlange ich drei Kletterroboter mit Diamantbohrköpfen und einen Flugroboter.«
»Sonst noch was?«
»Ich werde das schwere Gerät, die Ausrüstung, die Unter-

künfte, Personal, Versorgung und Logistik ausgiebig prüfen. Dann brauche ich noch eine Aufstellung, welche Qualifikationen die Leute haben. In drei Tagen bekommen Sie Bescheid.«
»Sollen die Sträflinge bis dahin spazieren gehen?«
»Die freiwilligen Mitarbeiter können vorerst damit beginnen, die Schuttkegel und die Gebäude terrestrisch zu vermessen und zu fotografieren sowie einen Plan des Viertels bis zum Hafen zu zeichnen.«
»Wie stellen Sie sich das vor?«
»Ich werde die Arbeiter unterweisen. Wenn keine Fachleute darunter sind, schicken Sie welche nach.«
»Sie sind nicht vielleicht größenwahnsinnig?«
»Wie viel Stahl wollen Sie und wie viele Tote?«
»Wie viele Geodäter brauchen Sie?«
»Mindestens drei, besser vier, dazu acht Kartografen oder Planzeichner, vier Statiker, zwei Ärzte samt Sanitätsstation und Pflegepersonal. Lehrer, gewerbliches Personal und Köche fordere ich nach Prüfung Ihrer Aufstellung nach.«
»Wollen Sie hier einen Betrieb gründen?«
»Was haben Sie sich vorgestellt? Haben Sie schon einmal tonnenschwere Träger aus dem zweihundertsten Stock heruntergeholt?«
»Sie wollen die Türme zerlegen?«
»Das weiß ich noch nicht, das hängt von der Statik ab. Richtig, da fällt mir ein, wir sind hier auf einer felsigen Halbinsel. Ich brauche noch einen Bodengutachter und einen Geologen samt Echolotausrüstung. Wann können die Leute hier sein?«
»Morgen früh.«
»Gut, die Mannschaften sollen einstweilen den Krautdschungel hier so weit lichten, dass sie ihre Unterkünfte in den unverschütteten Kellern beziehen können. Das Personal darf niemanden aus dem Schiff lassen, der mit dem Atemgerät Probleme hat oder dessen Schutzanzug schad-

haft ist. Wie ist das Verhältnis von Personal zu Arbeitern?«
»Auf sieben Gefangene kommt eine Wache.«
YJOμ57 rechnete nach. »Macht 30 Edle. Ich verlange einen Stellvertreter, zwei Assistenten sowie eine Betriebswache zum Schutz des Büros und der Rechner.«
»Die Wachen stehen Ihnen zur Verfügung.«
»Sie haben mich nicht richtig verstanden. Die Betriebswache hat die Aufgabe, uns vor den Detektiven der Gesellschaft zu schützen.«
»Unterlassen Sie diese Provokationen!«
»Wollen Sie den Betrieb von unzuverlässigen Leuten beschützt wissen?«
»Es steht Ihnen nicht zu, die Detektive der Gesellschaft negativ darzustellen.«
»Ich musste Detektive der Gesellschaft für den Einsatz von Robotern ausbilden.«
Die Runde schwieg verärgert, aber ratlos, bis der Sicherheitsdirektor persönlich einlenkte. »Sie bekommen Ihre Leute, auch morgen früh.«
»Gehen wir noch einmal nach draußen?«, schlug YJOμ57 vor, indem er einen neuen Helm vom Regal fischte. Aber die Herren verzichteten und brachen zum Hafen auf. Die dünne Luft war ihnen zu dick geworden.

YJOμ57 sagte nach wiederholten Mahnschreiben nach einer Woche zu, Stahl abzubauen. Die Beurteilung der Stahlskelette gestaltete sich schwieriger als erwartet, weil sich das Material als stark angerostet erwies, und zwar unterirdisch, innerhalb der salzig feuchten Schuttkegel am stärksten, wo die Betonschalen durch das Aufquellen des Rostes bereits abgeplatzt waren. Inzwischen hatte der Flugroboter die Stadt von oben vermessen, die Bilder waren ausgewertet, es gab eine brauchbare Karte und ein digitales Modell. Die Mannschaften hatten die Straße zum Hafen hergerichtet, das Viertel aus Draht im Modell nachgebaut, die statischen Systeme Turm für Turm erkundet.

Das leitende Team saß eine weitere Woche an den Schirmen, bis die mathematischen Modelle brauchbare Ergebnisse lieferten. Gerät und Sprengmittel standen bereit, die Roboter wurden getestet und programmiert, die Leute in Sicherheitsfragen unterrichtet und in der Arbeit unter Atemhilfe trainiert.

YJOµ57 begann mit Versuchsbohrungen und Sprengungen, lieferte aber vier weitere Wochen kein Stück Stahl. Die Gesellschaft betrieb täglich seine Abberufung, drohte durch sieben Anwälte im Turnus, ihn als Saboteur zu richten. YJOµ57 forderte einen Biologen und einen Klimaforscher nach, um die Sauerstoffrate des Krautdschungels bei verschiedenen Windgeschwindigkeiten zu ermitteln. Unterdessen lief die praktische Unterweisung der Arbeiter auf Hochtouren, jeder musste seine Ausrüstung, sein Gerät, seine Maschine beherrschen, seinen Auftrag verstehen, die Sicherheitszonen erkennen und beachten lernen. Notfälle wurden geübt, sogar eine Evakuierung, sollte ein Beben eintreten. Die Detektive saßen meist unbeteiligt herum, einige fingen das Feuer der Pioniere und machten mit. Die Mannschaften identifizierten sich täglich mehr mit YJOµ57's Vorhaben, es sollte ihr Stahl werden.

Die Gruppen wurden nach Qualifikation und Aufgabe zusammengestellt, wählten aber ihren Sprecher nach ihrem Gutdünken. Trat Streit auf, musste die Arbeit der betroffenen Gruppe ruhen und wurde intern geschlichtet, die Gruppe galt so lange als nicht einsatzfähig, denn eines war hier die erste Überlebensfrage und jeder musste es zuerst erlernen: reden. Jeder musste die Worte aus seiner verschütteten Seele heben, ob er das könne oder wie es sonst seiner Meinung nach zu bewerkstelligen sei. Mutwillige Verfehlungen wurden durch zeitweiligen Ausschluss aus der Gruppe geahndet, wobei solche Zeiten in Sauerstoffflaschen gezählt wurden. Die Angst vor dem einsamen Tod erwies sich rasch stärker als der Glaube an Gewalt und Betrug. Die bunten Vögel schmolzen zusammen wie ein Schwarm, der den Winter flieht und die Wärme erahnt. Der Rest war Privatsache, wurde müde in den Unterkünften gewälzt wie Seetang, der sich auf dem Riff des Gewissens festgesetzt hatte, bis er sich von wogenden Träumen fortgespült fand. In der siebten und achten Woche kletterten die Roboter mit leichten Sprengsätzen in der Mitte des Hafenviertels durch die Aufzugsschächte nach oben, kamen leer zurück, entkleideten die Stahlskelette in drehenden Schwingungen von ihrem versprödeten Fleisch aus Beton, Mauerwerk, Gips und Glas. Hängen gebliebene Füllsegmente der Geschossdecken wurden vom Flugroboter fragmentiert, in die Tiefe geschickt. Die Raupen schoben den Schutt zwischen den Gerippen im Zentrum des Viertels zusammen, formten einen nach außen leicht fallenden Hügel, bis der Stadtteil dem Mond wie ein Igel anmuten musste, dem vor Schreck über die Menschheit die Luft ausgegangen war.

In der neunten Woche schickte die Gesellschaft ein schnelles Tauchboot mit schweren Waffen und leichten Seelen, um YJOµ57 zu verhaften. YJOµ57 verweigerte aus Sicherheitsgründen die Hafenrechte und ließ die Detektive wissen, dass die Gebäude nicht mehr stabil seien. Er garantiere für kein edles Haupt. Das Boot drohte mit Raketenbeschuss, YJOµ57 mit dem Umstand, er könne die unschuldige Belegschaft nicht evakuieren, verlegte sie stattdessen mit Ausgangsverbot »zum Ausschlafen und Speckansetzen« in die Bunker. Nach einigen Splittergranaten drehte das Boot ab, die Gesellschaft erklärte YJOµ57 zum Saboteur, entzog ihm die Bürgerrechte und beschied sein Recht heimzukehren als verwirkt. YJOµ57 antwortete mit der Nachforderung von Sprengstoff, um das Leben der eingeschlossenen Belegschaft retten zu können. Unterdessen gruben die Mannschaften Löcher in den Schutt, jeweils rund um jede Stahlstütze, die talseitig aus dem Schutt ragte, hinab bis zu den nächsten rostzerfressenen Knoten. Die

errechneten Sprengladungen wurden angebracht, verkabelt, sorgfältig eingewickelt, wasserdicht verklebt. Die Schuttlöcher wurden zunächst händisch wieder verfüllt, Schaufel um Schaufel mit gesiebtem Schutt, Lage um Lage verdichtet und eingeschlämmt. Zuletzt glätteten die Raupen die Haut des Igels zwischen seinen Borsten wieder, damit der schlaflose Mond seine Bedenken gnädig zerstreue.
In der zehnten bis zwölften Woche geschah rundum immer wieder dasselbe. Allerdings hatten die Mannschaften entdeckt, dass die Sauerstoffproduktion des Krautdschungels inzwischen ihren nachgewachsenen roten Blutkörperchen genügte. Nach den häufigen Niederschlägen fanden sich bei Windstille immer mehr Atemgeräte in den Bunkern. Schließlich wurde die manuelle Arbeit in die Dunkelheit verlegt, in der die leichten Schutzanzüge genügten. Die Männer sagten, der Dschungel hätte seine Gorillas wieder gefunden und übten entsprechende Gesänge, sobald der Wind sich legte.
Neu war zudem, dass die Gesellschaft die Lieferung von Nachschub in der Hoffnung einstellte, die Sträflinge würden meutern. YJOμ57 hatte damit gerechnet und vorsorglich jedes Mal zu viel bestellt, den Sauerstoff- und Kalorienbedarf ob der schweren körperlichen Arbeit zu hoch angesetzt. Die Prüfung der Vorräte ergab bei Rationierung eine Frist von weiteren drei Wochen.»An Rationierungen sind wir gewöhnt«, war der Tenor der Mannschaften,»was sollen wir zu Hause? Wieder sinnlos einsitzen? Wir bleiben da! Stahl ist Mangelware. Wir machen weiter!«
Die Detektive bekamen es mit der Angst, wollten abreisen, was ihnen gewährt wurde.»Eine Woche mehr Proviant!«, lichtete die Bürde der Trennung ebenso wie das im Gegengeschäft ausbedungene Schiff mit medizinischer Ausrüstung. YJOμ57 errichtete einen freiwilligen Wach- und Ordnerdienst im Turnus,»damit keiner draußen vergessen und drinnen ordentlich geschlafen wird«. Die Bewaffnung mit

Trillerpfeifen wurde feierlich intoniert. »Wir sind jetzt ein rostiger Stadtstaat«, verkündeten die Arbeiter übermütig, »wie in den guten alten Tagen der schönen Helena«, die sie aus dem Netz wachgeküsst und zur Schutzgöttin ihrer Träume erkoren hatten, denn »auch Gorillas brauchen so was!«.

In der dreizehnten Woche wurde das Hafenviertel evakuiert, der Betrieb übersiedelt. Am Wochenende herrschte Ausgang zwischen den bizarren Turmskeletten. »War doch sehenswert«, dass nichts übersehen worden war, dass alle Kontakte intakt waren, kein Werkzeug vergessen lag, kein Gerät herumstand, keine Flasche Sauerstoff vergeudet wurde. Am Montagvormittag gab es einen Vollständigkeitsrapport im neuen Gemeinschaftsbunker, einer freigelegten U-Bahn-Station weitab des Hafenviertels. Alle waren da, bisher keine Opfer, keine Abgänge, zwölf lagen wegen defekter Schutzanzüge entkräftet im Krankenrevier. Um 11.00 Uhr Ortszeit übergab YJOµ57 dem Koch einen säuberlich abgedeckten, aber grässlich mit bunten Schleifen verklebten Topf samt Kabelschwanz und herausragendem Getriebehebel. »Rühr mal hier um.«

Das Ächzen und Tosen der fallenden Riesen währte etwa drei Stunden, dann bebte die Erde nicht mehr, aber weitere drei Stunden lang war nichts zu sehen. Endlich kam eine brauchbare Brise auf und wälzte den Staub wie rollende Wattebäusche fort, um das Meer mit ungewohnten Farben zu plagen. YJOµ57 gab Ausgang. Die Mannschaften schnappten die Atemgeräte und Helme, stürmten aus den Bunkern auf die Beobachtungsposten am Rande des Viertels. Die Gerippe lagen wie abgenagte Walfische eingesackt auf der Seite, halb eingegraben im Schutt, von der Mitte nach außen im Kreis herum umgefallen wie früher die Bäume nach jener beharrlich beschönigten Endlagerkatastrophe, nur der zentrale Krater und die Rauchsäule fehlten. Eine erste Prüfung vor Ort ergab, dass die meisten genieteten Stahlknoten geplatzt waren, abgeschert vom eigenen Aufprall oder vom Aufschlag der nachfolgenden Stahlskelette. Die geschweißten Knoten allerdings hatten meist standgehalten, was zu bizarren Verkrümmungen der Raumfachwerke geführt hatte, die in Schlaufen dalagen, wie von einem altersschwachen, abgestürzten Jumbo zusammengetatscht.

»Wir fangen mit den Nieten an«, lehrte YJOµ57 im Schulungsraum vor den versammelten Arbeitern, wo ein räumliches Modell des eingescannten Desasters auf der Präsentationswand simuliert wurde. »Zieht, beginnend von außen, ganz unten am Hafen, die losen Stücke mit den Raupen den Schuttkegel hinunter. Hier, das sind die geplanten Schleiftrassen, das werden die neuen Straßen in unserem Mikadospiel. Jeder Fahrer bekommt einen Plan und einen Kopiloten, der rundherum Augen hat und wie der Teufel funken kann. Am Anfang fährt immer nur eine Raupe, bis der Platz so groß ist wie hier auf dem Plan.« Er wartete, bis die Pläne ausgeteilt waren, sich die Köpfe wieder erwartungsvoll hoben.

»Niemand klettert auf die Stapel. Die Fischer werden von den Fahrkränen in Käfigen abgeseilt. Atemhilfe im Käfig ist Pflicht, weil so ein Käfig auch mal eine Weile stecken bleiben kann. Wer nervös ist, Platzangst hat, der darf nicht fischen. Bei jedem Stapel immer ganz oben anfangen, wenn etwas wackelt, melden, nicht anfassen, keine Finger dalassen, keine Füße, keine Rippe, nicht einen Wirbel, nicht einen Toten! Zuerst gehen die Statiker unten durch, am Boden, bestimmen die Aufstellung der Fahrzeuge. Dann kommen sie, die Statiker, als Erste in die Käfige, zwei Fischer steigen zu. An Wolf und Kette kommt nur der Fang, den der Statiker ausgesucht und farbig nummeriert hat. Dann fahren die Kräne zurück. Immer sind alle in Deckung hinter der Raupe, wenn sie hupt und langsam losfährt. Die Fahrer stellen die Vollständigkeit fest, zählen jeden

Knochen, bevor sie den Schlüssel drehen. Habt ihr verstanden, nicht die Kopiloten zählen, sondern die Fahrer selber! Heute Abend spielen alle Mikado! Zuerst mit den Fingern, dann mit Handschuhen, dann mit Gabeln und Handschuhen. Ab morgen üben wir die Zeremonie draußen mit den Lehrern, so lange, bis jeder beten gelernt hat, dann machen wir Ernst. Das erste Beuteschiff kommt nächste Woche.«
»Was geschieht mit den verschweißten Schlaufen?«
»Die werden zuerst von den Mobilkränen zugeschlichtet, nach den Anweisungen des Statikers. Wenn sie nummeriert sind, wie im Plan, dann sind sie freigegeben, dann könnt ihr sie im Notfall als Sicherheitstunnel verwenden, als Deckung, wenn wo etwas nachrutscht. Aber nur im Notfall. Im Normalfall seid ihr hinter der Raupe, am Platz der himmlischen Freiheit. Am Schluss werden wir die Schlaufen freilegen und sie mit Trennscheiben und Schweißbrennern zerlegen.«
»Warum nicht sprengen?«
»Zu wenig Widerstand, die flattern elastisch herum wie eine Fliegenpatsche! Ich will hier keinen mit Flügeln erwischen.«
Die Lebhaftigkeit von Debatte und Schulung währte knappe zwei Stunden, dann dehnte die Müdigkeit die Zeit. »Noch Fragen?«
»Wann gibt es Sold?«
»Wir sind hier ein Betrieb, Herr Kollege, wir verkaufen Stahl! Oder sollen wir was verschenken?« YJOµ57 winkte das Gejohle mit erhobenen Armen ab. »Vergesst nicht, das erste Containerschiff kommt erst am Montag. Mit dem Festessen also bis Montag warten!«
Ein halbes Jahr später wurde das nächste Viertel flach gelegt, der Krautdschungel bedeckte gnädig den seiner Stachel beraubten Igel. Viele Familien der Arbeiter kamen nach, errichteten ein mobiles Wohnviertel aus Containern, bargen es unter Zeltdächern aus Glasfasergewebe und Filtervlies vor dem gnadenlosen Licht, versorgten es mit Sauerstoff aus einem Elektrolyseschiff, das zugleich als

Krankenhaus und Logistikzentrum diente. In der Mitte des neuen »Forts der Räuber« stand eine Schule für Sprengmeister, Schweißer, Statiker und Programmierer. An den Rändern lagen die Reparaturwerkstätten für die Ausrüstung. Der Krautdschungel wurde liebevoll gepflegt, an geschützten Stränden angepflanzt, rankte sich über Hilfsdächer und Pergolen. Dort wurde bei Windstille getaucht, gefischt, gesungen, geliebt, gedacht, gelesen, geschrieben, gestritten, gegessen, getrunken, sehr viel Mikado gespielt. Bei Wind leerte sich das kleine Paradies, denn die Atemgeräte standen ihm im Wege.
Zwei Jahre später übersiedelte YJOµ57 seinen amphibisch wachsenden Betrieb in den nächsten Stahlbruch. Es gab Opfer, die Wunden hinterließen. Die Tränen kehrten in die harten Augen zurück. Die bunten Vögel begannen, einander zu gedenken, einander zu trösten, einander zu helfen. Neuankömmlinge sahen sich mit einer Tradition von strengen Regeln und Sitten konfrontiert. Nicht alles, was schon gesagt war, wollte sich nochmals beredet finden. Ein paar Soziologen und Psychologen reisten an, sie forschten über Resozialisation. Die Arbeiter erzählten ihnen munter, erstaunlich redegewandt das Rote vom Rost, das Grüne vom Kraut, das Blaue vom Himmel. Sie freuten sich, dass es penibel eingetippt und numerisch ausgewertet wurde. »Für die Nachwelt« wurde ein geflügeltes Wort der Gorillas im dürftigen Schatten der Fliegenpatschen. Nur YJOµ57 verweigerte standhaft jedes Interview an Betriebsfremde.
Nach weiteren drei Jahren starben zwei Arbeiter durch einen Faustkampf während der Nachtruhe, außerhalb des Lagers. YJOµ57 sah sich mit dem medial aufgekochten Gerücht konfrontiert, er hätte sein Verhältnis mit einer Arbeiterin, der Gattin eines der beiden Opfer, einem Untergebenen, nämlich dem anderen Opfer zugeschoben, worauf das Verhängnis unabänderlich seinen Lauf genommen habe. Unklar blieben die näheren Umstände des Kampfes,

insbesondere die Frage, warum beide Arbeiter erschöpft erstickt waren, bevor sie voneinander ablassen wollten. YJOµ57 verlangte eine Obduktion, deren Ergebnis aber mehrere Monate lang nicht einlangen wollte. Inzwischen verlor er seinen Betrieb und wurde in einem Gnadenakt zurückbeordert. Er sollte nun »Roboter für die Stahlrückholung« bauen, wie die Sprachregelung lautete.

Takt <°24°>

In den Nebeln der Dämmerung schlüpfte das Boot aus seinen krautigen Verstecken am Ufer, um das Leben ringsum wachzurufen, das in ungezählten, fremdartigen Lauten kundtat, den Menschen überlebt zu haben, hungrig zu sein, auf der Suche nach anderem Leben, in es einzugehen, aus ihm hervorzugehen, sich fortzusetzen wie der rotierende Wechsel der Gestirne. Riefen einander auch die Galaxien mittels des Lichtes, bevor sie einander wie Zellen des Kosmos vereinen und teilen mochten, um neue Sonnen zu zeugen und zu gebären? YJOμ17*1 ließ sich und seine Gedanken sanft schaukeln. Er liebte die nächtlichen Fahrten auf dem Fluss. Tagsüber schlief er, schon den dritten Tag seit dem nächtlichen Hafenabenteuer, als es umzusteigen gegolten hatte. Wie alle und alles schlief er, wie das Boot auch, das sie vor der Sonne und der Welt verbergen musste, als hätten die Menschen vor, das Leben, die irdische Gabe des Lichtes, für immer an den Kosmos zurückzugeben. Musste das Leben den Menschen nicht lächerlich finden? Oder hatte es bereits aufgehört, ihn zu suchen?
Die ortskundige Mannschaft fand bei ruhigem Wasser immer wieder Zeit, ihn über diesen oder jenen Laut einzuweihen, was hieß, den Laut nachzuahmen, probend zu beantworten, lockend beantwortet zu finden, um ihn schließlich mit einem Namen zu beehren. YJOμ17*1 prägte sich die Namen der Geheimnisse ein, die das Leben bezeichnen sollten, schrieb sie auf, harrte des nächsten

Computers, um die Namen mit Bildern ergänzen zu können. »Gibt es im Kloster auch wirklich Computer?«, vergewisserte er sich immer wieder, er wollte das Leben auch sehen, das den Menschen fürchtete und trotzdem verlachte. Gern saß er träumend an Deck, bohrte seine Blicke in die Schatten, als könnten sie jenes Licht bringen, das die Zellen veranlasst hatte, sich empfindsam umzuformen, empfänglich zu werden, sich zu teilen und zu Augen zu vereinen, um das Licht in sich aufzunehmen, den Boten des Lebens, damit er den Weg durch das Leben weise. Er versuchte, sich die Welt bei Tag vorzustellen, beseelt von jenen Tieren, die er im Museum ausgestopft gesehen hatte, umflort von jenen grünen Riesen, die in romantischen Filmen nachgebaut wurden, um das Dach des großen Paradieses darzustellen. Konnte es wahr sein, dass hier Menschen überlebt haben sollten, wie es die Gerüchte wollten? Waren das wirklich Menschen? Die letzte Art der Wirbeltiere unter freiem Himmel? Wie musste ihre Haut inzwischen beschaffen sein? Wie ihre Augen, wie ihre Lungen?

Ja, auch er konnte hier unter freiem Himmel sitzen! Allerdings nur nachts, um dem ultravioletten Licht zu entgehen, das den Wuchs der Vegetation in die Höhe unterband, aber nicht den Wuchs insgesamt; und so reichte der Sauerstoff in den feuchten Tallagen, um zu atmen. Schon das Atmen hier war ein Erlebnis, beflügelte das Denken, die Phantasie. Zum ersten Mal in seinem noch jungen Leben bedauerte YJOµ17*1, unter Glasdächern aufgewachsen zu sein, die den Prickel des Windes von seiner Haut bisher ferngehalten hatten.

»AKY Tama Koko!« YJOµ17*1 erkannte die Stimme seiner Mutter, aber welches Leben rief sie?

»Ach so, ja, ich komme.«

»SY Jan Pa will zurückkehren, sie erträgt die Trennung nicht.«

»Ich möchte nicht, dass du stirbst«, warf YJOµ17*1 ein, noch während er sich setzte.
»Ich könnte sagen, wir haben einander getrennt, und ich weiß nicht, wo ihr seid.« SY Jan Pa blickte matt aus tief verschatteten Augen zu Boden. Ihre Bewegungen schienen an unterversorgten Synapsen zu erliegen, bevor der Wille die Muskelfasern erreichen konnte, sich stattdessen hinter der Stirn in pochendem Schmerz aufbäumte.
»Darum geht es nicht, SY Jan Pa, wie ich befürchte«, erinnerte sie YJOµ17*1 behutsam. »Du bist Zeuge unserer Existenz, deshalb werden dich die YJO niemals dulden. Du weißt zu viel davon, was uns zugedacht war.«
»Aber es gibt doch so viele andere Zeugen? Warum sollte gerade ich so wichtig sein?«
»Nur du weißt, wie ich jetzt aussehe, wie ich geworden bin, welche Eigenschaften ich habe, was ich gelernt habe, was nicht, was ich denke, was ich mag, was ich ablehne. Du bist der Schlüssel für die YJO, mich zu finden.«
»Ich habe gelernt zu schweigen.« Ihre zusammengesackte Haltung sprach mehr als ihre Worte.
»Die YJO werden dich gefangen nehmen und verhören, bis du nicht mehr weißt, was du schon gesagt hast und was nicht. Dann werden sie dir unterstellen, du hättest dieses und jenes gesagt, sie hätten Protokolle, auch andere Beweise, bis du verwirrt bist, nicht mehr weißt, was du sagen sollst. Dann werden sie behaupten, sie hätten deine Angehörigen verhaftet, andere Zeugen, die dir widersprechen. Sie werden dir dein Selbstvertrauen, deine Selbstachtung aus dem Bewusstsein löschen.«
»Dann kann ich immer noch sterben.« Ihre Stimme kam aus dem Jenseits der Verzweiflung.
»Nicht, wenn du in der Hand der YJO bist. Sie werden dich jede Minute bewachen. Du wirst niemals zu den Deinen zurückkehren können, nicht, solange mich die YJO finden wollen, solange es mich gibt.«

»Sag so etwas nicht, bitte, ich möchte nicht, dass dir etwas zustößt.« Ein gequälter Blick flatterte auf, fiel mutlos in den Schoß der Erde zurück.
YJOµ17*1 prüfte seufzend eine Idee auf seinen offenen Lippen. »Ja, das geht vielleicht. Hör zu, SY Jan Pa, wir müssen uns entzweien. Trennen, wie du gesagt hast. Du deutest mir an, was die SY mit mir vorhaben, ich lehne es ab, wir geraten in Streit und ich fliehe. Dann kannst du aussagen! Denn dann kannst du nicht wissen, wo ich bin, und die YJO müssen glauben, dass die SY ihren Plan mit mir aufgeben werden. Die YJO werden dann alleine versuchen, mich zu finden, um mich auszufragen, was die SY mit mir vorhatten.«
»Ich möchte mich nicht mit dir entzweien, AKY Tama!«, bat SY Jan Pa schwach.
»Natürlich, ich ja auch nicht, SY Jan Pa. Aber wir müssen das vorgeben, damit du frei wirst. Es macht doch keinen Sinn, dass du mich ein Leben lang beschützen sollst. Früher oder später müssen wir uns ohnehin trennen.« YJOµ17*1 suchte Unterstützung für seinen Plan. »Mutter, was meinst du?«
»Möchtest du frei sein, mein Sohn? Du bist jetzt in dem Alter, meine ich.«
YJOµ17*1 stutzte, diese Frage hatte er nicht erwartet. »Ich betrachte mich nicht als unfrei, Mutter. Wenn ich nicht das tue, was ich als notwendig erachte, dann vergeude ich mein Leben. Wenn ich aber das Notwendige tue, dann entfaltet sich mein Leben. Die Freiheit wohnt am Ende jenes Weges, der Notwendigkeit heißt.«
»Du bist unserer überdrüssig?« SY Jan Pa war wieder gekränkt.
»So soll es aussehen, SY Jan Pa, aber so soll es nicht sein und so ist es nicht. Ihr beide habt mir den Weg gewiesen und seid meine Gefährtinnen auf diesem Weg, den ich inzwischen selbst gehen will. Wenn es jedoch notwendig ist,

getrennte Wege zum selben Ziel einzuschlagen, ist nur zu erwägen, ob jeder die Kraft hat, alleine zu gehen. Am Ziel werden wir einander wieder treffen, aber frei, nicht mehr als Gefangene unseres Schicksals.«
»Es freut mich, das von dir zu hören, mein Sohn. Wie du sagtest, früher oder später werden wir uns trennen müssen und es ist besser, wenn wir darauf vorbereitet sind. Hör also, was ich erwogen wissen möchte. Wenn SY Jan Pa allein nach SY zurückkehrt, wird sie das Vertrauen der SY verlieren, da sie ihren Auftrag, dich deiner Bestimmung zuzuführen, nicht nachweislich erfüllt hat. Wenn ich bei dir bleibe, werde ich eines Tages erkennen müssen, dass ich dir auf deinem Weg nicht weiter werde folgen können, aber unterdessen meines eigenen Weges verlustig gegangen bin. Wenn ich mit SY Jan Pa zurückkehre, werde ich meine Aufgabe fortsetzen können, die Kooperation mit den YJO vorzubereiten. Ich hoffe, dass dich meine Gedanken nicht erschrecken. Kannst du mich verstehen?«
»Deine Worte sind richtig, Mutter. Wenn wir voneinander abhängig werden, dann werden wir alle drei scheitern und in Bitterkeit enden. Schon die Flucht hat uns aneinander gekettet und wir fühlen diese Ketten jetzt. Deshalb müssen wir klarkommen, was jedem von uns bevorsteht und welche Wege die richtigen sind. Wenn du mit SY Jan Pa zurückkehrst, wirst du die SY davon überzeugen können, dass es inzwischen mein Entschluss ist, meinen Weg allein zu gehen. Gleichzeitig wirst du den YJO glaubhaft machen können, dass du deinen Sohn verloren hast, dass die Entzweiung aus Eigensinn und Unreife stattgefunden hat, wie das SY Jan Pa wird geltend machen können.«
»Warum bist du so sicher, dass die YJO dies glauben werden, AKY Tama?«, schaltete sich SY Jan Pa ein, deren Urteilsvermögen sichtlich wieder erwachte, glaubte sie doch einige ihrer Zweifel wieder zu erkennen.
»Die YJO haben Angst vor meinem Genom und glauben, es

bestimme den Charakter. Also werden sie geneigt sein, mich als gefährlich, als unberechenbar anzusehen. Zugleich entspricht das Geschehen völlig ihren Interessen. Wenn ich den SY den Rücken kehre, bin ich für die YJO nicht mehr von Belang.«
»Willst du denn den SY den Rücken kehren, AKY Tama?«
SY Jan Pa wurde wieder von Trauer ins Wanken gebracht.
»SY Jan Pa, du kennst meinen Weg, vergiss nicht, dass ich ihn gehe. Dass ich ihn gehe, bedeutet aber auch, dass ich ihn allein gehe. Verstehst du, dass du deine Aufgabe bereits erfüllt hast?«
Ein Seitenblick auf seine nachdenkliche Mutter sagte ihm, dass er nicht so fest war, wie er vorgab. Aber was konnte er tun, um SY Jan Pa zu retten, um seine Mutter nicht auch im Kloster einzusperren? Musste er nicht selbst, nicht auch allein jenen Entschluss fassen, wenn dieser Entschluss jemals gefasst werden sollte? Nein, auch seine Mutter konnte ihm darin nicht helfen. Je länger er versuchen würde, sie zu binden, umso früher würde er selbst straucheln. Er musste allein gehen! Warum sollte er sich dazu nicht auch zwingen?
SY Jan Pa war zu befangen, um den Konflikt zu erkennen. Sie nickte stumm, aber dankbar. Dann fiel ihr ein, »das Chronometer! Du wirst es brauchen! Wie wirst du es erhalten?«
»Ich werde zu gegebener Zeit meine Mutter als der reuige Sohn besuchen, der in der Ferne gescheitert ist. Aber das muss ja vorher niemand wissen, oder?«
SY Jan Pa lächelte schwach. »Ist das also die Entzweiung?«
YJOµ17*1 schüttelte den Kopf. »Das wird nicht reichen, um glaubhaft zu sein. Wir müssen uns etwas einfallen lassen.«
YJOµ17 wandte sich, eine Idee suchend, an SY Jan Pa. »Was gibt es außer dem Kloster noch auf dem Berg?«
Lange hatte sie schon darüber nachgedacht, dass es kei-

nen Sinn machte, weiter gemeinsam zu fliehen. Die Zeit war gekommen, ihren bald herangewachsenen Sohn aus jener Obhut zu entlassen, die seinen Willen fast erstickte, die SY Jan Pa im Herzen und Denken lähmte und ihr selbst jeden Lebensraum abschnürte. War es zudem nicht gerade jetzt unverantwortbar, nur eine Spur zu hinterlassen? Musste es nicht besonders auffällig sein, gemeinsam Zuflucht in einem Kloster zu suchen? Deutete das nicht notwendig auf eine weiter bestehende, weil zu verbergende Absicht hin? Mussten andererseits die YJO nicht gerade dann von ihrer Verfolgung ablassen, wenn sie das sich wieder auffaltende Leben nicht mehr überblickten? Sollte sie nicht besser vortäuschen, ihren Mann vergessen zu wollen, viele Nachkommen haben zu wollen, vorgeben, dass Chromosom 17 sich entfalten würde? Konnte sie nicht gerade damit den besten Schutzwall um ihren Sohn errichten? War es also unklug, SY Jan Pa zu retten, mit ihr zurückzukehren, ein neues Leben zu beginnen? Würde sie dann nicht frei werden, ihren Sohn zu besuchen, sobald sie nur mehr wissen würde als die Verfolger? Ließen sich die Spuren nicht umso besser verwischen, je komplizierter sie gestaltet wurden?

»Auf dem Berg?«, meldete sich SY Jan Pa, mühsam in ihrem Gedächtnis grabend, »du meinst, Möglichkeiten zu überleben? ... nein, ich fürchte, ... sind mir keine bekannt.«

»Ich könnte bei den RUQ bleiben, während ihr eine Weile im Kloster bleibt, um auf mich zu warten. Ich aber schicke Nachricht, dass ich nicht zu kommen gedenke, dass mir das Leben mit den RUQ gefalle, dass ich eine Frau gefunden habe, oder so eine Geschichte, ihr werdet des Klosters überdrüssig und reist ab.«

»Wir haben keine Verbindung zu den RUQ, AKY Tama«, mahnte SY Jan Pa jetzt kräftiger, von ihren verinnerlichten Pflichten neu gefordert, als wäre das Gewissen ein regulierendes Hormon. »Die RUQ verbergen sich vor uns und wir wissen nicht, wie lange du hier überleben könntest. Vielleicht nehmen sie dich nicht auf, vielleicht töten sie dich, vielleicht kannst du ihre Nahrung nicht essen, vielleicht sind sie selbst sehr krank und sterben immer wieder in großer Zahl.«

»Ist es nicht denkbar, dass ich alleine durchkomme?«

»Mut ist hier dasselbe wie Abenteurertum, AKY Tama. Schon das Wasser wirst du nicht trinken können. Wir wissen nicht, welche Bakterien sich hier ausgebreitet haben, welche Früchte oder Wurzeln genießbar, welche giftig sind, welche Insekten hier welche Parasiten übertragen, welche Tiere Menschen angreifen. Nicht einmal die Fische hier sind erforschbar, weil sich die Genstruktur laufend ändert. Binnen weniger Jahre ändern sich die Arten so sehr, dass sie kaum wiedererkannt werden. Unser Wissen ist nicht ausreichend. Deshalb ist dein Vorschlag nicht ausführbar.«

»AKY Tama könnte für immer im Kloster bleiben wollen, sodass wir enttäuscht abreisen«, schlug YJOµ17 vor, »wäre das nicht ein glaubhafter Vorwand der Entzweiung?«

»Dann gefährden wir das Kloster«, warf YJOµ17*1 ein.

»Nicht, solange du dich überzeugend genug als Mönch ausgibst, mein Sohn. Die YJO werden denken, du bist gut aufgehoben, und werden das Kloster unbehelligt lassen.«

»Die YJO werden das Kloster beobachten lassen, um sicherzugehen. Dann bin ich ein Gefangener des Klosters. Nein, die YJO werden mich töten, sie scheuen den Aufwand der Bewachung.«

»Haben die YJO bisher einen Beweis von deiner Existenz?« YJOµ17 richtete sich kritisch auf. »Wir gehen immer davon aus, dass du als Person verfolgt wirst. Aber wer sagt, dass die YJO nicht bloß suchen, was sie fürchten?«

»Richtig! Wir befreien die YJO von ihrer Angst, damit befreie ich mich von den YJO!«

»Wie willst du den YJO die Angst nehmen?«, suchte SY Jan Pa.

»Ich werde ihnen als geisteskrank vorgestellt. Ich bin in das

Kloster gebracht worden, weil ich als unheilbar in Pflege gegeben werden sollte. Pflegt das Kloster solche Menschen?«

»Es gibt hier einen Virus, der die Gehirnhaut zerstört!«, fiel SY Jan Pa ein.

»Das geht nicht, die YJO werden das Genom überprüfen«, wusste YJOµ17*1.

YJOµ17 fühlte sich unangenehm erinnert. »Können die YJO denn das?«

»Prüfen schon«, beharrte SY Jan Pa, »aber das Erscheinungsbild der Krankheit kann mit einiger Übung vorgetäuscht werden.«

»Traust du dir das zu, mein Sohn?«

Er nickte nachdenklich. »Kann das Genlabor das Fehlen des Virus nicht feststellen?«

»Die YJO führen Computer mit, die das Genom vor Ort analysieren, aber sie wagen nicht, Gewebeproben selbst zu entnehmen. Wir könnten eine Probe mit dem Virus vorbereiten.«

»Werden die YJO nicht zusehen wollen, wie die Probe entnommen wird?«, warf YJOµ17 ein.

»Das ist dann nicht zu befürchten, wenn es keine Schutzanzüge oder luftdichte Sichtfenster gibt. Dann bleiben die Fahnder lieber in sicherer Entfernung.«

»Dann brauche ich doch gar nicht vorgeführt zu werden? Die YJO wissen doch bisher nicht, wie ich aussehe.«

»Richtig! Es wird ein Patient deines Alters vorgestellt, aber eine infizierte Probe von dir ausgehändigt«, freute sich SY Jan Pa über ihre Krankenhauserfahrung. »Dann stimmen Genom und Virus und die Fahnder werden ihre Feigheit zu leugnen wissen!«

»Wir reisen also ab«, fasste YJOµ17 erleichtert das Vorhaben zusammen, »nachdem du erkrankt bist und wir dich in Pflege hinterlassen haben. Zu Hause sagen wir aus, welches unerwartete Unheil über uns gekommen ist, dass du nämlich aus noch unbekannten Gründen den Verstand eingebüßt habest. Dann kann ich dich auch jederzeit besuchen, ohne Verdacht zu erregen.«

»Wie aber finde ich euch, wenn ich das Kloster verlasse?«, sorgte sich YJOµ17*1.

»SY Rem wird Bescheid wissen, sie kannst du immer finden«, beruhigte ihn YJOµ17.

»Sie wird im Spital eine Nachricht für dich hinterlassen.«

Ein inneres Licht begann in SY Jan Pa zu leuchten. Drei gefangene Seelen atmeten auf, dieser Plan könnte gelingen.

Takt <°25°>

»Warum fragst du nach der Gesellschaft der YJO, AKY Tama Koko?«, begrüßte ihn die Äbtin schon beim Eintreten, deren unberührbare Hand ihm mit leichtem Wink einen Platz zuwies, während ihr Blick ohne Forderung oder Angst, aber mit höchster Konzentration in seinen Augen ruhte.
Ohne Verneigung, um dem greisen Blick nicht unhöflich oder feige auszuweichen, setzte sich YJOμ17*1 auf den ihm zugewiesenen Stuhl, der leise hinter ihm zurechtgeschoben wurde, zum Zeichen, dass er für längere Zeit willkommen sein sollte.
»Es gibt eine Geschichte, dass ich von dort stammen könnte«, antwortete er ruhig, »und eines Tages zurückkehren soll.«
Die Äbtin nickte, ohne ein besorgtes Lächeln zu verbergen, um, wie er dachte, ihr Einverständnis mit seiner Offenheit anzudeuten. Dann begann sie sofort mit der erbetenen Unterweisung, auf die sie zwei Jahre hatte warten müssen, denn so lange war YJOμ17*1 schon hier, in ihrer Obhut, erzogen und ausgebildet worden, ohne jemals dem Zweifel Platz eingeräumt zu haben. »Die Gesellschaft der YJO ist in jener Zeit entstanden, als sich die Geldwirtschaft auflöste.«
Sie blickte wieder in sein Gesicht, ob eine Frage aufkommen wollte. »Zögere nicht zu fragen, AKY Tama«, forderte sie ihn auf, »zögere auch nicht zu widersprechen, ich möchte, dass du jedes Wort verstehst.«
Jetzt endlich konnte sich YJOμ17*1 ehrerbietig und dankbar verneigen, aber sie gebot ihm Einhalt. »Unterlass den

Unfug, sammle deinen Geist.« Sie wartete geduldig, bis seine Scham verklungen war, sein unsteter Blick wieder aufmerksam auf ihrem Ehrfurcht gebietenden Antlitz weilte, dessen Lippen sich nur teilten, wenn es notwendig war.
»Die Geldwirtschaft beruhte auf dem Geld als Tauschmittel. Jeder Tausch bedurfte des Geldes als Gegenwert und Vermittler, so wurde alles käuflich. Auch die Menschen und ihre Seelen wurden Diener des Geldes, während das Geld alles Leben und alles Lebendige regierte, das sich dem Menschen nicht widersetzen konnte.« Sie hielt inne, seiner suchenden Augen gewahr.

»Wie ...?« Er blickte sie hilflos an.

»Unterlass jede Anrede, widme dich der Sache.«

»Wie konnte das Geld regieren?«

»Es bediente sich der Menschen, die es besitzen wollten. Um ihr Geldvermögen zu verwalten und zu vermehren, gründeten die Menschen gesellschaftliche Organe, die den Austausch des Geldes, das Finanzwesen, kontrollierten.«

»Wie konnte das Geld vermehrt werden?«

»Bei jedem Akt des Tausches, bei dem auch Geld ausgetauscht werden musste, blieb ein kleiner Anteil bei den Verwaltern und Verleihern von Geld, als Entschädigung für ihre Dienste. Indem die Anzahl der Tauschakte zunahm, vermehrte sich auch das Geld.«

»Wenn das Geld immer mehr wurde, warum gibt es dann heute keines mehr?«

»Die früheren Finanzgesellschaften vereinigten sich weltweit und ersetzten ihren Zahlungsverkehr durch Gegengeschäfte, durch Tausch mit bloß notiertem Geldwert, aber ohne tatsächlichen Austausch von Geld. Dadurch gingen die verschiedenen Formen des Geldes, die Währungen, in einer gemeinsamen Form des Zahlungsmittels auf, sie wurden virtuelles Geld.«

»Was ist das, virtuelles Geld?«

»Das virtuelle Geld existierte nur rechnerisch, nur als

Vergleichs- oder Tauschmittel, nicht aber in wirklichen Geldstücken, nicht in jenen Münzen oder Banknoten, auf denen der Wert geschrieben stand und die du aus dem Museum kennst.«

»Warum hatte das Geld selbst Wert?«

»Die Münzen waren wertvoll, weil sie aus seltenen Metallen hergestellt waren. Die Banknoten waren wertvoll, weil ihre Gültigkeit im Tausch gesetzlich garantiert worden war. Daneben gab es noch andere Papierformen von Geld, die alle so lange funktionierten, als sie als Tauschmittel Anerkennung fanden.«

»Wann findet ein Tauschmittel Anerkennung?«

»Wenn es sehr verbreitet ist, wenn viele Menschen es verwenden. Indem fast alle, die ein solches Tauschmittel geben und nehmen, seine Gültigkeit voraussetzen, funktioniert das Papiergeld als Gegenwert im Tausch. Allerdings durfte nie zu viel Geld im Umlauf sein, damit dem Anspruch auf Tausch, den es repräsentierte, auch genug Güter gegenüberstanden.«

»Was wäre geschehen, wenn zu wenig Güter vorhanden gewesen wären?«

»Dann hätten nicht so viele Tauschakte stattfinden können, als mittels des Geldes vorbereitet waren. Das Geld hätte insgesamt weniger Tauschakte ermöglicht, als sein Wert versprach. So wäre umgekehrt das Geld selbst im Wert gesunken. Das ist tatsächlich immer wieder eingetreten und auch das war ein Grund, das reale Geld durch das virtuelle Geld zu ersetzen.«

»Das virtuelle Geld versprach keine Tauschakte?«

»Das virtuelle Geld war nur Rechengeld, es tauchte nur in jenen Tauschakten auf, die bereits abgeschlossen oder bereits im Gange waren. So versprach es keinen Tausch, sondern vermittelte ihn nur.«

»Hatte dieses Rechengeld dann überhaupt einen Wert?«

»Das virtuelle Geld bestand einfach als die in allen Finanzgesellschaften übliche Form der Abrechnung. Es existierte selbst nur als abstrakter Buchwert, es verkörperte allen Gehalt an Wert, der den Handelsgütern und Dienstleistungen innewohnte.«

»Das verstehe ich nicht.«

»So wie alle irdischen Körper eine Temperatur haben, am Lichthaushalt des Sonnensystems teilnehmen, einen Gehalt an molekularer Bewegung aufweisen, so haben alle Dinge und Dienste im Tausch oder Handel einen Wert. Er besagt, in welchen Verhältnissen getauscht oder gehandelt werden kann. Auch du hast ein Gefühl dafür, wie viel Konsum dir für deine Arbeit zukommt, oder umgekehrt, wie viele Dienste du leisten musst, damit dir dieses oder jenes zusteht.«

»Aber der Wert kann doch nicht nur ein Gefühl sein, muss er nicht auch selbst etwas wert sein?«

»Am Anfang war der Wert das Maß der menschlichen Arbeit, die in einem Produkt steckte, aber dieses Maß trat immer mehr zurück gegenüber dem Gehalt an jenem Wissen, welches das Produkt hervorgebracht hat. Zwar muss auch Wissen erarbeitet werden, aber es verbreitete sich früher ohne Entgelt, es wuchs sogar durch seinen Austausch.«

»Wenn der Wert das Wissen ist, das in einem Produkt steckt, das Wissen aber ohne Ersatz ausgetauscht wird, muss dann der Wert nicht allmählich verschwinden?«

»Ganz richtig. Als jedoch das Wissen in Computern gespeichert und bearbeitet wurde, änderte sich die Lage. Zuerst wuchs das Wissen rasch an, weil es allgemein kursierte. Dann aber erwiesen sich die Datennetze als Instrument, den Austausch von Wissen zu messen. Rechnerzeit und Netzzeit wurden das Maß des Wissensaustausches. Damit konnte dieses neue Maß zum neuen Wert aufsteigen und das virtuelle Geld verdrängen. Seither sind Netzzeit, Wert und Wissen identisch, denn die Zeit, die ein Rechner am

Netz aktiv ist, entscheidet, wie viel Wissen er aufnimmt oder einspeist.«

»Es gibt aber doch große Unterschiede zwischen den Rechnern?«

»Schon, aber die sind unerheblich, denn es kommt darauf an, dass alle Rechner dasselbe Wissen in derselben Geschwindigkeit verarbeiten können. So wird die Dauer entscheidend für die Menge an Wissen, die gehandelt werden kann. Also ist die Verweildauer im Netz mathematisch dasselbe wie die Wissensmenge, die verkauft oder erworben wurde.«

»Warum war das für die YJO entscheidend?«

»Als sich weltweit die Finanzgesellschaften vereinten, beherrschten die YJO die damaligen Computernetze und damit das Wissen in allen Gesellschaften. Da auch Wissenschaft und Technologie, sogar alle Verwaltungen über die Netze erbracht und gehandelt wurden, übernahmen die YJO die Lenkung über die weltweite Wirtschaft. Sie kontrollierten den Welthandel, das Informations- und Verkehrswesen und damit auch die Industrie und die Landwirtschaft, soweit dort das Wissen Einzug hielt.«

»Musste das Wissen nicht vorher da sein, bevor Industrie und Landwirtschaft funktionieren konnten?«

»Das schon, aber das alte Wissen wurde vom neuen Wissen verdrängt. Je mehr Roboter gebaut wurden, um den Menschen aus der Produktion herauszuführen und in die Gewinnung von Wissen einzugliedern, desto mehr Wissen wurde notwendig. Als dann Roboter begannen, Roboter zu bauen, war die Industrie fest in der Hand der YJO, denn sie kontrollierten den Austausch von Wissen.«

»Und die Gesellschaft der SY?«

»Die Gesellschaft der SY wurde aus jenen Konzernen fusioniert, die die frühere Landwirtschaft umgewälzt haben.«

»Worin bestand die frühere Landwirtschaft?«

»Die ersten Menschen waren Jäger, sie lebten in Wäldern,

erlegten Tiere und sammelten Früchte. Diese erste Wirtschaftsweise wurde abgelöst von den landwirtschaftlichen Kulturen, die Tiere und Pflanzen züchteten. Die nächste Stufe der Wirtschaftsentwicklung war die der Industrie, die mit mechanischen und chemischen Mitteln auch die Minerale in den Stoffwechsel des Menschen einbezog.«

»Wie war das möglich ohne Roboter?«

»Die Menschen arbeiteten früher selbst so, wie die Roboter heute arbeiten, nur im kleinen Maßstab. Sie gruben die Erde auf, kochten Erze und schmiedeten Maschinen, die ihre Werkzeuge und schaffenden Hände nach und nach ersetzten. Für die industrielle Wirtschaftsweise waren eingangs Verbrennungsmotoren kennzeichnend, die unsere fossilen Quellen fast erschöpft haben, nach dem Edikt gegen die Verbrennung waren es die Wasserkraftwerke.«

»Das Wasser hatte Kraft?«

»Nein, das war nur damals so die Redeweise. Das Wasser bewegte Schaufelräder, die Magnetspulen drehten. Mittels der Bewegung des Wassers wurde die Bewegungsweise der Elektronen verändert, so wurde Strom erzeugt. Heute gibt es solche Generatoren noch in den Windrädern.«

»Warum gibt es keine Wasserkraftwerke mehr?«

»Das Wasser der Flüsse wurde hinter großen Mauern gesammelt. Diese so genannten Stauseen füllten sich aber nach und nach mit Schlamm, wurden schließlich unbrauchbar und in der Folge verlassen. In den Tälern gruben sich die Flüsse seitlich neue Läufe, in den Gebirgen floss das Wasser über den gestauten Schlamm, kerbte die Mauern von oben wie den Fels in einem Wasserfall. Schließlich brachen die Dämme und der Schlamm überflutete die Täler. Noch heute graben die Roboter der Archäologen nach jenen Siedlungen der Industriegesellschaft.«

»Warum wurde der Schlamm nicht ausgebaggert?«

»Das wurde versucht, der Schlamm wurde auch periodisch

ausgespült, aber die Mengen waren zu groß. Jedes Jahr verlor das Wasser etwa ein halbes Prozent seines Raumes, so war es in zweihundert Jahren zur Gänze gegen Schlamm ausgetauscht worden.«
»Was geschah dann?«
»Die letzte Etappe der industriellen Wirtschaftsweise war von den Reaktoren gekennzeichnet, deren Relikte und Fundstätten wir noch heute aufgrund der radioaktiven Strahlung weiträumig meiden.«
»Warum kam es zur Verseuchung so großer Teile des Festlandes?«
»Die Menschen suchten den Ursprung der Bewegung nicht im Austausch des Lichtes, sondern im Atomkern. Sie glaubten, die Bewegung entspringe einer Kraft wie jener vermeintlichen Kraft des Wassers. Aber die Bewegungsweise der Atomteile ist nicht verschieden von der Daseinsweise der Atomteile als Körper.«
»Gibt es keinen Unterschied zwischen den Atomteilen und dem Atom als Ganzes?«
»Alle Teile bewegen sich wie das Ganze, denn alle Teile bringen das Ganze erst hervor und das Ganze kann nicht anders bestehen als durch seine Teile. Deshalb bewegt sich auch das Ganze so, wie seine Teile sich bewegen.«
»Besteht aber nicht ein Unterschied zwischen Körper und Bewegung?«
»Die Einheit der Natur lässt sich nicht künstlich aufspalten, denn diese Einheit beruht auf dem Austausch des Lichtes, das sich überall wieder vereint, wo es getrennt wurde. Der Mangel an Licht ruft den Körper ins Leben, der Überschuss an Licht erzeugt die Bewegung.«
»Wie wird der Körper ins Leben gerufen?«
»Der Mangel an Licht bewirkt die Vereinigung einiger erkalteter Teile des Ganzen durch Rotation. Einander umkreisende Teile erscheinen als ein Körper, als ein jeweiliges oder relatives Ganzes, das sich zwischen den anderen

Körpern behauptet, durch den Austausch von Licht bewegt und am Leben erhält.«
»Welche Rolle spielt die Gravitation bei der Bildung der Körper?«
»Die alte Wissenschaft nannte die Vereinigung der Teile Gravitation oder auch Schwerkraft, weil sie das Maß der Vereinigung mit der Vereinigung selbst verwechselte. Aber die alten Kulturen verstanden nicht, dass die Kälte, der Lichtmangel entscheidend für die Vereinigung zum Körper ist. Sie suchten deshalb die Ursache in der Geometrie und mussten in der Folge untergehen.«
»In der Folge?«
»Die alten Kulturen teilten auf ihrer Suche nach der Kraft Atome und Atomkerne immer feiner, bis sich die Fusion, die neuerliche Vereinigung der Atomkerne, der menschlichen Kontrolle entzog und selbständig vollzog.«
»Das war insgesamt also eine sehr rückständige Gesellschaft?«
»Jede Epoche in einer Entwicklung ist notwendig, AKY Tama Koko. Es geht darum, möglichst viele Fehler zu vermeiden. Wer aber auf die Geschichte verächtlich zurückblickt, wird viele Fehler machen.« Sie wartete, bis sein gesenktes Antlitz wieder auftauchte. »Der damalige Fortschritt ging auf Kosten der Lebensbedingungen. Die Atmosphäre, die Gewässer und die Böden wurden allmählich, aber immer weitreichender vergiftet, sodass immer mehr Pflanzen und Tiere ausstarben. Die Menschen erkannten die Gefahr, aber ihre Kulturen waren zu schwerfällig, um sich rechtzeitig verändern zu können.«
»Wie lange hatten die Menschen Zeit gehabt?«
»Binnen einer Generation war die erste Hälfte des Waldes bereits verloren gegangen, bevor die Menschheit alarmiert aufwachte. Sie erkannte den Verlust erst anhand der Satellitenbilder, die damals aufgekommen waren. Ein großes Ringen der Völker begann, blieb aber fruchtlos. Binnen drei-

er Generationen starben so viele Arten, dass sie nicht mehr gezählt werden konnten. Bevor die Menschen ihre lebendige Umwelt brauchbar erkannt hatten, als Ganzes, als ökologisches System oder Netzwerk, wie sie sagten, abzubilden begannen, hatten sie ihre vom Kosmos bereitgestellte Lebensnische bereits zerstört.«

»Wie äußerte sich die Zerstörung dieses Netzwerkes?«

»Durch den Tod. Die höheren Arten waren rasch letal betroffen. Die niederen Arten mutierten heftig, viele konnten sich inzwischen leidlich an die neuen Formen des Stoffwechsels anpassen, aber alle damaligen Arten sind verschwunden.«

»Musste deshalb die Landwirtschaft umgewälzt werden?«

»Ja. Je mehr Wälder starben, desto ärmer an Sauerstoff wurde die Atmosphäre, desto mehr neuartige Mikroben entstanden durch missglückte genetische Rettungsversuche. Desto giftiger, desto schädlicher wurde die Landarbeit. Schließlich wurde der bloße Aufenthalt unter freiem Himmel gefährlich. So musste die Landwirtschaft Zug um Zug eingehaust und den Robotern übergeben werden oder aber in die Labors und Schwimmtröge der Stadtinseln verlagert werden. Diese Aufgabe wurde die ökonomische Grundlage der SY.«

»Wurden die SY damit nicht benachteiligt?«

»Allerdings. Aber sie hatten keine Wahl.«

»Warum nicht?«

»Sie hatten keine Mittel, sich zu wehren. Da die YJO das Wissen kontrollierten, herrschten sie auch über die Roboter.«

»Und jetzt tun sie das nicht mehr?«

»Je mehr Roboter eingesetzt wurden und je mehr Gentechnik in die Landwirtschaft einging, desto mehr Wissen verkörperte die Proteinzucht und Nahrungsproduktion, sodass die SY gegenüber den YJO allmählich aufrückten.«

»Warum leben die SY und die YJO überhaupt getrennt?«

»Das hat historische Gründe. Die SY wurden aus der informationstechnischen Hochzivilisation ausgegliedert, um das nicht verwüstete Festland, die noch nutzbaren Böden der Kontinente zu rekultivieren, während die YJO sich die Aufgabe stellten, die noch unverbrauchten Meere zu besiedeln und direkt auszubeuten. Die SY erhielten als Ausgangsbasis weltweit die Inseln und die Küstenzonen zugewiesen, wirken also als Bindeglied zwischen uns, den AKY, den Höhlenmenschen, die wir tatsächlich noch auf dem Festland wohnen, und den YJO, die den früheren Meeresstraßen folgen und die offene See erobern wollen.«

»Wie waren die Gesellschaften organisiert, bevor diese Aufteilung der Menschheit erfolgte?«

»Vorher gab es sogenannte Nationen. Das waren geografisch strukturierte Verbände, die sich nach Kultur, Verwaltung, Sprache und biologischer Herkunft der Menschen unterschieden.«

»Waren diese Unterschiede nicht hinderlich? Warum wurden sie nicht aufgehoben?«

»Diese Unterschiede spiegelten verschiedene Stufen in der vorangegangenen Entwicklung wider, so auch Vor- und Nachteile im Wirtschaftsleben, die anfangs fruchtbar gewesen sein mochten, indem sie den Austausch hervorbrachten. Weil die Unterschiede aber schließlich militärisch verteidigt wurden, haben sich die Nationen zuletzt als Hemmnis der Entwicklung erwiesen.«

»Was heißt militärisch?«

»Die Nationen unterhielten Organe der Verwaltung, Rechtsprechung und Vollstreckung, die zusammen Staat hießen. Die Vollstreckung des staatlichen Willens erfolgte in letzter Konsequenz gewaltsam und das Militär war eine für diese Zwecke bewaffnete und ausgebildete Vereinigung, es übte kriegerische Gewalt aus.«

»Warum war Gewalt notwendig?«

»Es fehlte den Menschen einerseits an Mitteln der Überzeugung, andererseits an Mitteln der Täuschung und des

Zwanges. Erst als die Medien aufkamen, ersetzten diese nach und nach die offene Gewalt.«
»Was ist Zwang?«
»Das Gegenteil der Freiheit. Der Zwang veranlasst die Menschen, ihren Willen aufzugeben, sich zu beugen.«
»Niemand darf das tun!«
»Was genau darf niemand tun, AKY Tama Koko?«
»Seinen Willen aufgeben.«
»Warum nicht, AKY Tama Koko?
»Weil ein solcher Mensch, der seinen Willen aufgibt, sein Gesicht verliert. Er hört auf, ganz Mensch zu sein. Der Wille ist es, der den Menschen hervorgebracht hat, denn der Wille ist das Ergebnis des Denkens.«
»Gibt es nicht Dinge, die stärker sind als die Wahlfähigkeit des Denkens? Wenn du etwa dürstend des Wassers ermangelst, besteht dann nicht der Zwang zurückzugehen, um Wasser zu suchen?«
»Schon, aber dann will ich ja Wasser suchen!«
»Hebt also die Einsicht den Zwang auf, indem sie den Willen gebiert?«
»Ja, und die Einsicht ist das Ergebnis des Denkens, wie ich sagte. Unsere Auffassungen unterscheiden sich nicht.«
»Gibt es denn keine falschen Ergebnisse des Denkens? Wenn der Wille einem Irrtum folgt, muss er dann nicht nachgeben können, um am Leben zu bleiben?«
»Nicht das habe ich gemeint. Einen irrtümlichen Willen aufzugeben, das ist richtig, das tut auch nicht weh. Was ich meinte, war, dass niemand seinen Willen aufgeben darf, nur weil es verlangt wird.«
»Da hast du Recht, AKY Tama Koko. Aber wovon du sprichst, das ist nicht der Zwang, sondern die Macht.«
»Wie unterscheiden sich Macht und Zwang?«
»Die Macht duldet den Willen, verhindert aber seine Ausübung. Der Zwang unterbindet den Willen in seinem Keim, indem er das Denken erstickt.«

»Muss der Mensch den Zwang nicht besiegen?«
»Du irrst nicht darin, dass der Wille den Menschen ausmacht...«
»Ausmacht?«
»Immer neu hervorbringt, wie du richtig sagtest. Das Denken führt zur Einsicht, welcher Schritt der richtige ist. Das Ergebnis ist ein Zweifaches, sowohl das Denken setzt sich fort als auch der Mensch. So ist der Wille das Mittel, den Zwang Schritt für Schritt aufzuheben. Der Wille ist der Weg, die Methode, die Art und Weise des Menschen, Freiheit zu erlangen. Und solange der Wille des Menschen, diesen Weg zu gehen, der menschliche Wille zur Freiheit, das Leben des Menschen faktisch fortsetzt, so lange bildet dieser Wille tatsächlich jeden einzelnen Menschen, Zelle für Zelle, Atemzug für Atemzug.«
»Will und muss die Freiheit den Zwang nicht zu Recht besiegen?«
»Es ist kein Sieg des Menschen über den Zwang, den der Wille hervorbringt. Die Einsicht bekämpft die Stufe nicht, auf die der Schritt zu setzen ist, sondern sie bedient sich ihrer als Geschenk. Verstehst du den Unterschied?«
Wieder galt es, auf ein Gesicht zu warten, das von der Einsicht gesenkt worden war. Bald würden seine Augen hell den Willen verkünden, weiterzudenken, die nächste Stufe ermessen zu wollen. Noch brauchte sein Wille Zeit, sich fortzusetzen, sich durch seine Niederkunft selbst zu gebären wie das ewige Leben. Noch beugte das Denken seine Stirn, erneuerte seine geistige Bewegung eine Unzahl seiner Neuronen, verknüpfte sie neu, bildete neue Proteine, formte alte um. Die Äbtin sah vor ihren Augen, was sie so oft schon meditierend fast zu fühlen vermeint hatte. Ja, AKY Tama Komo war einer, der zu Ende denkt, weil er den Anfang des Neuen darin wusste. Eine tiefe Hoffnung und Zuversicht stieg wohlig in ihr auf. Das Leben hatte ihn zu ihr geführt, um sie zu trösten, ihr den Glauben an das Leben

zurückzubringen. Sie winkte ihre Medikamente herbei, ohne dass der Versunkene dessen gewahr wurde.

Takt <°26°>

Sein Geist war sichtlich zum Abschluss gekommen, hatte die Stufe gefunden und genommen, sich neu verknüpft, lief in neuen Bahnen, hielt seine neue Bewegungsweise mit Erfolg aufrecht. Seine Neuronen verlangten auf ihrem Weg zur Freiheit nach neuer Erwägung, nach neuer Nahrung und Bewegung, nach neuem Licht der Einsicht. Sein Gehör richtete sein Haupt auf, das Licht des Lebens sollte von den Molekülen der Luft überbracht werden. »Was geschah mit den Nationen?«, erinnerte er sich, im Inneren auf die frühere Stufe zurückblickend, aber hell die so aufmerksamen Augen der Äbtin suchend.
»Die Nationen sind in dem Maße hinfällig geworden, als die damaligen Wirtschaftseinheiten, die transnationalen Konzerne, ihre Konkurrenz durch Koordination ersetzt haben. Alle kleineren Wirtschaftskörper und Gesellschaftsformationen wurden in der Folge einverleibt.«
»Und was geschah mit dem Militär?«
»Es gab viele Militärs, jede Nation unterhielt ein eigenes Militär. Aber die gesamte Kriegsmaschinerie ging mit den Verbrennungsmotoren und –antrieben unter, als die Brennstoffe und der Sauerstoff knapp wurden.«
»Die Militärs haben sich einfach verbieten lassen?«
»Die Auflösung der Staatsgebilde war von Kriegen, Hungersnöten und Umweltkatastrophen begleitet, wie sie die Menschheit in ihrer Geschichte zuvor nicht erlebt und überlebt hatte. Trotzdem erwies sich jene Entwicklung als nicht umkehrbar, die zur Herausbildung unserer Gesellschaften geführt hat.«

»Warum war diese Entwicklung nicht umkehrbar?«
»Indem die alten Gesellschaften keine Alternative zu ihrem Wirtschaftssystem fanden oder verwirklichen konnten, das von Konkurrenz beherrscht war und blieb, musste das scheinbar Schwache dem scheinbar Starken unterliegen.«
»Unsere Gesellschaften sind stärker gewesen als die alten?«
»Die Kooperation erwies sich als erfolgreicher als die Konkurrenz. Aber auch heute noch herrscht Konkurrenz inmitten der Kooperation und viele Gefahren lauern in diesem Zwiespalt, manche brechen überraschend hervor. Noch ist die Fähigkeit der Menschheit nicht gegeben, ihre Entwicklung zu überschauen, geschweige denn zu planen und zu lenken.«
»Die YJO und die SY wetteifern um das Wissen?«
»Das allein wäre nicht falsch. Aber die Gesellschaften konkurrieren um den Austausch von Wissen, anstatt gemeinsam nach Antworten auf die Probleme zu suchen.«
»Sind die YJO im Wissen führend?«
»Die YJO streben die Vorherrschaft im Wissen an, um die anderen Gesellschaften abhängig zu machen. Sie verstehen Kooperation nur so, dass sie den Austausch von Wissen kontrollieren.«
»Was wollen die SY?«
»Die SY versuchen, ihre Abhängigkeit zu überwinden, indem sie mit den übrigen Gesellschaften zusammenarbeiten, einen eigenständigen Austausch von Wissen organisieren.«
»Warum ist diese Entwicklung gefährlich?«
»Noch immer verhält sich die Menschheit als Ganzes wie ein Halm, der auf die Unerschöpflichkeit der Sonne, der Luft, des Wassers und der Mikroben vertraut, sich darob nicht kümmern muss und so auch kein Gehirn entwickelt. Aber der Halm der Menschheit ist inzwischen zu einer Glyzinie geworden, die den Planeten mit widerstreitenden

Stämmen und Ästen in den Würgegriff genommen hat. Diese Glyzinie muss lernen, sich in einen Wald zu verwandeln, der seinen Boden und seine Luft selbst aufbereitet, sein Wasser sammelt, so wie das die früheren Regenwälder vermochten, bevor sie dem Menschen zum Opfer fielen. Die Menschheit muss ein Organ entwickeln, das für die Menschheit als Ganzes denken kann, erst dann wird die Kooperation ohne das schädliche Prinzip der Konkurrenz möglich sein.«

»Warum ist dieses Prinzip schädlich?«

»Weil die Menschheit als Ganzes noch kein Gehirn hat, das für den ganzen Körper denken kann, wird das Prinzip der Konkurrenz als regulierend verehrt. Wo sich ein Rivale durchsetzt, gilt er als erfolgreicher und klüger. So wird ihm auch zugesprochen, im Recht zu sein, Wahrheit und Macht auszuüben. Aber die Rivalen sind inzwischen die linke und die rechte Hand desselben Leibes, das linke und das rechte Auge in derselben Stirn. Wenn der linke und der rechte Fuß woanders hingehen, wird der ganze Mensch straucheln.«

»Ist es unabweisbar, dass die Menschheit scheitert?«

»Nein, aber immer noch stehen die Gesellschaften vor der Aufgabe, aus der Geschichte zu lernen, Weisheit dahin gehend zu erlangen, richtig urteilen zu können, und zwar nicht nur im Nachhinein, sondern auch im Voraus. Entscheidungen mit globalen Auswirkungen werden aber auch heute noch nicht richtig vorbereitet. Deshalb wächst die Gefahr noch immer, dass die Menschheit untergeht.«

»Wie werden die Entscheidungen vorbereitet?«

»Die widerstreitenden Gesellschaften haben ihre Interessen und Kriterien des Urteils in mathematische Modelle verpackt, die die Welt simulieren, brauchbar in Zahlen abbilden sollen. Diese Modelle werden in den Kampf geschickt, die modernen Kriege werden von Rechnern ausgetragen. Sie sind zwar weitgehend unblutig, aber deswegen nicht weni-

ger grausam, denn der Verlierer ist zum Vegetieren verurteilt, bis er ausgestorben ist.«
»Die Kriege werden von Computern geführt? Haben denn Computer Gewalt?«
»Nicht Gewalt, nicht Macht, AKY Tama Koko, aber Zwang, den können die Computer ausüben.«
»Wie funktioniert das?«
»Die Wahrheit wird als Information gehandelt. Sie hat den Stellenwert des früheren Geldes übernommen. Jener Rivale ist im Vorteil, besitzt mehr Zahlungsmittel, mehr Handelsvorteile und Produktionskapazitäten, der mehr Information besitzt. Deshalb ist jener Rivale im Vorteil, der mehr Rechnerzeit für sich reklamieren kann. Diese neue Wirtschaftsweise ist es, die als Ökonomie des Wissens bezeichnet wird.«
»Aber sind jene Rivalen nicht immer noch Menschen, jene, die sich der Computer bedienen?«
»Am Anfang ja. Wer sich den Zugriff auf die meisten Rechner für die meiste Zeit sichert, beherrscht den Austausch des Wissens und damit die gesamte Ökonomie, die sich auf Verwaltung, Kultur und Wissenschaft ausdehnt, sich alle Bereiche des Lebens unterwirft. Zuletzt wird aber jener Rechner zum Herrscher über alles Wissen, der die meisten Datennetze kontrolliert. Zuletzt finden sich alle Menschen ihrem selbst geschaffenen Rechnersystem unterworfen, auch wenn sie das nie gewollt oder angestrebt hatten.«
»Muss denn dieser Computer nicht selbst auch von Menschen kontrolliert werden?«
»Nur, während er gebaut und installiert wird. Sobald die Programme aber laufen, würde der willkürliche Eingriff von Menschen den Wissensaustausch und damit die Menschheit gefährden.«
»Warum ist das so?«
»Der zentrale Rechner muss die Netzzeiten lückenlos verwalten, damit er selbst nicht zerstört werden kann. Sollte eine Zeitlücke in einem seiner Netze auftreten, die er nicht

erkennt und nicht beherrscht, könnte während dieser Zeitlücke ein rivalisierendes Programm eingespielt werden, das die Kontrolle übernimmt oder einen Absturz hervorruft.«
»So viel verstehe ich, es darf keine Zeitlücke auftreten, aber warum dürfen Menschen nicht eingreifen?«
»Erstens machen Menschen Fehler und vergessen vieles, zweitens denken Menschen langsam, wenn sie gründlich denken, von Anfang bis Ende. Wenn sie in Schwierigkeiten geraten, merken sie zwar, dass Zeit vergeht, aber sie können nicht feststellen, wie viel Zeit; und sie können das nicht ändern, solange sie in Schwierigkeiten sind. Nachher aber ist es zu spät, denn die Zeit ist dann schon vergangen. Die Eingriffe von Menschen würden genau jene Zeitlücken hervorrufen, die den Rechner gefährden.«
»Aber auch so ein Rechner muss doch altern? Irgendwann muss er doch erneuert werden?«
»Das muss kontinuierlich geschehen. Die Programme müssen laufend über die Datennetze aktualisiert und eingespielt werden.«
»Aber der materielle Rechner, das Gerät selbst, auch das muss doch altern?«
»Ein solcher Rechner muss während seiner Lebenszeit dupliziert werden. Wenn der neue Rechner fertig ist, übernimmt er die Kontrolle.«
»Wie soll das möglich sein, ohne dass eine Zeitlücke entsteht?«
»Die Hoffnung der YJO geht dahin, dass die Zeitlücke des Umschaltens so klein ist, dass sie von keinem Rivalen entdeckt wird. Alle Gesellschaften bauen im Verborgenen neue Zentralrechner und bereiten stillschweigend die Übernahme der Kontrolle vor. Die Konkurrenz wird dahin gehend ausgetragen, den Ort des aktiven Rechners zu verbergen und den Zeitpunkt der Fertigstellung und Übernahme durch einen neuen Rechner zu verheimlichen.«
»Das ist doch verrückt! Je vollständiger die Netze werden,

desto vollständiger werden alle Orte und Zeiten auf der Erde erfasst werden. Wie können die YJO hoffen, ihren neuen Zentralrechner zu verbergen?«
»Da hast du Recht, aber es gibt vorerst keinen anderen Weg. Solange Konkurrenz besteht, hängt das Leben der Menschheit an jenen Fäden, die sie geknüpft hat, aber nicht mehr beherrscht.«
»Vorerst?«
»Die YJO versuchen, viele neue Zentralrechner einzurichten, die synchron arbeiten, ihre Aufgaben laufend aneinander abgeben. So sollen die Übergaben und Zeitlücken getarnt werden. Das ist der eine Weg, aber sein Erfolg ist fraglich, weil die erste Übergabe vermutlich noch bevorsteht und schon sie scheitern kann.«
»Warum ist anzunehmen, dass noch keine Übergabe stattgefunden hat?«
»Es sieht so aus, dass die YJO ihre Ersatzrechner noch nicht einzusetzen wagen, ansonsten hätten sie die Verhandlungen mit den SY nicht scheitern lassen.«
»Die YJO haben bereits Ersatzrechner gebaut, setzen sie aber nicht ein?«
»Es ist sehr wahrscheinlich, dass die YJO bereits in jeder geeigneten Inselstadt einen solchen Rechner gebaut haben. Aber die YJO haben erkannt, dass die SY seit geraumer Zeit in der Lage sind, sich womöglich während der ersten Übergabe einzuschalten. Deshalb versuchen die YJO zuerst, die Rechnersysteme der SY so weit unter Kontrolle zu bringen, dass dies nicht mehr geschehen kann. Dieser Streit wird nicht direkt ausgesprochen, währt aber schon sehr lange Zeit.«
»Dann ist der Zentralrechner der YJO schon sehr alt?«
»Wir vermuten, dass er schon drei oder vier Generationen alt ist.«
»90 bis 120 Jahre? Wie kann so ein altes Ding überhaupt noch funktionieren? Wie lange soll das gut gehen?«

»Wir können nicht in die Zukunft sehen, wir können nur vorausdenken.«
»Worin besteht der andere Weg?«
»Darin, dass die Konkurrenz durch Kooperation aufgehoben wird. Wenn alle Gesellschaften übereinkommen, die Datennetze gemeinsam zu verwalten, dann wird der zentrale Rechner nicht mehr gefährdet sein und auch umgekehrt niemanden mehr gefährden können, er wird gar nicht mehr notwendig sein. Das Wissen wird dann nicht mehr gehandelt werden, sondern ohne Verrechnung weitergegeben und dadurch fortgepflanzt werden. Es wird sich dann durch seine Teilung vermehren, so wie die Zellen das tun, wie alles Leben.«
»Welche Gefahr geht vom zentralen Rechner aus?«
»Wenn die zentrale Verwaltung der Netze zusammenbricht, dann brechen die Netze zusammen. Dann stehen alle Anlagen still, zum Beispiel jene, die den Sauerstoff in den Städten produzieren.«
»Können diese Anlagen nicht ohne Netz, autonom, mit eigenen Programmen weiterarbeiten?«
»Nicht, solange ihre Dienste gehandelt, ausgetauscht werden. Denn so lange laufen ihre Programmzeiten über das Netz.«
»Alle Programme laufen über den Zentralcomputer?«
»Nein, das nicht, aber alle Rechner erhalten ihre Netzzeiten vom Zentralrechner zugewiesen. Ohne eine solche Zuweisung arbeiten die Rechner nicht, weil sie dann umsonst, ohne Gegenleistung arbeiten würden.«
»Das verstehe ich noch nicht ganz.«
»Der Zentralrechner überwacht alle Rechenzeiten, seit diese das Geld ersetzen. Er schreibt auf, welcher Rechner wie lange Wissen bereitstellte und welcher Rechner wie lange Wissen aufnahm, denn diese Zeiten stellen auch die Menge an Wissen dar, die ausgetauscht wurde. Damit aber der Austausch gerecht ist, zu gleichen Mengen stattfindet,

müssen die Zeiten verglichen werden, so wie früher die Geld- und die Warenmenge miteinander verglichen werden mussten.«
»Der Zentralrechner zählt immer mit, wenn Güter und Dienste ausgetauscht werden?«
»Ja, er überwacht den gesamten Handel, indem er prüft, ob jeweils gleich viel Wissen erworben wie verkauft wird.«
»Ich verstehe jetzt, dass so ein Unterfangen rasch scheitern kann. Aber wie kann überwacht werden, dass keine Konkurrenz mehr stattfindet, dass alle kooperieren?«
»Gar nicht. Das Leben der Menschheit hängt daran, dass die Gesellschaften einander vertrauen und zusammenarbeiten.«

Takt <°27°>

YJOµ17*1 lauschte vielen seiner Herzschläge. »Darf ich Sie etwas Persönliches fragen?«, brachte er schließlich zustande. »Das musst du selbst beurteilen«, antwortete sie, ohne zu lächeln. Sein Urteil dauerte wieder viele Herzschläge, keine Geste, kein Sesselrücken, kein Räuspern im Hintergrund kam ihm zu Hilfe. »Ich würde gerne wissen, woher Sie das alles wissen«, bat er.
»Das ist es nicht, was du wissen willst«, korrigierte sie unverändert. Er schöpfte Hoffnung. »Ich habe gedacht, Religion beschäftigt sich mit etwas ganz anderem als ...«
»Als mit dem Schicksal der Menschheit?«, fiel sie ihm jetzt unvermittelt auflachend ins Wort. Ihre Stimme klang mit einem Mal erschöpft, aber sie winkte die Nonne beiseite, die ihren Puls fühlen wollte. »Du hast gedacht, wir sind weltfremd? Vielleicht ist es aber so, dass die Welt nur jenen Menschen fremd erscheint, die der Welt fremd sind?« Sie wurde wieder ernst. »Bist du zum Gelübde des Schweigens bereit?«
»Was ich hier gesehen und gehört habe, sehe und höre, wird nie über meine Lippen kommen, nie meinen Fingern entströmen, das gelobe ich.«
»Es sei denn ...«
»Mein Schweigen ist bedingungslos.«
»Unsinn! Es sei denn, das Kloster entbindet dich von deinem Schweigen. Alles Wissen ist nur wertvoll, wenn es rechtzeitig eingesetzt wird!« Sie winkte einem Mönch, der ihm ein Siegelbild in einem aufgeschlagenen Buch zeigte.

»Präg dir dieses Zeichen gut ein. Nur wenn du es wieder erkennst, ist die Nachricht echt. Wenn du das Zeichen vergisst oder nicht zweifelsfrei erkennst, darfst du der Nachricht nicht glauben und nicht Folge leisten.«
YJOµ17*1 erkannte einen rechten Fuß, dessen Zehen zu Flossen ausgewachsen waren, die fast zwei Mal so lang waren wie der Fuß selbst. Er zählte fünf Zehen, aber nur drei Schwimmhäute. Die freie Zehe konnte offenbar wie ein Daumen gegengreifen. Er nickte zum Zeichen, das Zeichen in seinem Gedächtnis vergegenwärtigen zu können.
»Das Kloster hat beschlossen, dich ins Vertrauen zu ziehen.« Sie richtete sich auf, zwei Nonnen traten hinzu, ihr zu helfen. »Komm mit!«
Nach Gängen, gewendelten Stiegen, Türen, neuen Gängen, wieder Türen, wieder gewendelten Stiegen hatte er die Orientierung vollständig verloren, schwieg aber und folgte der kleinen Gruppe, bis der Tragsessel behutsam abgestellt wurde. Die Äbtin wirkte unendlich gebrechlich, aber ihre Augen loderten wie das Fieber. Zwei Nonnen schlichteten die Decken, traten gebeugten Hauptes beiseite. Vor ihm wurde von zwei stämmigen Mönchen, die sich inzwischen wortlos aus der Gruppe gelöst hatten, eine unscheinbare, aber offenbar schwere Drehtüre aufgezogen, eine Felsgrotte erschließend. Dahinter lag eine gasdichte Tresortüre aus Edelstahl, eine weitere Schleuse, wieder eine solche Tresortüre, dahinter gähnte völliges Dunkel. Die schweigsame Gruppe verharrte in der Schleuse.
»Tritt 20 Schritte ein!«, verlangte die Äbtin hinter ihm, während der Nachhall ihren Husten gespenstisch verzerrte, ihm jede Ermutigung verwehrte. Er trat gemessenen Schrittes ein, verweilte allein im Dunkel. An dem am Boden schrumpfenden Lichtkegel erkannte er, dass die Türe hinter ihm geschlossen wurde. Er unterdrückte seine Angst mit dem Gedanken, dass sein Vertrauen getestet werden sollte, drehte sich nicht um, verharrte schweigend.

»Wie lange wird die Luft in dieser Grotte reichen?«, dachte er bei sich, streckte die Arme vor sich, rund um sich, fand keinen Widerstand, wagte aber nicht, weitere Schritte zu setzen. Langsam wurde es heller, ein grünlicher Schimmer durchflutete aus unsichtbaren Lichtquellen ein übermenschliches, metallisch schimmerndes Gewölbe, dessen Schlusswand im Dunkel den Sinnen entwich. Er stand im Mittelgang einer unüberschaubaren Bibliothek, die ihre Schätze in rostfreien Stahlschränken mit gedichteten Glastüren barg, in fünf Etagen aufgetürmt und dicht an dicht hinter schmalen Laufstegen geschlichtet. Da und dort zeigte ein schräger Schatten beängstigende Leitern an. Neben sich entdeckte er ein Stehpult mit einem aufgeschlagenen Ansichtsexemplar unter Glas, offenbar mit Anweisungen, wo das Register zu finden sei. Er öffnete die Vitrine. Die Blätter waren aus dünnen, geschmeidigen Folien gefertigt, die wie mattiertes Gold schimmerten, die Lettern waren aus Silber aufgelötet, schimmerten teils grünlich ob des Lichtes, waren sonst aber schwarz oxidiert. Wurde aber gelötet, dann waren dies keine Folien!

Er weilte noch staunend am Stehpult, als lautlos ein Schatten neben ihm auftauchte! Erschrocken fuhr er herum. Ach! Es war sein eigener Schatten! Die Türe stand wieder offen. »Komm bitte jetzt heraus!«, bat die Äbtin, noch in der Schleuse auf ihn wartend. »Hätte ich dir sagen sollen, dass immer nur ein Mensch eintreten darf?«, probierte sie mit einem schelmischen Unterton.

»Dann hätte ich mein Vertrauen nicht zeigen können«, antwortete er betont ruhig, aber seine Stirn trug kleine Perlen unter dem Haaransatz, als wollte die Spannung aus seinen Muskeln dort abtropfen.

Sie nickte zufrieden, ihn musternd. »Wir haben alle diese Bände auch auf Datenträgern. Die organischen Originale sind verwest. Hier werden Übersetzungen und metallische

Kopien aufbewahrt für den Fall, dass die YJO etwas falsch machen«, erklärte sie ohne jeden Unterton.
»Komm weiter!« Die Gruppe war schon einige Schritte vor ihm, bemüht, jedes Schaukeln zu vermeiden. Lichter hinter Glas wurden entzündet, um die Prozession der Schatten an die rauen Wände zu zeichnen. Getreu folgte er der Gruppe durch ein neues Felsenlabyrinth, bis alle ohne ein Wort oder Zeichen unvermittelt innehielten. Der Stuhl wurde abgestellt, die Träger entfernten sich mit den Tragestangen, die übrige Gruppe mit allen Lichtern, bis auf eines, das sehr hell war.
Die Äbtin war allein mit ihm zurückgeblieben, ihre greise Hand deutete ihm, sich auf den Boden zu setzen, damit sie ihn sehen könne. »Kennst du deine Identität?« Sie wirkte besorgt, ein Kummer nagte an ihrer Stimme, die Augen flammten wie der Widerschein des Lichtes.
Er blickte treu zu ihr auf. »Ich bin AKY Tama Koko.«
»Welche Namen hattest du früher?«
»Ich war SY Faun, bis ich fliehen musste.«
»Und zuvor?«
»Seit meiner Geburt war ich SY Faun.«
»Welche Namen hatte deine Mutter?«
»Sie war SY Fleur, dann AKY Sara, wie sie jetzt heißt, das weiß ich nicht.«
»Wie wirst du sie finden, wenn du sie suchst?«
»Das weiß ich noch nicht, im Spital wird eine Nachricht von Dr. SY Rem auf mich warten.«
»Weißt du, wie die Namenszahlen der YJO zustande kommen, AKY Tama Koko?«
Er schüttelte den Kopf, noch immer versucht, einen Grund für den unvermittelten Aufenthalt zu entdecken.
»Der griechische Buchstabe hinter der Gesellschaftsbezeichnung bedeutet die Meeresregion der Geburt. Darauf folgt die Zahl der Generation. Die Zahl 13 bedeutet zum Beispiel, vier Generationen vor der 17 geboren worden zu

sein. Dann folgt der restliche Code des Genoms, des Geschlechts und der Inselstadt.«

Die Äbtin wies auf eine kaum erkennbare Steinplatte zu ihren Füßen. Ihre Stimme wurde ehrfürchtig, zugleich wieder fest, einem unbeugsamen Geist gehorchend. »Hier liegt YJOµ13µ87π457γ03 begraben, der Chefkonstrukteur des ersten Zentralrechners. Er hat entdeckt, dass der Prozessor abstürzt, wenn er ein instabiles Genom bestimmen soll.«

»Warum das?« Sein Interesse erwachte.

»Ein instabiles Genom erzeugt alternierend verschiedene Eiweißmoleküle, sodass der Rechner verschiedene Identitäten feststellt. Zugleich geht das Programm aber davon aus, dass nur eine Identität möglich ist. Es interpretiert deshalb das Auftauchen der anderen Identität als Paritätsverletzung, als unzulässige, weil grundlose Umwandlung von Null oder Eins ineinander.«

»Warum kann das Programm nicht verbessert werden?«

»Kein Programm, das auf binären Zahlen aufbaut, kann eine solche Analyse leisten. Denn alle diese Zahlen beruhen auf einer Kombination aus Null und Eins.«

»Aber die SY haben doch Rechner entwickelt, die auch mit mehrdeutigen, mit fließenden oder spontan springenden Werten rechnen können.«

»Ja, AKY Tama Koko. Aber diese Rechner der SY sind aus der Datenunion ausgeschlossen worden, weil sie das gesamte Zeitsystem der YJO in Frage stellen.«

»Wie ist das möglich?«

»Die SY lehnen es ab, ihr Genom als Passwort einzusetzen, weil ihre Mutationsrate höher ist.«

»Ich verstehe nicht, warum die YJO darauf nicht eingehen können.«

»Jeder YJO erhält ein Chronometer und jedes Chronometer taucht im Rechner nur einmal als Code auf, der zusammen mit dem Genom abgespeichert wird. Gibt es nun einen

Inhaber mit einem instabilen Genom, dann tauchen mit einem Chronometer zwei Genome auf.«
»Warum ist das schlimm?«
»Der Prozessor kann dann nicht weiterrechnen, weil eine Paritätsverletzung auftritt. Ein Rechner, der die Zeit berechnen soll, darf aber nicht stillstehen oder abstürzen, indem dann, während er das Problem zu lösen sucht, jene Zeit fortschreitet, die er berechnen soll.«
»Kann der Rechner diese Zeit nicht einfach überspringen?«
»Wenn der Rechner feststellt, dass er die Zeit nicht berechnen kann, kommt er zu dem Ergebnis, dass er seine Aufgabe nicht erfüllen kann, und schließt daraus, dass er defekt ist. Er sucht dann nach Ursachen der Störung, zum Beispiel nach Viren, Bedienungs- oder Programmfehlern. Einstweilen treten aber neue Paritätsverletzungen auf, weil das Genom immer wieder analysiert wird und sich unterdessen ändert. Diese Ursache aber kennt der Rechner nicht, weil sie im Programm nicht enthalten ist und nicht enthalten sein kann. Das bedeutet für den Prozessor eine Lawine von Fehlern, die er nicht zuordnen kann, deshalb aufzubewahren und immer wieder zu korrigieren sucht, bis sein Arbeitsspeicher mit falschen Zahlen überschwemmt ist. Dann bleibt nichts mehr, womit der Prozessor rechnen könnte.«
Er verstand, fand aber keinen Zusammenhang. »Warum liegt dieser Mann, der Chefkonstrukteur, hier begraben?«
»YJOµ13 musste zugleich mit seiner Entdeckung feststellen, dass sein eigenes Genom auf Chromosom 17 latent instabil war.«
»Was bedeutet latent?«
»Latent bezeichnet eine schlafende Möglichkeit, die irgendwann zur Wirklichkeit wird, eine Zukunft, die in die Gegenwart herabsteigen wird, um Vergangenheit zu werden. Für YJOµ13 bedeutete das, dass sein eigenes Genom eines Tages ein Chromosom 17 hervorbringen musste, das sich

selbst verdoppeln würde. Damit musste er erkennen, dass einer seiner Nachfahren, männlich oder weiblich, ein instabiles Genom aufweisen würde.«

»Was geschah dann mit ihm?«

»YJOµ13 ist daraufhin hierher geflohen, damit der Rechner nicht gebaut werden kann. Er hat hier noch 13 Jahre unentdeckt gelebt und sein Wissen, wie der Rechner gebaut werden sollte, mit ins Grab genommen.«

»Wurde der erste Zentralrechner also gar nicht gebaut?«, begehrte YJOµ17*1.

»Doch, AKY Tama Koko, aber wir wissen nicht, wo. Die AKY und die SY bitten dich, es herauszufinden! Wenn du dazu bereit bist, melde dich bei mir.« Sie verstummte, Lichter tauchten auf, die Gruppe kam zurück, die Äbtin wurde fortgetragen.

YJOµ17*1 schaute ihr und den anderen entgeistert nach.

»Wie sollte er dazu in der Lage sein?« Wie angewurzelt verharrte er auf dem Grab, bis er bemerkte, dass die Äbtin samt der Gruppe verschwunden war. Wie sollte er jetzt aus dem Labyrinth herausfinden? Er lief ein paar Schritte, nein, hielt inne, das war falsch, er würde sich verirren, lief zurück. Nur warten machte Sinn.

Takt <°28°>

»Willst du hier sterben?«, erhob die Äbtin mühsam ihre Stimme, als die Gruppe suchend zurückkehrte. Wieder wurden sie mit dem einen hellen Licht allein gelassen. »Warum bist du mir nicht gefolgt, AKY Tama Koko?«, fragte sie sehr schwach, wie das letzte Flackern der Hoffnung.

»Ich habe nachgedacht, wie ich der Bitte der AKY und SY entsprechen könnte«, wehrte sich sein Gewissen.

»Das war nicht deine Aufgabe!«, belehrte sie ihn milde, ein wenig freudig. »Zuerst musst du entscheiden, ob es dein Wille ist, diesen Wunsch auch selbst zu hegen. Wenn es so weit ist, dann lass es mich wissen, ob der Wunsch in dir erwacht ist und du nach ihm leben willst. Wenn dies nicht eintritt, kannst du im Kloster bleiben, solange es dir beliebt.« Ihr lodernder, wie das Licht flackernder Blick ruhte auf seiner vom Zweifel zerfurchten Stirn, als wollte sie lesen, was dahinter sich formte.

»Kann ich denn einen Wunsch in mir tragen, ohne zu wissen, ob meine Fähigkeiten ausreichen?«

»Wie sonst willst du einen Wunsch in dir tragen? Wenn du die Stufe nicht finden willst, wirst du sie nicht suchen.«

»Ich trage diesen Wunsch in mir!«

»Welchen Wunsch, AKY Tama Koko?«

»Ich will herausfinden, wo sich der Zentralrechner der YJO befindet.«

»Warum willst du das tun, AKY Tama Koko?«

»Weil ich darum gebeten wurde.«

»Das ist etwas anderes, AKY Tama Koko. Du willst einer Bitte entsprechen, aber nicht um deinetwillen suchen.«
»Um meinetwillen?«
»Du kannst diesen Wunsch erst in dir tragen, AKY Tama Koko, wenn du ihn ganz verstanden hast, wenn du Einsicht gewonnen hast. Solange du dich aber einer Bitte verpflichtet fühlst, wird dein Geist gehemmt sein und nicht zur Einsicht gelangen können. Dein Leben ist zu kostbar, um es zu vergeuden.«
»Warum ist mein Leben kostbar?«
»Warum fühlst du das nicht, SY Faun?«
Er fühlte einen Stich in der Brust, die Beine wollten ihn forttragen, aber ihr sanfter Blick tat seiner Seele ein Tor auf.
»Ich ..., ich bin nicht AKY Tama Koko!«
»Wer also bist du?«
»Ich bin auch nicht SY Faun! Da ich doch aus YJO stammen soll ...«
»Woher stammt die Geschichte, dass du aus YJO stammst?«
»Das Chronometer! ... meine Mutter hatte doch ein Chronometer, ... und sie bewahrte es für mich auf. Also ist sie eine YJO! Und ich bin ein YJO! Und mein Vater! Er lebt doch in YJO! Er ist auch ... und ...?«
»Ja?«
»... meine Mutter wurde aus YJO fortgeschickt, die SY haben sie gerettet, ... und wir waren auf der Flucht ... und wir müssen getrennt leben ... und ich muss mich hier verstecken, ... ich darf nicht ich sein, ... ich bin nicht ich.«
»Warum versteckst du dich?«
»Weil mich die YJO sonst töten!«
»Warum wollen dich die YJO töten?«
»Das weiß ich nicht, immer hörte ich das, immer hatte ich Angst davor.«
»War es deine Angst?«
»Nein, es war nicht meine Angst! Die anderen hatten mir

diese Angst mitgegeben, überall, wo ich sein wollte ...« Er hielt inne, »ja, ... nur hier nicht, ... hier im Kloster war es, ... hier war es meine Angst.«
»Fürchtest du den Tod?«
»Nein.« Er hatte sehr spontan geantwortet.
»Suchst du den Tod?«
Jetzt dachte er lange nach, zögerte, fand sich. »SY Faun und AKY Tama Koko sollen sterben, dann kann ich sein. Ich will ich sein.«
Ihre Augen leuchteten wieder, oder war es das Flackern des Lichtes? »Fühlst du jetzt, dass dein Leben kostbar ist?«
»Kann ich ... ich sein?«
»Wer sonst sollte das können?«
Sein Blick suchte sie erst fragend, dann dankbar, dann fest.
»Ja, das ist wahr. Nur ich kann ich sein.« Wieder versank er in Gedanken, sie wartete geduldig wie der Tod.
Sein Rücken streckte sich, sein Hals. »Ja, ich will es! Ich gehe nach YJO! Ich werde nicht nur den Rechner suchen, sondern mein Ich, meine Geschichte, meine Identität wiederherstellen! Das bin ich meiner Seele schuldig.«
»Es ist sehr unwahrscheinlich, dass sich der Zentralrechner, wenn es ihn gibt, in YJO befindet. Herr ...?«
»Richtig! Ich brauche einen neuen Namen, wenn ich nach YJO gehe. Welchen Namen geben Sie mir?«
»Welchen Namen geben Sie sich, Herr ...?«
Er blickte auf die schriftlose Steinplatte hinab, neben der er immer noch saß wie der Mönch der Mönche, als könnte er den Stein selbst lesen. »Ich möchte YJOµ17*1 sein!«
»Gut, Herr YJOµ17*1. Darf ich fragen, was Ihr Name bedeutet?« Ein Glück huschte über die so lange verborgene Ermattung.
»YJO bezeichnet die Gesellschaft, µ die Meeresregion der Herkunft, die 17 stammt aus der 13 plus 4 Generationen, der Stern steht für geboren, die 1 für den ersten Sohn.«
»Sind Sie denn verwandt mit YJOµ13?«

»Da ich ein YJO sein will und sein Werk fortsetzen möchte, betrachte ich ihn als meinen Namenspatron.«
»Wie wollen Sie das Werk von YJOµ13 fortsetzen, YJOµ17*1, was haben Sie vor?«
»Wenn es den Rechner gibt, werde ich ihn finden.«
»Um was zu tun?«
»Um die Kooperation der Gesellschaften zu ermöglichen. YJOµ13 wollte den Bau des Rechners verhindern, damit er keinen Schaden anrichten kann. Da der Rechner trotzdem gebaut wurde und inzwischen zu alt ist, kann ein Schaden nur durch Kooperation vermieden werden.«
»Wie wollen Sie erreichen, dass die Gesellschaften kooperieren?«
»Das weiß ich jetzt noch nicht, ich weiß nur, dass es notwendig ist.«
»Was werden Sie tun, wenn sich der Rechner nicht in YJO befindet?«
»Ihn trotzdem suchen. Ich will ein YJO sein, der kooperieren kann. Dazu muss ich wissen, wo die Gefahr liegt. Wenn die Gefahr gebannt ist, werde ich nach YJO heimkehren und meine Identität wiederherstellen. Dann werde ich das tun, was ich für richtig erachte.«
»Wollen die YJO Sie nicht töten?«
»Ich werde es nicht zulassen.«
»Wenn es Ihr Wille ist, Herr YJOµ17*1, dann soll es so geschehen.« Mühsam zog sie ein Chronometer unter den Decken hervor, reichte es mit zittriger Hand, die der Arm kaum heben konnte. »Nehmen Sie das mit, Ihre Mutter hat es hinterlassen, Sie werden es brauchen.«
Rasch nahm er die für sie zu große Last entgegen, ihrer Erschöpfung alarmiert ansichtig. »Ich danke Ihnen! Sollten wir nicht besser gehen?«
»Noch ist nicht alles gesagt. Es ist mein Wille zu bleiben. Ist es auch Ihr Wille?«
Er rang mit sich, sie wirkte so schwach, aber unbeugsam.

»Ja.«
»Ich erwarte Ihre Fragen.«
»Haben Sie einen Vorschlag, wo ich zu suchen beginnen soll?«
»Fahren Sie in die Stadt der Scherben, YJOµ13 lebte dort. Die YJO haben rundherum begonnen, die Ruinen zu sprengen und den Stahl herauszuholen. Aber die Stadt der Scherben blieb verschont.« Ihr Zeigefinger wies auf eine Chipkarte, die mit einer Folie am Chronometer befestigt war. Er nickte aufmerksam, wollte ihr helfen, ihr Atem wurde stockend, aber ihr Zeigefinger verneinte. »Die Folie ... müssen Sie vernichten, ... aber die Nummer im Gedächtnis ... behalten. Es gibt in der Stadt der Scherben ... eine Anstalt, also auch ... eine Pipeline dorthin. Aber ... Sie können nicht direkt hinreisen, ... weil Ihr Chronometer ... nicht funktioniert. ... Mit der Chipkarte ... kommen Sie ... bis in die ... Nachbar...stadt. Dann ... werden Sie ... einen Weg ... finden. Leben ... Sie ..., ... ich ... bleibe ... hier.«
Ihre Augen grüßten wie Flammen, ihr Blick brach in seinem. Ihr Rücken fiel in die Lehne zurück, ihr Haupt sank vornüber, der Oberkörper sackte in sich zusammen, kippte nach vorne. Er fing sie auf, versuchte sie aufzurichten, aber ihr Wille war bereits erfüllt. Als er sich hilflos umwandte, brachten acht Mönche eine Steinplatte und ein Licht, denn das ihre war erloschen. Als er sanft ihre Lider schloss, verstand er, dass ihr Wille auf den seinen gewartet hatte und dass er jetzt ihr Licht trug.

Takt <°29°>

»Ihr Reiseprogramm und Ihr Code sind nicht kompatibel! Der Service meldet sich in Kürze. Bitte gedulden Sie sich, während Ihre Kabine geparkt wird.« YJOµ17*1 geduldete sich genau 53 Sekunden, indem er sich auf seinen Empfang vorbereitete, was darin bestand, ein Simulationsprogramm zu starten, um völlig darin aufzugehen. Als er höflich aufgefordert wurde, auszusteigen, erbat er sich mit ziellosen Händen und Füßen, das Programm beenden zu dürfen, was ihm zwar nicht gewährt wurde, aber immerhin die Einladung zeitigte, er könne doch in der Station weiterspielen. Genau das tat YJOµ17*1 dann auch, während das Kontrollpersonal an Telefonen und Bildschirmen bemüht war, die Identität dieses seltsamen Irrläufers festzustellen, der eine gesperrte Adresse angewählt hatte. Allein, dies wollte nicht gelingen. »Wo wurde Ihr Chronometer das letzte Mal gewartet?«
»Es ist ganz bestimmt kaputt, das sage ich doch, es wartet nie auf mich.«
»Erinnern Sie sich vielleicht noch, von wem Ihnen dieses Reiseziel empfohlen wurde?«
»Das war doch in dem Abenteuer! Ich hatte gar keine Wahl, wissen Sie, ich habe nämlich verloren.«
»Um welches Spiel hat es sich denn gehandelt?«
»Ich weiß nicht, worum es sich handelt, es geht immer so schnell.«
»Können Sie das Spiel vielleicht wiederfinden?«

Zu diesem Versuch war YJOµ17*1 freilich bereit, verlor sich aber rasch in verschiedenen, allesamt gleichermaßen anmutenden Verlockungen, bis ihm freundlich, aber bestimmt auf die Schulter geklopft wurde, was er jedoch erst wahrnehmen wollte, als sich sein Bildschirm verfinsterte und er seine Beine vor sich herabbaumeln fühlte. Er wendete den Blick treuherzig nach beiden Seiten und fand sich zwischen zwei, jeder um einen Kopf größeren Helfern, die ihn, unter dem Arm gefasst, aus dem Sessel gehoben hatten, worauf er, von dieser Einsicht befriedigt, den Blick ohne Argwohn wieder senkte und mit sich geschehen ließ, was da geschehen sollte.

Tatsächlich wurde ihm schon nach kurzer Fahrt, während der er seinen Abenteuerschilderungen überlassen blieb, wieder eine samtschwarze Scheibe zur Verfügung gestellt, auf der er seine Leidenschaft wachrufen durfte, wenn auch in einer Umgebung, die allzu deutlich den Duft von Gewahrsam verströmte. Erst als dieser Hauch von Geborgenheit von den ätherischen Verheißungen einer lieblos zubereiteten Mahlzeit verdrängt wurde, schien YJOµ17*1 die Gegenwart wieder gewärtigen zu wollen, indem er, von Übelkeit und Angst im Gemüte geteilt, hilflos herumzurühren begann.

»Was ist mit Ihnen, wollen Sie nicht essen?«, begehrte ein Aufseher streng.

»Wo sind meine bunten Kapseln?«

»Medikamente? Welche sind es denn? Kennen Sie die Namen?«

»Meine Kapseln brauchen doch keine Namen, oder?«

Mit »Einen Moment bitte, ich kümmere mich darum!« wurde die aufkeimende Emsigkeit des Anstaltspersonals eingeläutet, die YJOµ17*1 mit gesenktem Haupt ignorierte, um sich selbst halblaut in einen intellektuellen Zweikampf zu verstricken. Schließlich, in einer neuerlichen Attacke von Übelkeit, schleppte er sich mitsamt seinem Löffel und seinem Geschirr zur Abwäsche, wo er die farbige Darbietung samt ihrem semantischen Gehalt in den Abfall kippte, um dann den Napf mit dem Löffel auszuschaben, als sollte kein Makel darin haften bleiben. Die wohlerzogene Waschtätigkeit der anderen Patienten beäugte er mit sichtlichem Staunen, vermochte aber deren Sinn offenbar nicht zu enträtseln. Von seiner ansteckend wirkenden Verfassung geleitet, fand er unter vielen hilfreichen Gesten die richtige Tür, diese allerdings von einigen Wartenden bereits mit wachsender Ungeduld bewacht, was ihn nicht hinderte, vielmehr ermunterte, hin und her zu vagabundieren und sich jedes Mal an der Essensausgabe mit Trockennahrung zu versorgen, die ihm offenbar geeignet schien, seiner schlottrigen Kleidung um die Mitte die ersehnte Fülle zu verleihen.

Seine Darbietungen wurden jedoch von seinem früheren Ansinnen unterbrochen, das nunmehr keinen weiteren Aufschub zu dulden versprach. So erspähte er, mit den Händen am Gesäß selbst Abhilfe suchend, um die Ecke einen Schubwagen mit Atemgeräten, der zwischen einem Türstock und dem sonst zufallenden Türblatt eingezwängt, einer besseren Verwendung harrte. Von einer befreienden Idee sichtlich beseelt befreite YJOµ17*1 die Türe und verschwand samt dem Wagen dahinter, fand sich in der Schleuse zu einem Sauerstofflager, blockierte mit dem Wagen die Türe zum Lagerraum, betätigte den Feueralarm in der Schleuse, schob sich und sein neues Spielzeug in den Lagerraum, um mit Genugtuung wahrzunehmen, dass die Brandschutztüre elektrisch verriegelte.

Anstatt nun aber, endlich für eine Weile ungestört, mit seiner Übelkeit abzurechnen, entsann er sich offenbar eines anderen Geschäftes, widmete er doch seine Aufmerksamkeit kurz, aber ungeteilt, dem Rauchabzug an der Decke. Er prüfte ein Atemgerät, schnallte es um, befestigte zwei Ersatzflaschen an den Nierenschlaufen, schob den Schubwagen unter den Rauchabzug, erreichte, sich darauf streckend, die manuelle Notentriegelung und darüber die Sprossen der Kehrleiter, um sich schließlich mit überraschender Gewandtheit dem alten Problem zu entheben. Das neue Problem war jetzt die gute alte Zeit, denn während das Personal den falschen Feueralarm aufheben, alle Posten besetzen und ihn alsbald entdecken würde, musste er einen Ausweg aus dem finsteren Abluftschacht finden. Er kletterte mit animalischer Behändigkeit, wie er sie nur von den AKY mitgebracht haben konnte, zählte mit den Händen die abwärts strömenden Sprossen, wog hinter der Stirn die fliegenden Sekunden, noch reichten Atem und Abluft zum Atmen, aber noch verbarg sich der erhoffte Schimmer von oben. Wie hoch mochte das Anstaltsgebäude sein? Instinktiv hielt er inne wie ein lang trainierter Höhlenmensch. War da etwas? Was bedeutete jene Kälte, die sich neben ihm zu verdoppeln schien? Er tastete in das Loch, um nichts zu finden als Ränder. War das eine Rettungsnische? Stieg er im Hauptschacht auf, in den ein Zuluftschacht mündete? Er tastete nach oben, fand eine Decke, der Schacht war aus! Tappend trat er seitwärts, fand den Boden fest und waagrecht, bückte sich, schlüpfte kriechend in den Seitenkanal. Seine schweißnasse Haut meldete kalten Sog nach vorne. Das musste ein Sammler sein! Nach wenigen Schritten stützte er eine Hand ins Leere, zuckte im Becken zusammen, während der andere Arm den Körper zurückstieß. Vor und unter ihm gähnte riesig ein eckiges Maul, den Schlund im Bodenlosen verbergend. Licht! Die Szene wurde von oben schwach erhellt! U-förmige Schatten warfen trapezförmige Schatten unter sich an die Wand, um sich nach oben aufzureihen. Da waren Bügel! Der Hauptschacht! Sollte er hier schon Sauerstoff zuatmen? Oder reichte die Abluft der Anstalt, den Hauptschacht mit Atemluft zu versorgen. Sein Puls war hoch, aber nicht zu hoch. Besser sparen! Wie lange würde er sonst suchen können?

YJOµ17*1 erfasste einen nahen Trittbügel, zog den Körper nach, tastete mit dem über die Kante frei werdenden Bein nach tieferen Bügeln, blickte schon hoch. Der Schacht war zu hoch für seine Eile! Die Mündung verlor sich in einem Lichtpunkt. Endlich spürte er Widerstand unter den Zehen, drückte das Knie durch, setzte das andere Bein nach, als der Widerstand mit einem Knirschen abrupt nachgab. Seine Finger schlossen sich reflexartig, er hing in federnden Armen, während unter ihm metallisches, nicht enden wollendes Klingen ertönte. Endlich hörte er den Aufschlag. Die Bügelanker waren durchgerostet!
Zurück? Dann würde er sofort entdeckt werden. Die Anstalt war hermetisch verschlossen, er würde bewacht werden und nie wieder fliehen können. Weiter! Hoch! Vorsichtig zog er den Körper an den Armen auf, bis seine Zehen den nächst höheren Bügel fanden, fasste verschiedene Bügel, betrat verschiedene Bügel, verteilte einfühlsam sein Gewicht, hielt inne wie angeklebt, auf jedes Knistern gefasst. Wohin? Seine Blicke durchbohrten die Schatten unter und den Schimmer über ihm. Waren das Ränder, war da noch eine Mündung?
Langsam schob er sich hoch, die Bügel am Ansatz erfassend, die Zehen an die Bolzenköpfe der Ankerschrauben setzend. Er blickte wieder hoch und zählte. Vielleicht noch zehn Meter, noch 30 Fäden zwischen Leben und Tod. Behutsam testete er jeden Bügel, drückte nach oben, zog nach unten, lauschte dem Geräusch, erwog die Drehung, fühlte den elastischen Widerstand, streckte sich durch, um einen schlechten Bügel auszulassen, fand auch den nächsten fraglich. »Das dauert zu lange!«, hämmerte die Angst vor den erwarteten Verfolgern in seinen Schläfen.
»Ping!« In seiner Hand baumelte ein klingend abgeplatzter Bügel, den ziehenden Arm in einem gefährlichen Ruck freigebend. Diesmal gefasst ließ YJOµ17*1 seine Bewegung erfrieren, den Schwung des Armes in der Schulter erster-

ben, während die Linke und die Zehen mit ihren Haltepunkten verwuchsen. Langsam führte er die freie Rechte zur Wand, ließ sie sinken, hängte das nutzlose Metall an einen tieferen Bügel, fasste dort nach, schob die Schulter behutsam in den Stütz, drückte das Ohr an die Wand, setzte die Zehen rechts höher, links höher, ertastete links den nächsten Bügel, testete, zog, brachte die Rechte im Halbkreis hoch, testete, fasste, holte das rechte Bein nach, das linke.
Sein Blick tastete nach oben, verkrallte sich an jeder Unstetigkeit des Schimmers. Gab es nur diese modrigen Bügel? Drei Meter noch, dann schien sich da seitlich ein schwarzer Strich in der Schachtwand abzuzeichnen. Quälend langsam kroch er hoch. Die Finger der Rechten ertasteten die Tiefe des schwarzen Striches, verkeilten sich, einander pressend und krümmend, in den Flanken des unverfugten Plattenstoßes. YJOµ17*1 drehte die Hand, schloss den Klemmgriff, spreizte das rechte Bein gegen die Schachtwand, fasste links nach, klemmte, zog durch, stemmte das linke Bein seitlich gegen die nächsten Bügel, erreichte in wenigen Zügen die nächste Abluftmündung.
Erschöpft und dankbar blieb er liegen, um ohne Ergebnis zu lauschen. Wieder fühlte er den Luftsog nach vorne. Wie war das möglich? Die neue Mündung war so hoch, dass er aufrecht gehen konnte! Er blickte zurück in den Hauptschacht, suchte sich an den Schimmer weit oben zu gewöhnen. Konnte das eine metallische Decke sein, die das Licht von der Seite herabwarf? Warum waren diese Abluftkamine so verzweigt wie in einem Bergwerk?
Wieder prüfte er seinen Puls, hielt den Atem an, bis er heftig wurde, verglich die abklingenden Herzfrequenzen. Die Luft war brauchbar! Woher kam der Sauerstoff? Blies die Anstalt so riesige Mengen aus, dass sie auch hier noch reichen konnten?
Er begann tastend zu eilen, durchmaß den Seitenkanal, der

leicht ansteigend, von etlichen seitlichen Mündungslöchern angeknabbert, sich immer wieder verzweigte, alle paar Hundert Meter von Stichkanälen zu Steigschächten flankiert wurde, um sich schier unergründlich zu erstrecken. Endlich bemerkte YJOµ17*1, dass er nicht geradeaus eilte, sondern verschiedenen Krümmungen folgte. Er war offenbar in einen Kontrollgang für das Abluftsystem der ganzen Stadt eingedrungen, das zwischen die aufgetürmten Bauwerke eingezwängt worden war und deren Inneres in allen Richtungen erodierte, als wäre sein Sog der letzte Atemzug in seinen vom Schmutz erstickten Eingeweiden. Warum aber war der Kontrollgang nicht erleuchtet? Warum waren die Brücken, Trittbügel, Schutzgeländer und Sturzwehre in so desolatem Zustand? Wo waren die Überwachungskameras verblieben, wo die Notleuchten, wo die Beschriftungen, wo die Sprechstellen?

Ein Schatten huschte an YJOµ17*1 vorüber, fand ihn aber noch in Gedanken. Konnte es sein, dass er sich bereits mitten in der Stadt der Scherben befand? War er vom Streckendienst in der richtigen Anstalt abgeliefert worden? Die offizielle Adresse der Anstalt hatte aber nicht in der Stadt der Scherben gelegen! War er also in eine verborgene Anstalt gebracht worden, in der es keine Besucher gab und geben sollte? Hatten ihn die Absperrungen und Wachen deshalb so hermetisch angemutet? Oder war dies doch nicht die Stadt der Scherben? Wenn sie es aber war, so war sie gar nicht so verlassen wie ihr Ruf! Denn wozu gab es dann noch diesen Kontrollgang? Warum war die Verbindung zwischen Anstalt und Stadt nicht gesprengt worden? Wie viel hatten ihm die Mönche erläutern können? Sein auf Zusammenhänge aufgebautes Gedächtnis warf ein Bild hinter seine Stirn, das er auf Anhaltspunkte abtastete. »Diese sehr alte Stadt auf einem Festlandsockel hätte eigentlich nie zusammenwachsen und eingehaust werden dürfen«, klang ihm in den Ohren, wobei die anarchische

Verzweigung der Abluftschächte in seinen Gedanken aufhellte. »Als aber das Ozonvorkommen schwand und die Absiedelungen fehlschlugen, wurden nach und nach die unvermeidlichen Schutzdächer zwischen den unterschiedlich fundierten Hochhäusern aufgespannt. Die notdürftig aufgestockten Türme mussten sich freilich unkorreliert bewegen, sobald der Untergrund seine Rechte einforderte, was der Stadt ihren Namen einbrachte und sie allmählich, aber unaufhaltsam in eine Geisterstadt verwandelte. Schließlich war die Insel vor gut drei Generationen evakuiert worden, als ein Seebeben das restliche, noch aus Stahl und Glas genähte Flickwerk der Schutzdächer endgültig ins Meer geschüttelt hatte.«
Nein, in der ihn umgebenden Finsternis war das nicht zu prüfen, er musste möglichst bald einen Ausblick nach draußen gewinnen, bevor er in eine Turmruine eindringen wollte. Angestrengt lauschte und spähte er um sich, dem nächsten Schimmer würde er bis zuletzt folgen. Seine Hand wischte einen Schatten vom Ohr. Hatte er etwas verspürt? Fledermäuse! Hier gab es Leben! Und es musste eine offene Verbindung ins Freie geben, groß genug für Fledermäuse! War der Luftsog stärker geworden? Prüfend legte er das Ohr an die Wand. Weitab musste ein Motor seine Vibrationen in den Stahlbeton einpflanzen, denn die Wand brummelte kaum merklich, dumpf in der Ferne, wie ein vergessenes Gedärm. Ein Aufzugsmotor? Ein Ventilator! Irgendwo war eine Lüftungsanlage in Betrieb. Wurde die Stadt noch abgesaugt? Gab es noch Strom? War sie dann tot? Konnte sie die Stadt der Scherben sein?
Er folgte der Steigung des Kontrollganges, musste doch am höchsten Punkt ein riesiger Schlot oder aber das akustisch vernehmbare Aggregat von Ventilatoren den Luftsog erzeugen. Tastend eilte er vorwärts, konzentrierte seine Aufmerksamkeit auf die Temperaturempfindung seiner Haut, wie er das in gemischten Gewässern und Strömungen geübt

hatte. Allgemein wurde es wärmer, wo er aber an einer Seite Kühle zu verspüren glaubte, dort hielt er inne und studierte die Schwärze, bis er das Loch, die Mündung oder den nahen Abgrund ausgemacht hatte, um wieder tastend und scharrend die Brücken und Geländer zu finden. Nach einer angestrengten, aber sonst ganz unbestimmbaren Weile meldete sein Ohr die Quelle des Dröhnens, ohne dass er den Kopf an die Wand legte. Er tastete um eine Biegung. Vor ihm teilte ein Etwas die Finsternis, erschuf einen Horizont. Die Luft verkündete ihr Fortkommen jetzt mit leisem Säuseln. Am Ende des Ganges verbarg sich eine riesige Senke der Wärme, die Präsenz eines turmhohen Raumes verratend. YJOµ17*1 zügelte seine Neugierde, schonte seine Kräfte, blieb aufmerksam, hielt aber nicht mehr inne, um viel früher als erwartet vor dem Hauptschacht zu stehen, einem elliptischen Schlot von den Dimensionen eines Sportplatzes. Er blickte auf, dankbar für das Licht.

In den Wänden des Turmes waren ringsum Ventilatoren eingegossen, von denen etwa die Hälfte tätig war, während die andere Hälfte spärliche Photonen einfing und in die Tiefe verstreute. Die Decke des Turmes thronte in unerreichbarer Finsternis, um durch einzelne Risse oder Löcher, wie von majestätischen Edelsteinen besetzt, Geist und Auge zu blenden. Sonnenlicht! Welch eine schöne Verheißung, todbringend wie das Paarungsglück des Gottesanbeters! YJOµ17*1 suchte die Wände ab, die Tiefe zu ermessen, die Höhe abzuschätzen. Geduldig drehte er sich um, heftete seinen Blick in die absolute Finsternis, wie ihn die Höhlenmenschen gelehrt hatten, um dann die Augen zu schließen, sich dem Abgrund wieder zuzuwenden und die Lider wieder zu öffnen. Jetzt begannen sich allmählich kantige Konturen abzuzeichnen, unterbrochen von keilförmigen Schatten, beide nachgezeichnet vom suchenden Verstand. Der Boden des Turmes schien von langen Kisten übersät zu sein, nein, das waren Gebäude! Sie waren sternförmig angeordnet, es waren Gänge, Kanäle, in der Mitte klaffte ein Etwas, den suchenden Geist unergründlich verlachend. Erst als YJOµ17*1 sein betäubtes Ohr zwischen den Handflächen an die Wand legte, bemerkte er, dass auch der Boden des Turmes beben musste. Die Vibrationen von unten waren sogar stärker als jene von oben. Auf den Kanälen hockten Maschinenhäuser, in denen Ventilatoren der gepeinigten Luft wie Mühlen der Ewigkeit zuleibe rückten. Woher rührte dieses Beharrungsvermögen? Sollte eine tote Stadt nicht weniger Lärm um ihr Geschick machen? Das Dröhnen erinnerte YJOµ17*1 an seinen knurrenden Magen. Seine zerschlissene Anstaltskleidung aus minderen Folien hatte die Trockennahrung preisgegeben. Wenige Reste würgte er ohne Wasser hinab. Hätte er doch die Mahlzeit nicht verweigert! Mehr Flüssigkeit zu sich genommen! Wie sollte er in dieser Umgebung Wasser und Nahrung finden? Wie stand es um den Sauerstoff? Die Flaschen waren noch da, dicht. Er war bisher nicht in Atemnot geraten, wie war das möglich? Woher kam der Sauerstoff in den Eingeweiden dieser Stadt?

Wollte er nicht der Freiheit ins Angesicht blicken? Musste er nicht den Einstieg in ein Gebäude finden, um aus seinem Verließ zu gelangen? Sollte er seinen Plan aufgeben, zuerst einen Ausblick zu suchen? Hatte es aber Sinn, in einer Ruinenstadt herumzuirren, die vielleicht die falsche war? Nein, er musste sich zuerst überzeugen! Wieder tastete sein Blick die gekrümmten Schatten der Turmwände entlang. Gab es Treppen, Leitern?

Die Empore des Kontrollganges, an der er stand, verlor sich beiderseits als Laufsteg im Dunkel, lief vielleicht rundum, aber welche Richtung einschlagen? Sein anschmiegsames Ohr meldete ein leichtes Singen des stählernen Handlaufes von links, das war auch jene Turmseite, an der die oberen Ventilatoren Zeit und Freiheit miteinander vermalten. Also zuerst links. Der Zustand des Steges war jämmerlich, hier konnte kein Mensch mehr werken. YJOµ17*1 fand einige vergessene Schweißdrähte an der Brüstung hängen, die er wie Fühler an seine Schuhsohlen band, damit ihr Klang sein immer wieder irritiertes Auge unterstützte. Blieb das schnalzende Klingen nach einem Schritt aus, erkannte er einen Gitterrost vor sich als abgestürzt und kletterte am Handlauf weiter. Ähnlich führte er eine lose Schraube am Ärmel mit, mit der er im Zweifel das morbide Gestänge abklopfte. So kam er in der Hoffnung voran, eine Lösung zu erspähen, bevor die Dämmerung das ferne Feuer der Diamanten an der Decke auslöschen würde. Seine Sinne galten allein dem jeweils nächsten Schritt und er gebot seinem Denken, allein den Gliedmaßen dienstbar zu sein. Wieder blieb das Klingen aus, auch der prüfende Schlag mit der Schraube ging ins Leere. Er tastete nach unten und nach vorne zur Seite. Der Steg war abgesackt? Er hielt inne, suchte seinen Standort, wie weit war er gekommen? Hatte er zu spähen und zu lauschen vergessen?

Er kniete nieder und betastete die verbogenen Schatten. Ein schweres Teil musste hier abgestürzt sein, hatte den Steg durchschlagen. Wie groß war das Loch? War es überspringbar? Er fasste einen Schweißdraht und suchte schwingend das andere Ufer der Schadstelle, aber kein Klingen unterbrach das Dröhnen. Zurück?

Er bückte sich und fasste den hinabhängenden Handlauf, zog hin und her, versuchte eine Stange loszubrechen, umsonst. Aber da war ein schleppendes Scharren aus der Tiefe zu vernehmen, gefolgt von einem feinen Klingen, das lange auf sich warten ließ. Ein Seil?

Behutsam untersuchte er mit Augen und Händen die baumelnden Schatten unter sich, ertastete die Knoten der verbeulten Gestänge als Tritte, kletterte ab. Nach einer Körperlänge ertastete er, sich wieder hinabbeugend, eine Strickleiter. Wie alt mochte sie sein? Sollte er ihr sein Leben anvertrauen? Wo würde sie enden? Dass sie jemand hier

angebunden hatte, musste doch Sinn haben oder zumindest damals Sinn gehabt haben?
Er ertastete den Knoten. Die Seile waren dünn, vielleicht drei Millimeter, aus Draht, aber glatt, ohne die Rauigkeit von Rost, ohne gebrochene Litzen, noch geschmeidig. Nirosta? Langsam setzte er einen Fuß und steigerte die Last. Die Leiter hielt. Schon glitt er nach unten, zählte die Griffwechsel, bemüht, im Schwingen und Schaukeln nicht vom Schwindel erfasst und ins Leere abgestreift zu werden. Nach 200 Sprossen, vielleicht 50 Metern, fand sein Bein keinen Tritt. Fehlte eine Sprosse? Nein, die Leiter war zu Ende.
Er spähte hinab, rund um sich. Der Boden war vielleicht 20 Meter unter ihm, vielleicht auch 30. An der in die Tiefe zurückweichenden Turmwand teilten waagrechte Linien das Dunkel in ein Unten und ein Oben. Das musste ein Steg sein! Er war vielleicht fünf Meter entfernt. Er ging in die Hocke, richtete sich zur Seite auf, begann langsam zu schaukeln. Würde der durchschlagene Steg die Schwingungen verkraften? Das Knarren von oben klang erbärmlich, aber er wollte nicht mehr zurück. Diese Strickleiter war, sofern es so etwas geben sollte, ein Wink des Schicksals. Also los! War er selbst sein Schicksal? Tat er richtig?
Das Pendel mit der fragilen Aufhängung und so empfindlichen Last wollte nicht in Gang kommen. Minuten schwang er aus Leibeskräften, erblickte zuweilen den rettenden Steg fast in Reichweite, sofern das Pendel nicht gerade ungnädig seinen hilflosen Rücken dem begehrten Ziel zuwandte. Endlich betupfte sein Gesäß kurz und ignorant das Geländer.»Nur noch richtig drehen, Gesicht und Arme zur Wand bringen, noch ein Versuch, noch einmal tiefe Hocke, das Pendel aufpeitschen, Becken und Schulter werfen, den Rücken, den Kopf, einen Arm, pressen, ausstoßen, Luft holen, wo ist das Ding, wo?, verdammt, verkehrt! Noch einmal zehn Meter hin und her, beschleunigen, beschleunigen,

ruhig bleiben, da kommen die Linien, durchhalten, Luft holen, falsche Seite, die Linke, zu früh, zu früh, komm schon!« Die Finger schlugen auf etwas, zurrten zu, als gehörten sie einem der glücklos ausgestorbenen Affen. Keuchend hing er an der Brüstung, noch in die Leiter verflochten und verwickelt, die sich über ihm spiralförmig wie ein DNS-Strang eingedreht hatte, um weiter ächzend an ihrem schwankenden Lebensbaum zu sägen. Von Schwindel umwölkt beugte er sich über das Geländer, zog die umschlungenen Beine herüber, zog sich hinab auf den Steg, der sich wie ein Regenwurm in einem übermächtigen Schnabel winden wollte, krallte sich fest, bis das rhythmische Zerren an seinem Körper und in seinem Kopf gnädig nachlassen würde. Hätte er Sauerstoff nehmen sollen? Da lag der Steg ruhig in der Finsternis, die Krallen des letzten Nachfahren der Affen lösten sich, sich ihrer Würde erinnernd. Er drehte sich auf den Rücken, rieb und knetete sich die verkrampften Hände weich, flocht sich aus dem Sinnbild des DNS-Stranges. Noch etwas unsicher erhob er sich, schlug das freie Ende der Sprossenleiter um den Handlauf, fand hinter sich ein Stiegenhaus, erreichte sicheren Boden, wähnte sich gerettet. Tappend durchmaß er die Schleuse, ertastete die innere Tür, öffnete einen Spalt, lauschte, spähte in die neue Finsternis. Nichts. Seine Spannung löste sich. Leise schlüpfte er hinein, führte die Türe sanft in ihr Ruhebett, wartete, drehte sich um, tat einen ersten Schritt, um plötzlich die Hände vor die gleißenden Augenhöhlen zu werfen, die unendlich weiß zu verdampfen drohten. Stöhnend sank er auf die Knie, krümmte sich, um den Boden als Schild vor das plötzlich gesichtslos gewordene Gesicht, vor den schon so lange geschundenen Körper zu schieben.

Takt <°30°>

Regungslos kauerte er da, demütig eine Attacke erwartend, einen Schlag, eine scharfe Stimme, einen festen Griff. Fast inbrünstig ersehnte er irgendeine menschliche Regung, die nicht von ihm ausging. Aber nichts geschah. Kein Laut wollte seine Zukunft kundtun. Die Finger noch vor dem Gesicht, betastete er die Augenlider, der Schmerz flaute ab. Obwohl er die Lider geschlossen hielt, leuchteten sie rot und zeigten grüne Schlieren an den Rändern. Langsam erstarb das Schauspiel, bis alles wieder schwarz war. War er erblindet? Ungläubig betastete er seine Augen, verschob vorsichtig die Lider ein wenig auf dem Augapfel, kein nennenswerter Schmerz. Er formte Höhlen aus den Händen und blinzelte. Alles blieb schwarz. Er öffnete die Augen. Schwarz. Der abklingende Schmerz wurde abgelöst von auflodernder Angst, bis ihm einfiel, was er sehe, könnte wahr sein. Seine geschlossenen Augen in den Händen bergend versuchte er zentimeterweise, den Körper auf Knien und Ellbogen so weit aufzurichten, dass er robben könnte. Wieder flammte der Scheinwerfer auf, er ließ sich auf den Bauch sinken, glücklich über das Rot, das seinen Gesichtssinn erfüllte. Die Finger ein wenig öffnend gewöhnte er seine geschlossenen Augen an den neuen Segen, bis die Lider von innen dunkelgrau erschienen. Dann begann er zu blinzeln, konnte den Boden erkennen, dessen unberührte Schicht aus Staub menschliche Regungen verleugnete. Rasch erhob er sich und lief, über seine Schreckhaftigkeit laut lachend, durch die verlassene Halle, bevor der vergessene optische Wächter wieder erlöschen sollte wie das Gewissen der Zivilisation.

Nach einigen Fluren und Hallen, die allesamt verlassen, ihn zuerst allmählich, dann zunehmend mit natürlichem Licht aus geborstenen Verdunkelungen versorgten, bemerkte er, dass er nicht der einzige Nutznießer dieses Umstandes war. Nicht nur das Licht hatte begonnen, diese künstlichen Höhlen zurückzuerobern, sondern es hatte auch das Leben mit sich gebracht. Flechten überzogen Wände und Böden, da und dort bohrten sich Wurzeln durch Risse, wo Regen eindringen konnte, fanden sich Blattwerk und Halme, begleitet von sich mehrenden Spinnennetzen, Insektenleichen, Tierkot und Vogelkadavern. Kam daher der hohe Sauerstoffgehalt der Luft?
YJOµ17*1 folgte jetzt seinem Geruchssinn, um aus dem Moder und Staub herauszufinden. Je feuchter die Luft wurde, je erdiger ihr Aroma, umso sicherer durcheilte er das aufkommende Grün, fand da und dort Blüten, Früchte, Nester, Tierbauten in den immer baufälliger werdenden Hallen. Immer größere Deckenteile fanden sich abgestürzt, lagen durchstanzt von aufragenden Stützen, zerschmettert über dem, was sie unter den geborstenen Böden begraben hatten. Besorgt blickte er nach oben. Es dämmerte und seine Kehle brannte nach Wasser. Machte es Sinn, in den offenbar ältesten Teil der Stadt vorzudringen? Lief er nicht Gefahr, in diesen unwegsamen Trümmern zu stürzen, stecken zu bleiben, sich zu verirren?
Aber, und jetzt wuchs diese Gewissheit, dies musste die Stadt der Scherben sein! Bald würde er einen Ausgang aus den miteinander verwachsenen Hallen finden, eine frühere Straße, einen Platz. Seine Hände betasteten prüfend den Rücken. Die Flaschen waren noch da. Die Scherben, der Schutt, der Blick hinauf zu den aufgestockten Türmen würden ihn überzeugen! Eine leichte Brise kam auf, um salzig das Meer zu verkünden und zugleich einen nebligen Beigeschmack herzutragen, der YJOµ17*1 irritierte. Täuschten ihn seine Sinne oder schwebten da Blütenpollen

im Dunst, war da nicht ein Hauch nasser Erde auszumachen? Suchend eilte er den abendlichen Nebelschwaden entgegen, die aus den Rissen der Gebäude wie aus Düsen einzuströmen begannen. Dort vorne musste es Wasser geben! Wieder durchquerte er Hallen, Flure, Schleusen, überbaute Straßen, fand die Decken und Böden wieder standfester, weniger zerstört. Endlich hielt er lauschend inne, warf das Gesicht gegen den noch unsichtbaren Himmel. Über ihm rauschte es, plätscherte es! An der Decke tauchten nasse Flecken auf, die da und dort durchzutropfen begannen, am durchwachsenen Boden lag Morast, sammelten sich Pfützen. Rasch sah er sich um, fand ein intaktes Stiegenhaus, eilte hinauf, stieß begierig die Türe auf. Taumelte. Vor ihm eröffnete sich ein Gewächshaus in tropischer Üppigkeit, die sich über die ganze Stadt zu erstrecken schien. Von der Decke ergoss sich rasselnd, quietschend und pfeifend Regen aus einem vibrierenden Rohrnetz, das vor den verkalkten Sprinklern zu bersten drohte. Aber das Blattwerk antwortete dankbar mit einem paradiesischen Rauschen, während die Blüten ihre Kelche schlossen und die Früchte ihre Verlockung in neuem Glanz erstrahlen ließen.

Takt <°31°>

Mühsam entsann sich YJOμ17*1 des Geschehens, blickte wie nach langem, schwerem Traume um sich. Seine Kleidung hing in wehenden Fetzen vor einem schlecht geflickten Mauerloch, er selbst lag nackt in einem Haufen aus Blütenblättern, die ölig an ihm klebten, fand sich und sein Lager zugedeckt mit geflochtenen Matten, umgeben von Schalen mit Nüssen und Früchten inmitten des tropischen Gartens, der ihn offenbar mit Sauerstoff versorgte. In der Luft hing der Duft gekochter Samenkörner. Unweit versuchte eine gedämpfte Stimme, spielende Kinder vom Lärmen abzuhalten. Träumte er noch? War er nicht in der Stadt der Scherben? Er versuchte die Hand zur Stirn zu führen, unterließ es aber, einen überraschten Schmerzensschrei von sich gebend, seine Haut schien bei jeder Regung zu bersten. Schritte folgten auf sein Erwachen, ein Gesicht tauchte in seinen Gesichtskreis ein, wenige Jahre älter als seines, schmal, anmutig gewachsen, weiblich sanft modelliert, die Augen von langen Wimpern tief verschattet, ohne Augenbrauen, die Haut bedeckt von einer zweiten, schimmernden Haut mit seltsam schuppigen Waben, die wie angegossen der freundlichen Mimik folgte.»Wo bin ich?«, wollte er formulieren, unterließ es aber, indem ihm die Vorstellung versagte, er könnte von einem Traumbild verstanden werden.
»Schön, dass Sie aufgewacht sind«, lachte die Frau mit weicher, klarer, aber überraschend tiefer Stimme.»Sie haben sich in der Stadt verlaufen und Ihre Haut den Mikroben und

dem Ozon dargeboten, oder besser, Ihrer Neugierde geopfert. Wir haben Sie vor drei Tagen im äußeren Palmenhaus im Fieber gefunden, wahrscheinlich haben Sie auch Zisternenwasser getrunken und falsche Früchte gegessen. Aber Sie werden es überstehen, so schlimm sind Sie nicht dran.«

Er betrachtete sie erneut und versuchte den Sinn ihrer einfachen Worte, den er sehr wohl erfasst hatte, auch wahrhaben zu können. Sie lachte wieder.»Staunen Sie ruhig, das Leben nimmt vielfältigere Wege, als Sie sich denken können. Aber Sie könnten mir mitteilen, ob Sie sprechen können. Verstehen Sie mich?«

Er nickte schwach, sie beharrte lachend, indem sie den haarlosen Kopf schüttelte.»Ja, ich verstehe Ihre Sprache«, bot er schließlich, noch immer ungläubig, der seltsamen Erscheinung seiner Retterin an.

»Es ist Ihre Sprache!«, entgegnete sie,»nur weil unsere Stadt aufgegeben wurde, sind wir keine Wilden. Aber ich verstehe, dass wir für Sie ziemlich fremdartig aussehen. Unsere Haut schützt uns vor der ultravioletten Strahlung, wir können inzwischen auch ohne Schutzdächer überleben, sofern genug Sauerstoff da ist. Aber dazu haben wir ja unseren Garten. Werden Sie sich an den Anblick gewöhnen können?« Sie blieb vorgebeugt stehen, damit er sie gebührend betrachten könne. In ihren Augen fand er eine Mischung aus Spott und Herausforderung.

Ihr Stolz zerstäubte die Reste seines Selbstbewusstseins. Er erschauderte, wie verletzend seine egozentrische Selbstsicht sein musste, seine nie überprüfte Vorstellung, das Wesen des Menschen für alle Zeit zu verkörpern.»Ich bitte um Verzeihung für meine Ignoranz und Rückständigkeit.«

Sie lachte ihn aus, gutmütig, aber unerbittlich.»Sparen Sie sich Ihre großen Worte, ich sehe Ihre Abscheu! Aber auch die ist kurierbar!« Sie raffte ihren Ärmel hoch, ihr Arm

schimmerte wie Perlmutt, zeigte dieselbe Wabenstruktur.
»Fassen Sie mich an!«, verlangte sie hart und hob die Matte ein wenig an. »Ich weiß, dass Sie vom Schmutz der Abluftanlagen verätzt sind und dass Ihnen jede Bewegung wehtut, aber Abscheu tut noch mehr weh, glauben Sie mir!«
Sein Ego wich aus ihm, schlich sich fort wie ein Dieb, der seine Kleider gestohlen fand. Er scharrte seine von offenen Blasen entstellte Hand unter den Blüten hervor und befühlte mit den noch gesunden Fingerkuppen gehorsam ihren Unterarm. Die Schuppen waren einige Millimeter groß, in feinem Schwung gezeichnet, weich und geschmeidig wie Blütenblätter, nachgiebig im Gegenstrich wie Haar, an der Oberseite von transluzentem Schimmer und wächsern glatt, an der Unterseite porig und feucht, dicht überlappend gewachsen, ohne ihren Grund jemals ganz freizugeben. Er versuchte sich vorzustellen, wie sich ein Mensch in so einer Haut fühlen mochte und vergaß, darüber sinnend, sie loszulassen.

»Das kitzelt!«, zog sie sich zurück, aber ihre Augen leuchteten wieder fröhlich, während sie ihn aufmerksam musterte. »Wir haben das Gen nicht den Fischen entnommen, wie Sie vielleicht denken. Das sind keine Schuppen, sie enthalten kein Chinin. Das Gen stammt von einer mutierten, zapfenförmig blühenden Kakteenart, die auf dem Festland entdeckt worden war und die wir inzwischen auch hier züchten. Ihr Lager besteht übrigens aus den Blättern und aus dem Öl dieser Blüten, beide haben heilende Wirkung. Das Gen wurde von der Generation unserer Großeltern zunächst in Haarzellen eingebaut, um sein Verhalten zu beobachten, schließlich wurde es direkt in die Eizellen eingepflanzt. Inzwischen wird das neue Merkmal auf natürlichem Wege vererbt, fast alle unsere Kinder haben Blütenhaut. Wir verstehen uns deshalb als eine freiwillige Weiterentwicklung des Menschen. Wollen Sie meine Kinder sehen?«

Die standen inzwischen schon rundherum. »Er hat sie

angefasst! Ich hab's gesehen! Er hat rote Haut ohne Blätter! Die Sonne kann ihn verbrennen! Dürfen wir ihn anfassen?« Zarte Kinderhände betasteten behutsam seine entstellten Hände, sein Gesicht, das er womöglich selbst nicht wiedererkennen würde, mieden wie von selbst seine Ekel erregenden, eitrigen Wunden. »Du musst nicht weinen, wir tun dir nicht weh.« Unterdessen lächelte er dankbar, weinte erleichtert, Abscheu war wirklich das größere Leid.

Takt <°32°>

»Ich habe bisher geglaubt, die Stadt der Scherben sei wirklich verlassen, bestünde nur mehr aus Ruinen«, forderte YJOµ17*1 den Arzt heraus, der seine eitrigen Blasen öffnete, wusch und desinfizierte, als wäre dies sein gewohntes Tagwerk. Tatsächlich war der Arzt sofort gesprächig, als sei ihm jeder Patient eine willkommene Abwechslung. »Sie sollten nicht alles als so gegeben nehmen, wie Ihre Medien es darstellen. Jede Information wird zuvor auf ihre Wirkung überprüft und entweder so weitläufig interpretierbar oder aber so verkümmert dargeboten, dass Ihr Weltbild keinen Schaden nimmt. Vieles erfahren Sie auch gar nicht mehr, was in der Welt vorgeht. Wo kein Netzwerk, dort keine Menschen, wo keine Menschen, dort kein Leben. Das ist Ihre Devise in YJO.«

YJOµ17*1 schwieg betreten, versuchte das Leid zu ermessen, das so sprechen machte. Er suchte das Gesicht des Arztes, da war kein Zynismus, kein Sarkasmus, nicht einmal Bitterkeit, nur Abgeklärtheit. Der Arzt bemerkte den suchenden Blick, wich aber nicht aus, sondern erläuterte seine Haltung. »Freilich wurde unsere Stadt nach dem Beben evakuiert, offiziell, diese Berichte gingen um die Welt und füllen noch heute verschiedene Archive. Aber vergegenwärtigen Sie sich doch einmal, was es heißt, eine Stadt zu evakuieren. Drei Generationen zuvor hatten schon versucht auszuwandern. Sie sind zu gut einem Drittel zurückgekehrt, weil sie keine Aufnahme fanden. Wie sollte sich die soziale und ökonomische Kapazität der schwimmenden Stadt-

inseln nach einer Katastrophe dahin gehend ändern, dass zuvor schon Abgewiesene plötzlich aufgenommen werden? Und wie viele neue Inseln konnten binnen wenigen Monaten gebaut werden? Ich habe keine in Erinnerung, an der nicht mindestens drei Jahrzehnte gebaut wurde.«
»Sind also nicht alle Bebenopfer evakuiert worden?«, folgerte YJOµ17*1 noch immer mehr höflich als gläubig.
Der Arzt schätzte seinen Zuhörer mit einem kurzen Blick richtig ein. »Viele Zehntausende wurden aus Hilfsbereitschaft aufgenommen und es sind jene, die die seinerzeitigen Schiffe und Dokumentationen füllten. Aber ebenso viele sind umgekommen und ebenso viele haben sich versteckt, als die Retter kamen.«
»Diese Opfer wussten von den Rettungsmaßnahmen und haben sich trotzdem versteckt?« Langsam begann YJOµ17*1 zu begreifen, dass er keine Ahnung hatte haben dürfen. Der Arzt hörte die neue Klangfarbe in seines Patienten Stimme und gab der seinen einen Schimmer der Hoffnung. »Diese Menschen wollten ihre bitteren Erfahrungen nicht aufgefrischt wissen und nicht nochmals durchleben müssen. Welche der neueren Gesellschaften konnte und wollte ihre gentechnische Hygiene wirklich auf die Probe stellen und Menschen aufnehmen, deren Mutationen über Jahrzehnte unkontrolliert geblieben waren?«
»Aber hatten nicht auch die AKY und SY Kontrollsysteme im Einsatz? Warum waren dann die YJO so grausam?«
»Die YJO waren hilflos und sind es noch. Sie vergessen, dass unsere Daten schon lange Zeit vor der Katastrophe automatisch gefiltert wurden. Indem wir immer wieder Schäden an den Bauwerken hinnehmen mussten und dadurch periodisch hoher Strahlung und biologischer Kontamination ausgesetzt waren, galt unser gesamtes Genmaterial als instabil und mathematisch nicht abgesichert. Indem weiterhin unsere elektronischen Systeme externen Kontrollroutinen unterworfen wurden, galten auch unsere

Systeme als langsam, unzuverlässig und schließlich zweitklassig. Als wir dann im Beben alle Festverkabelungen einbüßten, hörten wir schlicht auf, ein Teil der Zivilisation zu sein.«

YJOµ17*1 wollte das Geschehen sofort wieder gutmachen. »Was ist mit den verbliebenen Satelliten? Gibt es keine Möglichkeit, Daten über Funk auszutauschen?«

Jetzt lächelte der Arzt zum ersten Mal, aber nicht spöttisch, sondern milde. »Die Kapazität der alten Satelliten reicht nicht aus und Raketen sind inzwischen illegal. Die noch nicht verglühten Satelliten dienen lediglich zu unserer Überwachung, was natürlich auch beweist, dass unsere Existenz sehr wohl auch in YJO bekannt ist. Wir werden also geduldet, wenn auch nicht ohne Beobachtung. Möglicherweise sehen wir gefährlich aus, was meinen Sie?« Er zeigte sich kurz von der Seite.

YJOµ17*1 musste lachen, was ihm aber ebenso unpassend schien, wie ein Kompliment auszusprechen. »Hat das Krankenhaus kein Datenkabel? Das könnte doch zur Verfügung gestellt werden?«

Der Arzt wurde ernst, als bäte er den Tod um ein Leben. »Sie verstehen den Zweck dieser Anstalt nicht, junger Mann. Die YJO brauchen eine Einrichtung, die ihre heile Welt vor der Wahrheit abschirmt. Die Anstalt dient als Filter, der nur in einer Richtung durchlässig ist, verstehen Sie?«

YJOµ17*1 blickte hilflos in ein Gesicht aus Marmor. »Das verstehe ich leider wirklich nicht.«

Der Arzt musterte ihn ungewöhnlich lange, bevor er seufzend fortsetzte: »Die Anstalt ist exterritorial. Wer hineingelangt, mag genesen, was selten geschieht, und wird in dem Glauben in die Zivilisation zurückgeschickt, er sei auf einer Erholungsinsel gewesen. Wer ohne Entlassung herausgelangt, ist so gut wie aus der Welt; sein Code und seine Konten werden wegen ungesicherter Identität gelöscht, womit ihre Genese auch historisch getilgt wird.«

»Exterritorial? Sie können keine Patienten hinschicken?«
Der Arzt erkannte, dass seine Worte erst später verstanden werden würden. Seine Stimme wurde gutmütig. »Gelände und Gebäude sind, wie Sie wohl bemerkt haben, streng bewacht. Von uns, von dieser Seite her, ist noch nie jemand in die Anstalt gelangt oder eingedrungen. Wir können ohnehin nicht aufgenommen werden, weil wir keine Chronometer führen und damit keinen Code. Offiziell gibt es uns gar nicht. Wir sind frei wie die Mutationen, die auf dem Festland überlebt haben.«
Der junge Patient verlangte zu schnelle Auswege, um zuzuhören. »Wie können sich die AUY das gefallen lassen? Haben Sie nicht vor, diese Isolation aufzubrechen?«
»Freiheit ist gut brauchbar, junger Mann. Wissen Sie, unser Vertrauen in die abgeschirmten Gesellschaften ist eher gering. Wir haben andere Pläne. Wenn es uns gelingt, Kiemen zu entwickeln, werden wir das Wasser bevölkern, Plankton züchten und Rechner aus Bakterienkolonien bauen.«
»Kiemen?«, vergaß YJOµ17*1 die Blütenhaut. »Wie soll das gehen?«
Der Arzt setzte ein schlaues Lächeln auf. »Die Lunge hat sich aus dem Vorderdarm entwickelt. Wir suchen ein geeignetes Gen, das den Darm zur Bildung weiterer Zellen anregt. Fische und Amphibien gelten bei uns als Glücksbringer.« YJOµ17*1 schluckte ein »Aber!«, in seinem Kopf überstürzten sich Bilder, die er noch nie zu denken gewagt hatte. Jetzt lachte der Arzt ein tiefes Lachen, seine Bauchdecke hüpfte vor Freude. »Wer will wissen, welche Wege das Leben nimmt? Welche Gesellschaft kann dem Menschen vorschreiben, was ein Mensch ist?« Er warf einen heiteren Blick auf den Verstummten, packte seine Instrumente ein. »Leben Sie wohl, junger Mann, ich denke, Sie werden mich nicht mehr brauchen.«
»Wie kann ich Ihnen danken?«, begehrte YJOµ17*1 jetzt

schnell, noch sichtlich verwirrt. Der Arzt wusch sich seelenruhig die Hände. »Unterrichten Sie Ihre Gesellschaft beizeiten, dass Sie uns nicht fressen soll. Aber warten Sie, bis es so weit ist, wir werden Sie verständigen.« Die flehenden Blicke der jugendlichen Augen winkte er fort. »Sie denken vielleicht, ich scherze, dem ist aber nicht so. Bitte prägen Sie sich ein: keinen Tag, keine Stunde vorher! Wenn Sie uns zu früh verraten, werden wir nicht überleben.« Er vergewisserte sich, dass YJOµ17*1 eine Gänsehaut bekommen hatte, dann war er fort. YJOµ17*1 fand auf einem seiner Wundverbände einen Siegelabdruck. Es zeigte einen Flossenfuß, dessen fünfte Zehe gegengreifen konnte.

Takt <°33°>

Noch während seiner Genesung hatte sich YJOµ17*1 zaghaft auf die Suche begeben. Seine Tage hier sollten gezählt sein, zu gering waren seine Chancen, hier länger ohne ernsthaften Schaden für seine Haut zu verweilen. Zwar erfreute ihn der Umstand, dass seine Lunge mit dem Angebot der beglückenden Gärten auskam, die ganze Stadt war in den oberen Etagen durchwachsen und überwuchert, aber er musste tagsüber doch immer im Schutz der Dächer bleiben und konnte nur nachts offene Straßen und Plätze überqueren. Morgen für Morgen kehrte er heim, um erschöpft das Lager aufzusuchen, ohne einen Ansatz, einen Anhaltspunkt gefunden zu haben. Er hatte inzwischen fast alle jene verlassenen Viertel der Scherbenstadt durchstreift, die von den AUY gemieden wurden, über die sie ihm deshalb nichts zu berichten vermocht hatten. Da er seinen Rettern vertraute, wies er den Gedanken ab, was er suchte, sei in ihrer Mitte zu finden. Es gab hier zwar Strom, der offenbar von der Anstalt und dem Lüftungsturm abgezweigt wurde, aber die Rechner waren veraltet und ohne Netzverbindung. Die AUY hätten sich sofort einer besseren Quelle bedient, sofern eine solche auffindbar gewesen wäre.

Seine Retter versorgten ihren einzigen Gast liebenswürdig mit allem, was er brauchte, sofern sie es nur irgendwo auftreiben konnten. Manches Utensil lag nutzlos in den Kellern und Magazinen vergessen, manches fand sich im Schutt vergraben. Zuweilen trafen irregelaufene Lieferungen der

SY an die AKY im toten Hafen ein, wo sie mit Übung verratender Behändigkeit abgefangen wurden, sobald nur der Siegeldruck eines Flossenfußes auf der Verpackung erblickt wurde. Niemals aber verirrte sich eine Lieferung der YJO, was für den etwas ungestümen, aber höflichen und dankbaren Gast sprach, der inzwischen ohne sein Zutun den Titel »Botschafter Akyjosy« erworben hatte. Was Botschafter Akyjosy suchte, das verstanden die AUY nicht und sie zürnten ihm auch nicht, als er bat, es verschweigen zu dürfen. Es war ein beliebtes Ratespiel geworden, was er, der die Welt gesehen haben musste, kam er doch von den YJO über die SY und AKY hierher, denn hier finden wollte. Dazu gesellte sich der eigentliche Reiz der Sache, wer von den AUY zuerst das Geheimnis der Bedürftigkeit des Gastes würde ablesen können, was seine Versorgung naturgemäß sehr unterstützte und mit vielen lauschigen Geschichten umrahmte. Er schien ein Vorhaben in sich zu tragen, das von den YJO nicht gebilligt werden konnte, sonst wäre er nicht gesund aus der Anstalt geflohen, um seine Haut zu opfern. Das war den AUY Bestätigung genug, dass er aufrichtig war und ihnen nicht schaden wollte. Auch ahnten sie zu Recht, dass ihr Gast sie vor einer bedrohlichen Mitwisserschaft bewahren wollte. Also ließen sie ihn gewähren in der Zuversicht, sein Vorhaben würde sich alsbald von selbst zu erkennen geben und sie würden rechtzeitig eingreifen können, sollte sich dies als notwendig erweisen.

Zudem hatte sich herumgesprochen, dass Botschafter Akyjosy der Blütenhaut nicht abgeneigt war, was verschiedene aufblühende Geschöpfe veranlasste, sich von ihrer Wirkung zu überzeugen. Der junge Mönch sah sich so insgesamt einer Fülle von neuen Eindrücken gegenüber, auf die er sich kaum bis gar nicht vorbereitet fand, was ringsum für neue Abwechslung und Heiterkeit sorgte, ihn aber zuweilen hilflos in einer ungekannten Einsamkeit zurückließ.

Schließlich wurde er scheu und widmete sich ganz seiner Aufgabe, um möglichst rasch einen Weg nach YJO zu finden.

Takt <°34°>

*»Wahre die Blume deiner Tapferkeit,
die einsam sich müht,
wo der Atem des Tages verglüht
zwischen turmhohen Scherben,
den Lebensquell des Landes
zu schützen vor dem Verderben,
vor der Drangsal, keimend aus der Eitelkeit
des nur der Zahl gehorsamen Verstandes.
Spende der Blume die Nahrung des Lichts,
auf dass ihr kaum gereift der Mut nicht gebricht,
zu öffnen den Kelch der ungeschauten Farben,
nicht länger lass darben,
was da harrt in schauriger Umgebung,
selig erquickender Belebung.«*

»Du bekommst ja seltsame elektronische Post, YJOµ57!«, lachte sein Kollege, als er den verspäteten Bildschirm erblickte. »Liest du neuerdings Lyrik?«
»Das ist, glaube ich, eine Alterserscheinung. Abends werde ich müde, da nehme ich mir so etwas mit nach Hause. Zuerst wusste ich gar nicht, dass es so etwas wie Gedichte noch gibt, in unserer Zeit, meine ich, aber dann bin ich auf den Geschmack gekommen.«
»Wo hast du das Zeug denn aufgestöbert?«
»Ich habe verschiedene Clubs abgeklappert, damals, um meine Trauer zu beenden, du weißt schon. Da hat irgendwo eine Frau vorgelesen.«

»Und die hat dir gefallen?«
»Sei nicht so derb! Ihre Stimme hatte einen Klang, den ich nicht vergessen wollte. Aber es war gar nicht ihre Stimme, es waren die Worte, die klangen. Ich habe mich in den Klang der Worte verliebt, wenn es so etwas gibt. Also habe ich zu sammeln begonnen, ein bisschen zumindest.«
»Verstehst du denn den Sinn solcher Worte? Blume der Tapferkeit und so?«
»Das ist gar nicht nötig, ich erfreue mich am Klang der Worte. Manchmal entstehen auch Bilder in meiner Vorstellung und ich träume dann was Schönes.«
»Und der komische Taucherfuß da unten, was ist das?«
»Das ist die Signatur der Dichterin, sie möchte sichergehen, dass ihre Worte nicht einem anderen Autor zugesprochen werden. Das ist bei den Künstlern so üblich, glaube ich, so wie bei den Konstrukteuren, geistiges Eigentum und so.«
»Sie ist wohl die Dame mit der tollen Stimme?«
»Hau ab!«, lachte YJOµ57, »oder hörst du etwas?«
»Selig erquickende Belebung! Du Alterserscheinung«, salutierte der Kollege mit einem Augenzwinkern.

YJOµ57 schloss hinter ihm ab, wie immer, wenn er als Letzter aufräumte, alle Systeme sicherte und sperrte. Nur sein Schirm blieb hell, mit geübtem Sinn entzifferte er die Zeilen. »Blume deiner Tapferkeit«, hmm, bisschen üppig für meinen Spross, »zwischen turmhohen Scherben, wo der Atem des Tages verglüht«, was will er denn in der Stadt der Scherben, in diesem Glutofen? Haben sogar wir ausgelassen, zu viel Beton, zu wenig Stahl. »Den Lebensquell des Landes schützen vor dem Verderben«, na ja, meine Freunde haben's nötig, »vor der Drangsal, keimend aus der Eitelkeit des nur der Zahl gehorsamen Verstandes«, immer schöngeistig auf unserem mathematischen Weltbild herumzuhacken, ihre Mathematik ist auch nicht besser, von wegen Eitelkeit. … »Drangsal«?, na ja, Mist, das stimmt, wir sind es, die die Zange schließen.»Spende der Blume die Nahrung des Lichts«? Was soll das, tappt der Junge schon im Dunkeln?»kaum gereift«, na klar, nur Mut! Mein kleiner YJO! Du kommst schon klar,»zu öffnen den Kelch der ungeschauten Farben«? Hölle, das ist schwer,»ungeschaute Farben«?,»Kelch öffnen«?»in schauriger Umgebung«?»harrt selig erquickender Belebung«?»Was zum Henker ist ein Kelch mit ungeschauten Farben?«, fluchte YJOµ57, um den Raum mit ratlosen Schritten zu durchmessen,»der in schauriger Umgebung darauf wartet, belebt zu werden? Wieso will der Junge einen Kelch öffnen, um die SY aus ihrer Drangsal …?! Nein! Nein! Verdammt! Sind die alle verrückt geworden?«

YJOµ57 schob bebend einen Stuhl unter sich, sprang jedoch wieder auf, rannte zur Türe, prüfte sie, lauschte, löschte den Bildschirm, sank auf den Stuhl zurück.»Kein Zweifel!«, sinnierte er.»Der Kelch der ungeschauten Farben«, das ist die Zentrale, denn keiner sieht das Flackern der Dioden.»Verdammt! Dort ist das Ding? Lebensquell des Landes! Na klar, dort sucht keiner. Deshalb keine Suchtrupps für Stahl, keine Aufnahmen! Aber verdammt, das steht er doch nicht durch!« Verzweifelt lief er wieder zur Türe, im Kreise, zur Türe, zurück, hielt inne, zum Schirm zurück, schaltete wieder ein, prüfte Text und Siegel.»Was also wollen diese Verrückten von mir? Mein kleiner Junge, was geschieht mit dir? Was brauchst du? Wo war diese verflixte Zeile? Da: ›Nahrung des Lichtes‹! Jetzt tappe ich im Dunkel. Könnt ihr nicht Klartext …? Nein, könnt ihr nicht. Also, Nahrung des Lichtes, in schauriger Umgebung, damit er den verdammten Schrot …, na eben den Kelch aufmachen kann. Er tappt im Dunkeln, wie ich. Was, wer tappt im Dunkeln? Er oder ich?«

»Moment, schön der Reihe nach. Er ist in der Ruinenstadt, auf dem Weg zum Kelch, und er braucht was von mir. Das muss etwas sein, was es dort nicht gibt, was ich aber hinschaffen kann. Nahrung des Lichtes. Nahrung des Lichtes ...«

»Ha! Na klar! Was bin ich doch für ein lahmer Depp! Er tappt im Dunkeln! Batterien! Er braucht Akkus! Klar, die sind dort aus! Wird sofort erledigt, mein Kleiner. Auch dein Alter ist noch seine Erscheinung wert!« Mit grimmigem Lächeln hämmerte er einige Codes in die Tastatur, eines seiner Roboterbabys hätte sich bei ihm beschwert, die eingebauten Akkus liefen aus, seien nichts wert, was jedenfalls untragbar sei und gehörigen Protest nach sich ziehe, sofern nicht gleich tüchtig und kostenlos für reichlichen Ersatz gesorgt werde. Als Quelle der Reklamation und Lieferort der Nachsendung gab er das Krankenhaus in der Stadt der Scherben an, irrte sich aber in der Adresse dergestalt, dass das Päckchen Süßigkeiten für den Kleinen ein bisschen im Terminal kreisen würde, um seine Adresse an jedem Lesegerät prüfen zu lassen.

»Ist doch eine Kleinigkeit«, freute er sich, sicherte routinemäßig, sperrte erst die Systeme, dann die Türe auf und zu, schleppte sich müde, wie um diese Zeit immer, in den Bereitschaftsraum und schlief schon, fast wie gewohnt, bevor sein Kopf erst das Kissen und dann die Wände schnarchend verbeulte.

Takt <°35°>

Tagsüber schlief YJOµ17*1, um seine nur langsam genesende Haut vor dem Fieber zu schützen, verborgen in den unteren Geschossen der Ruinen. Dabei ertappte er sich, dass er, je länger er unterwegs war, immer tiefere Keller und dunklere Löcher aufsuchte, um sein Lager aufzuschlagen. Anfangs schrieb er diese seine Tendenz seiner Angst vor dem ultravioletten Licht zu sowie vor dem Ozon, das die Schadstoffe aktivierte und die Mikroben unberechenbar machte. Als er aber begann, immer öfter aus Träumen von schwarzen Untiefen hochzuschrecken, um stundenlang mit sich zu ringen, schlich sich eine neue Interpretation ein, die sich immer gründlicher einzunisten wusste. Noch während er sich des Gefühls erwehrte, ob er nicht vielleicht zu schwach für seine Aufgabe sei, überkam ihn die Idee, es müsse nicht notwendig Angst sein, was ihn die Schwärze suchen mache, es könnte auch eine Sehnsucht sein, die von ihm Besitz ergreife. Vielleicht suchte er Geborgenheit, vielleicht aber auch eine unergründliche Verheißung. Lange wog er die Bilder in sich ab, die in ihm aufstiegen, untersuchte ihre Schwärze, ihre Kontur, ihre Schatten, bis er endlich nach langen wachen Stunden eines Nachts aufschreckte. Hatte er diese Bilder nicht schon einmal wahrgenommen? Waren es nicht Ahnungen, sondern Erinnerungen?
Im selben Atemzug erkannte er seinen bisherigen Fehler, den Grund, warum seine Suche bisher gescheitert war. Mussten nicht alle Systeme der Scherbenstadt einst maschinell entlüftet worden sein, solange die Glasdächer noch

intakt gewesen waren? Also mussten alle Abluftsysteme vom zentralen Schornstein aus erreichbar sein und genau dort hatte er jene Konturen und jene Schwärze gesehen, an die er sich jetzt erinnerte. Er musste die Kanäle des Abluftturmes bis an ihren Ausgangspunkt verfolgen, dann würde er fündig werden! Zu lange auch hatte YJOµ17*1 der Versuchung widerstanden, in das zentrale Loch im Boden des Turmes abzusteigen. Es schien ihm zu einfach, zu unglaubwürdig, dass sich hier der Zugang zu einem Versteck befinden sollte. Musste der Zugang nicht selbst verborgen werden, um auch das Versteck zu verbergen? Wie sollte ein Versteck mit dem lautesten und höchsten Rufzeichen der Stadt beginnen, aus allen Richtungen weithin sichtbar?

Als aber seine Suche in den seitlich einmündenden Kanälen nicht fruchtete, erkannte er seinen Irrtum. War dieses Rufzeichen nicht seinerzeit dadurch gekennzeichnet gewesen, dass es den gesammelten Schmutz der Stadt in alle Winde verstreute? Musste der Abluftturm nicht gerade aus diesem Grund die beste Tarnung abgegeben haben, die die Stadt zu bieten vermocht hatte?

Vor Tagen schon hatte er ohne viel Hoffnung auf Erfolg um Batterien für die aufgestöberte Stirnlampe gebeten. Freilich hatte sich seine Befürchtung bestätigt, die AUY könnten, aufgrund ihrer auf Reststoffen beruhenden Industrie, damit nicht aufwarten. Am toten Hafen hatte er Ölfässer gefunden, die zwar verbeult, aber nicht ausgelaufen oder ausgebrannt waren. Inzwischen suchte er nach Fasermaterial, das Dochte abgeben könnte, fand die mehr rußenden als leuchtenden Versuche aber wenig erhellend. Umso erstaunter und erfreuter war er nun, als er unverhofft mit einer Lieferung wieder aufladbarer Akkus bedacht wurde, deren Sortiment nichts zu wünschen übrig ließ. Steckdosen gab es in den verlassenen Werkshallen genug und insbesondere die Kabel zu den Ventilatoren duldeten rasch einige

Umbauten. Als er alle Akkus säuberlich aufgereiht hatte, entdeckte er an der Verpackung das Siegel. Es zerstreute seine letzten Zweifel, wo er zu suchen hatte.

Er erbat sich ein Seil, stieg zur unteren Empore im Turm auf, band das erste Seilende fest, kletterte die Strickleiter hoch, fädelte das zweite Seilende durch einen der baumelnden Geländerknoten, band es an der Strickleiter fest und sägte die Strickleiter frei. Mit einem Ruck spannte das Seil, nun ihn und die Strickleiter tragend. YJOμ17*1 kletterte hinab, band das erste Seilende los und zog an der Strickleiter. Rasselnd fiel sie herab, das Seil in ihrem Schlepptau. Mit doppelter Beute lief er die Stiegen hinab, eilte dem Loch zu, fand, auf dem Boden liegend, knapp unter der Deckenkante eine Verankerung für die Strickleiter, warf sie aus, vernahm ein rasselndes Geräusch und schwang sich hinab.

Wie er vermutet hatte, baumelte er an der Decke einer unterirdischen Halle, deren Wände von seiner Stirnlampe kaum erhellt wurden. Der Turmboden schien nahezu auf die halbe Breite unterkellert zu sein. Unter ihm schleifte die Leiter gerade noch den Boden, von daher stammte sie also! Eine im Herzen auffliegende Hoffnung trug ihn schwerelos hinab.

Den Kellerboden erreicht, band er das Seil in die Leiter und zog beide schräg in Richtung Wand, wo er das Seil festband. Zu seiner Überraschung fand er die Wände gesäumt von Löchern, auch hier, auf dieser unteren Etage mündeten Abluftkanäle. Er schritt die Runde ab und nummerierte die Mündungen, suchte Unterschiede auszumachen, Transportspuren, Leitungen, irgendeine brauchbare Spur. Nichts. 48 mögliche Irrwege. Gab es etwa auch noch Mündungen im Kellerboden? Nein, der Boden war geschlossen. Also lag der Zugang hier verborgen, verborgen in den 48 Möglichkeiten. Er prüfte seine Ausrüstung, fand sie zu gering, band die Leiter los, kletterte hoch.

Eine Woche dauerten seine Vorbereitungen, dann hatte er

beisammen, was er brauchte, oder dachte, dass er brauchen würde. Jede Nacht war er wiedergekommen und hatte einige Kanäle jeweils einige Meter tief erforscht, um mit wachsendem Misstrauen immer mehr Ausrüstung heranzuschaffen. Er argwöhnte, dass diese Kanäle keine Kanäle waren. Kein Luftsog war zu spüren, die Wände waren nicht vom Abwind geschliffen, die Mündungen lagen zu dicht beisammen, ihre Richtungen divergierten zu wenig.

Warum gab es hier keine Ventilatoren? Sollte der Höhenunterschied hinreichen, einen Sog aufgrund des Temperaturunterschiedes zu erzeugen? War der Sog der Ventilatoren in der oberen Etage hier herunten noch wirksam? Musste die von den Wänden weit vorragende Kellerdecke den Luftsog nicht verwirbeln, zu stark bremsen, vielleicht zum Erliegen bringen?

Einige Kanäle glitten sanft in die Tiefe, andere stiegen leicht an, aber alle begannen nach wenigen Metern, sich unmerklich zu krümmen, um allmählich ebenso unmerklich ihre Richtung zu ändern, nie aber ihre Steigung. Aus einer lebhaften Erinnerung heraus markierte YJOµ17*1 alle paar Schritte die Wände, als er sich entschlossen hatte, den Ursprung des ersten Kanals zu finden. Als er nach einigen Minuten eine Kreuzung passierte, warf er eine Schnur aus, deren Länge aber bald erschöpft war. Wieder markierte er die Wände, deren Krümmung seltsam klein geworden war. Nach weiteren, diesmal endlos währenden Minuten stand er wieder vor einer Abzweigung. War es eine Kreuzung? Nein, kein Faden. Vorsichtig nummerierte er alle vier Flanken der sich teilenden Wände und zeichnete einen Pfeil in der Richtung, in der er angekommen war, dann wählte er den rechten Ast des Weges. Diesmal zählte er die Schritte, wog die Minuten. Tatsächlich, nach 170 zögerlichen Schritten, vielleicht nach zehn Minuten, lag ihm der Faden quer zu Füßen. Er war in einem unterirdischen Labyrinth! Wo fing der Faden an? Wo hörte er auf?

Er hatte vergessen, die Richtung anzuschreiben, in der er den Faden ausgeworfen hatte! Hingekauert dachte er nach. »Jetzt ganz ruhig bleiben, logisch vorgehen!«, hörte er sich halblaut sprechen. »Der Faden hat nur zwei Enden, das sind nur zwei Möglichkeiten. Am Anfang des Fadens habe ich Strichmarkierungen geschrieben. Verdammt! Am Ende auch!« Wieder dachte er nach. Dann ließ er den Faden liegen, drehte sich um, zählte 170 Schritte.
»Nichts. Waren die Schritte zu klein? Habe ich mich verzählt? Habe ich die Abzweigung übersehen? Das kann nicht sein!« Er markierte die Stelle »170«. Dann zählte er weiter, unsicher geworden, tappend. »Ja, da! Die Abzweigung. Die Flanken nummeriert. Der Pfeil. Wohin weist der Pfeil? Vor oder zurück?«
»Ich habe den Pfeil gezeichnet, so wie ich gekommen bin! Also muss ich gegen den Pfeil weitergehen!« Zögernd, unruhigen Schrittes folgte er seinem Gewissen. »Aber erinnere ich mich richtig?« Ja, da tauchten Zeichen an den Wänden auf, beschleunigten seinen Schritt, er hastete aus der Angst in die Hoffnung. »Da ist der Faden! Ist es sein Anfang oder sein Ende?« Er hielt inne, gedachte der Äbtin. »Was hier tötet, das ist Panik! Sammle dich!« Er lehnte sich mit der Schulter an die Wand, sorgfältig jede Drehung des Körpers vermeidend. »Der Faden muss hier enden, denn ich habe ihn mitgebracht! Vorne ist dort, wo ich hinsehe!« Er lief den Faden entlang, huschte über die Kreuzung, da waren die Zeichen an der Wand, noch wenige Schritte, die Halle!
Noch in derselben Nacht kam YJOµ17*1 zur Gewissheit, dass er auf dem richtigen Weg war. Denn welch anderen Sinn mochte es haben, ein Labyrinth in einen Festlandsockel zu graben, als einen Zugang verbergen zu wollen? Ebenso gewiss wurde es jedoch auch, dass er Monate brauchen würde, um das Labyrinth zu beschriften, um dann vielleicht doch nur den Tod zu finden. Wie also sollte er das Gewirr der falschen Kanäle entwirren?

Die nächsten Nächte plünderte er die desolaten Depots am Hafen und schleppte Material in den Turm, als wollte er Babylon neu errichten, um das Zeug dann mühsam Stück für Stück in den Turmkeller abzuseilen. In jenem ersten Kanal, in dem er gescheitert war, entzündete er an der ersten Kreuzung ein altes Fass mit Bitumen, lief dann in die Halle zurück und verschloss den Kanal mit einer vorbereiteten Wand aus Blech- und Kunststoffteilen und einer zwischengenagelten Folie. Nach einigen Stunden kam der Rauch aus vielen anderen Mündungen zurück in die Halle, angesogen von den Turmventilatoren und zurückgeworfen von den Schleifen und Sackgassen des Labyrinths. Begeistert markierte YJOµ17*1 jene Mündungen, die keinen Rauch freigaben, um den Versuch in den nächsten Nächten in anderen Kanälen zu wiederholen, so lange, bis nur eine Mündung ihre alte Markierung unversehrt bewahrte. Der Zugang war gefunden, er trug die Nummer 17. YJOµ17*1 tröstete sich damit, dass er selbst die Nummern ausgeteilt hatte; und diese eine war immerhin leicht zu merken.

In der nächsten Nacht trat YJOµ17*1 seinen Weg an. Kanal 17 war frei von Rauch und Ruß geblieben, schon nach wenigen Kurven verlief er geradlinig leicht bergab. Dieser Kanal musste eine eigene Zuluftzufuhr in der Tiefe haben! Trotzdem markierte YJOµ17*1 seinen Weg mit Pfeilen und aufsteigenden Ziffern, der trügerischen Geradlinigkeit misstrauend. Nach 420 Schritten war der Kanal zu Ende, YJOµ17*1 stand vor einem Schüttkegel aus Felsgeröll, deren größte Brocken er ungläubig betastete. Der wahrscheinlich einzige Zugang war eingestürzt oder gesprengt worden. Entmutigt drehte er sich um, um zurückzugehen. Hatte er eine seitliche Mündung übersehen? Da waren seine Pfeile, die Ziffern. Aber irgendetwas stimmte nicht. Ging er bergauf? Ja, das stimmte. »Fels!«, fiel ihm ein, »ich bin im Festlandsockel! Das ist ein Bergwerk gewesen!« Er hielt inne. War da ein Geräusch gewesen?

Er lauschte reglos, angestrengt. War da ein Luftzug? Langsam drehte er den Kopf, um zurückzublicken. Wieder vermeinte er, einen Luftzug zu verspüren, ein Geräusch zu vernehmen, an der Hand, die er lauschend zum Ohr führte, den Hauch einer Berührung wahrzunehmen. Die Fledermäuse! Er kehrte um. Die Schachtdecke über dem Geröll bestand aus rissigem Fels, der leichte Versinterungen zeigte, es gab hier also Wasser, er stand am eingestürzten Eingang einer Höhle. Aber wo waren die Fledermäuse? Da! Ein faustgroßes Loch in einem Riss an der Decke! Er leuchtete hinauf, steckte den Arm hinauf, beugte den Ellbogen, seine Hand fand keinen Widerstand. Ein Felskamin! Die nächste Nacht schleppte er ausgebaute Kabel, Leuchten, Werkzeug und Ausrüstung aus den verlassenen Hallen und Depots heran. Sogar einen passenden Helm und einen Neoprenanzug hatte er in einigen vergessenen Metallkisten aufgestöbert. Wasser und Proviant erbat er sich von seinen diesmal kopfschüttelnden Freunden, um ab jetzt Tag und Nacht ineinander zu verwandeln. Der Keller des Turmes wurde sein Zuhause, das Geröll sein Arbeitsfeld. Nach drei Tagen hatte er so viel Gestein rund um das Loch abgestemmt, herausgebrochen und beiseite gewälzt, dass er in die vertikale Felshöhle aufsteigen und die Szene ausleuchten konnte.

Tatsächlich, oberhalb der eingestürzten Schachtdecke war ein Hohlraum frei geblieben, das Gestein war gesund, der Boden, die Oberfläche des Absturzes, war, von nachgerieseltem Sand und Schluff geglättet, bekriechbar. Nach vielleicht acht Metern wendeten sich Kriechgang und Decke zur Seite, wölbten sich beide zudem nach unten, dort mussten Abbruch und Schuttkegel enden. Aber sollte ausgerechnet dort das andere Ende des Luftkanales noch erreichbar sein? Wo waren die Fledermäuse? Kein Kot! Es musste noch einen Ausgang geben! Er entzündete ölige Fasern, der Rauch zog waagrecht ab in jene Richtung, in die er wollte.

Einige Stunden rastete YJOμ17*1 im Turmkeller, um Mut zu sammeln, Kräfte zu gewinnen, seine Einsamkeit zu überdenken, seinen Entschluss zu prüfen. Sollte er den Alleingang wagen? Würde er Helfer gewinnen können, ohne sein Vorhaben preiszugeben und dadurch zu gefährden? Er stopfte einen improvisierten Schleifsack mit dem Nötigsten, überschlief die Sache noch einmal, prüfte seine Ausrüstung, um dann allein aufzubrechen. Das Stemmloch war unverändert, das Gewölbe intakt. Langsam schob er sich voran, bedacht, seine Knie oder Ellbogen nicht gegen aufragende Steinkanten zu schlagen, während der behelmte Kopf sich immer wieder an der kantig abgeplatzten Decke versuchte, um die Stirnlampe in Gefahr zu bringen. Als der Boden abschüssig wurde, knirschte es an der Decke und wurde finster. Er schob sich eine halbe Körperlänge zurück, betastete den Helm, er hatte die Lampe abgestreift. Suchend spähte er hinter sich, rund um sich, wobei ein Scharren laut wurde und da und dort ein Lichtkegel die Enge des Raumes durchmaß. Die Lampe baumelte noch an den Gurten in seinem Nacken. Erleichtert zog er sie über den Helm, schob sie zurecht, kroch mit einem Kälteschauer im Gesicht vorwärts. Sein Schweiß wurde durch einen Luftsog rasch abgekühlt, ein gutes Zeichen. Der Boden fiel jetzt gefährlich ab, seine Hände suchten stützenden Halt im Geröll, gruben sich in den Schluff, spreizten gegen Decke und Wände. Er überlegte, sich umzudrehen und abzuklettern, wie aber dann Ausschau halten?
Es half nichts, seine Hände konnten den Leib nicht mehr allein stützen, während er die Beine wie nutzlosen Ballast nachziehen musste. Er suchte Tritte, drehte sich um, kletterte ab. Alle halben Meter kauerte er sich hin, suchte Stützgriffe, brachte den Kopf nach vorne und unten, suchte das Geröll unter sich ab, die Decke über sich, die zurückweichenden Wände. Der Schliefgang weitete sich, fiel über

eine Wandstufe ab. Sollte er zurück, ein Seil, eine Strickleiter holen? Unten tauchten Tritte in den Lichtkegel, wieder schob er die Beine nach unten, ließ den Körper hinunter, spreizte die Beine in die Tiefe, fand die Tritte, wand sich, krümmte sich, einen Abstieg suchend, fand Zug-Griffe, ließ sich weiter hinab, stemmte abwechselnd Gesäß und Schultern gegen die heranwachsende Rückwand, stocherte mit den Beinen unter sich nach Widerstand, stieß einen Tritt in die Tiefe, ruderte mit den Beinen plötzlich in der Luft, während seine Ellbogen Brustkorb und Gesäß gegen die Rückwand pressten. Weit unter sich vernahm er einen dumpfen Aufschlag. Rief in die Erde zurück in ihren Schoß? Versuchten die Moleküle des Planeten, den unterbrochenen Austausch von Photonen wieder allseitig zu machen, unter sich wieder ohne willkürliche Ausnahme auszugleichen? War die bedingungslose Kooperation der irdischen Moleküle, zu denen er sich doch zählen musste, jene Schwerkraft, der er nun im Tode gehorchen sollte, weil er ihr im Leben zu widersprechen gewagt hatte?

Takt <°36°>

Nach knapp sechs Stunden wurde an ihm gerüttelt, unsanft, nicht wie sonst wegen des Schnarchens. YJOµ57 sprang, nein, fiel sofort aus dem Bett, eine Hand blieb in den Decken verstrickt, ein Knie am Boden kleben, der Kopf zwischen den Schultern hängen.»Was ist? Ein Notfall? Wo? Was? Wer?«
»Setzen Sie sich wieder hin! Sicherheitsdienst. Wir haben nur ein paar Fragen, ganz routinemäßig«, begann der eine, während der andere ohne Pause fortsetzte:»Sie bekommen viel Post ohne Absender. Warum umgehen Sie das Urheberrecht?« Beide gestikulierten während des Sprechens mit ihren großkalibrigen Faustfeuerwaffen, auf denen Schalldämpfer aufgeschraubt waren.
YJOµ57 rieb sich mit einer Hand die Träume von einem Kelch aus den zerknitterten Brauen oder auch den Zorn aus den noch immer gebeugten Schläfen, während die andere Hand unbeholfen verfangen unter der Decke Gleichgewicht suchte, indem die Beine sich unter den Knien zu schlichten begannen.»Ich bin hier der Sicherheitsdienst. Wie sind Sie hier eingedrungen? Welche Räume haben Sie bisher betreten? Was haben Sie vor? Vier gegen einen?«
Kurz wendeten die beiden ihren Kopf, zu spät ihren Irrtum erkennend, YJOµ57 hielt bereits eine automatische Waffe im Anschlag, ganz routinemäßig, seine Stimme klang kalt.
»Waffen fallen lassen, Hände über den Kopf.« Die beiden feuerten unterdessen auf YJOµ57, zielten aber zu hoch, ihre Hände wurden von den Waffen nach oben gerissen, bis

die Waffen unter den Flüchen der Eindringlinge dumpf an der Decke aufschlugen und kleben blieben.»Los jetzt, Hände über den Kopf, Arme strecken, langsam umdrehen, schön langsam drei Schritte vor, schön langsam, keine Dummheiten, zwei Schritte zur Seite, vorbeugen, in den Liegestütz runter, der Große zuerst, jetzt du, na komm schon, ich bin am Drücker, Becken hoch, weg vom Boden, Beine auseinander, noch weiter auseinander, sind dir deine Organe nicht heilig? Na komm schon, Mund zu, Finger nach vorne, schön ruhig atmen, wenn du müde wirst, geht's dir schlecht.«

Jetzt stürmten drei Kollegen über den Gang herein, mit automatischen Waffen im Anschlag, zwei postierten sich links und rechts, einer bückte sich rasch, Handschellen klickten, die Faustfeuerwaffen fielen von der Decke zu Boden, wurden sichergestellt, der Spuk war vorbei.»Danke«, begnügte sich YJOµ57 trocken, aber mit deutlicher Wärme in der Stimme und einem Nicken zu seinen Kollegen.»Führt sie ab, bewachte Verwahrung, Verhör in einer halben Stunde. Erst müssen wir nachsehen.«

Im Rechnerraum war alles in Ordnung, alle Systeme waren gesperrt, aber intakt. YJOµ57 lief in die Schaltzentrale hinüber, erstaunte Gesichter, Stimmengewirr.»Du?« –»Wo sind die ...?« –»Ihr habt sie reingelassen?« –»Was hast du mit ihnen ...« –»Seid ihr bei Trost?« –»Wir durften dich nicht ...« –»Ohne mich zu fragen?« –»Wir mussten ...« –»Was durftet ihr, was musstet ihr?«

»Wir mussten sie reinlassen, sie hatten intakte Codes, intakte Chronometer ...«

»Detektive der Gesellschaft? Ihr habt mich an diese Typen verraten?« YJOµ57 schäumte, legte aber die Waffe so sachte beiseite, als wäre sie zerbrechlich.

»Die hatten eine Vollmacht der Gesellschaft! Was sollten wir machen?«

»Vollmacht? Lass sehen!« Schon stand er fluchend mit

schmalen Augen beim Bildschirm.»Tatsächlich! Sicherheitsdienst der Gesellschaft. Diese Typen?« Er fing zu lachen an.»Die sollten mal bei uns ein bisschen nachsitzen, meint ihr nicht?«
»Heh, jetzt rede endlich, was hast du mit ihnen gemacht?«
»Ach, Unterhaltung gibt's später, jetzt an die Arbeit!«, winkte er ab, griff zum Hörer,»ich lasse bitten, das Verhör findet hier statt«, wandte sich um,»na, wollt ihr keine Sessel holen? Ich will aber keinen Mucks hören, eiserne Disziplin! Ein Auge bleibt auf dem Schirm! Ja keine Panne! Alarmstufe eins!«
Die Betriebswache kam mit den Sicherheitsleuten in Handschellen herein, die heftig protestierten.»Das wird Sie Ihren Job kosten! Wir sind Ihnen übergeordnet! Sie haben unseren Befehlen zu gehorchen! Nehmen Sie uns die Handschellen ab! Wir verlangen unsere Waffen zurück! Sie sind verhaftet!«
YJOµ57 schob zwei Stühle zurecht.»Bitte, meine Herren, beruhigen Sie sich erst einmal, Sie sehen irgendwie mitgenommen aus. Wie ich höre, wollen Sie mich verhören. Was wollen Sie denn hören?«
»Los, nehmen Sie uns die Handschellen ab!«, tönte es wieder doppelstimmig, gereizt ob der Verhöhnung und doch auch etwas kläglich ob des Scheiterns.
»Ruhe bitte«, wurde YJOµ57 wieder kalt,»hier gilt die Hausordnung, vorgesetzt hin oder her. Und für die Hausordnung bin ich zuständig. Außerdem werden auch Sie Ihren sehr viel besser dotierten Posten nachweinen, wenn ich von Ihren Fähigkeiten berichte, womit ich, versteht sich, nur meiner Pflicht nachkomme. Also? Wollen Sie Ihren Auftrag nicht erfüllen? Verhören Sie mich!«
»Sie haben wohl Ihren Verstand eingebüßt! In Handschellen? Unter Waffengewalt?«
»Das ist nun mal die Hausordnung. Sie sind betriebsfremd. Haben Sie Ihren Text nicht gelernt?«

»Mistkerl! Wir lassen dich sieben!«
»Aber, aber, unsere Gesellschaft beschäftigt Sie doch nicht, damit Sie Ihre Arbeit abgeben? Soll ich dem Vorstand mitteilen, Sie belieben zu streiken, wollen sich die Hände nicht schmutzig machen?« Er griff zu seiner Waffe, spielte fingerfertig mit ihr. »Vielleicht bekomme ich Ihren kostbaren Job? Bin ich nicht ganz aus dem alten Hollywood? So ein richtiger Typ? Oder wie werden denn ehrenwerte Detektive der Gesellschaft genannt, die anderen an den Kragen wollen? Haben Sie überhaupt eine Lizenz für Ihr Spielzeug? Durchsuchen!«, befahl er knapp, nahm kurz darauf zwei Chipkarten entgegen, warf sie, ohne sich umzudrehen, nach hinten auf den Tisch, »einlesen, prüfen, in den Tresor!«
»So, ich bin fertig mit meinen Pflichten, jetzt sind Sie dran. Ich bin ganz Andacht.« Er legte die Waffe außer Reichweite und setzte sich gemütlich vor seine beiden Gefangenen. »Ist doch nett hier, so unter Kollegen? Richtig dienstlich?«
»Sie bekommen einen Prozess, dass Ihnen die Luft ausgeht!«
»Wie meiner Frau vielleicht auf einer kleinen Reise?«, fragte er ganz sanft, fast süßlich.
»Damit haben wir nichts …!«, brauste ein cholerisches Gesicht gekränkt auf, um von einem Ellbogen einen harten Rippenstoß zu ernten.
»Klar, Sie sind öfter im Streik, wie es aussieht«, machte sich YJOµ57 zynisch Luft. Dann deutete er auf seine Waffe und wandte sich an einen Kollegen. »Ich übergebe dir das Kommando, schließlich werde ich verhört. Aber pass gut auf mich auf, ich bin in Gefahr. Klar?« Der andere nickte. »So, meine ehrenwerten Herren Detektive der Gesellschaft, ich stehe Ihnen geistig zur Verfügung, wie immer Sie damit umzugehen vermögen.«
»Nehmen Sie uns die Handschellen ab!«, begehrten die Herren zornig vom neuen Kommandanten, der phlegma-

tisch den Kopf schüttelte und ein undeutliches »Hausordnung« brummte.
»Haben Sie nun den Auftrag mich zu verhören oder nicht?«, begehrte YJOµ57. »In einer Stunde beginnt mein Dienst! Schaffen Sie das bis dahin?«

Takt <°37°>

Die Beine am Höhlendach baumelnd, den Oberkörper zwischen Oberarmen und Fels verklemmt, drehte YJOµ17*1, schwer nach Atem ringend, die Unterarme langsam unter den verkeilten Ellbogen zur Seite, mit den Fingern eine Kante suchend, fand für die Linke einen Riss im Gestein, für die Rechte ein schlammiges Wasserloch, fasste hart, drehte die entlasteten Ellbogen unter den Schultern seitlich hervor, streckte den verklemmten Körper, zog ihn einige Zentimeter hoch, klemmte mit Schulter und Gesäß über die Linke, um die Rechte freizubekommen, suchte tastend über sich. Kein Griff!
Er schob die Rechte wieder unter sich, krümmte und verkeilte den Körper über der rechten Schulter, versuchte es links, fand den Riss auch oberhalb, klemmte, zog, brachte den rechten Daumen in das Wasserloch, den rechten Arm in den Stütz, das rechte Knie zurück über die Abbruchkante, klemmte mit dem Unterschenkel, drückte den Körper hoch. Das linke Bein hörte auf zu zappeln, auch das linke Knie schlurfte über die Kante zurück, die Ferse fand die Rückwand des Abbruchs, auch dieses Bein tat seinen Dienst, schob den Körper hoch, die Hände fanden neue Griffe, die gespreizten Beine links und rechts reibenden Halt. YJOµ17*1 schnaufte, pumpte mit rasenden Lungen jene Hitze in sein Blut zurück, mit der seine Zellen der Schwerkraft zu widersprechen gewagt hatten, weiterhin widersprechen wollten. Noch lebte er, noch lenkte er jene irdischen Moleküle, aus denen er vereint war, noch verteidigte er

jenen winzigen Freiraum an Bewegung, den ihm der Planet mit der Neugierde und Geduld des Kosmos gewähren mochte.

Zurück im Turmkeller rekonstruierte der Geschundene das Geschehen, skizzierte die Route, die Griffe, die Tritte, die er erinnerte, plante einen zweiten Versuch. Nach drei Tagen in Pflege waren seine Schürfwunden und Blutergüsse so weit abgeklungen, seine Kräfte so weit wiederhergestellt, dass er wieder aufbrach, hatte er doch, am Höhlendach um sein Dasein kämpfend, den Zugang endlich gefunden. Diesmal schleifte YJOµ17*1 zwei Säcke hinter sich her, als er sich in der Kriechhöhle voranschob. Am Wandabbruch fand er die Felsrisse, setzte Keile, packte die Strickleiter aus, die er im Turmkeller durch ein Zugseil ersetzt hatte, verankerte diese seine letzte Verbindung zur Außenwelt, lauschte auf das Geräusch des Aufschlages und kletterte hinab, während der baumelnde und schaukelnde Lichtkegel rundherum bizarre Konturen aufscheuchte, nicht aber die Fledermäuse, die an der Decke eine spärliche Kolonie bildeten.

YJOµ17*1 fand sich in einem lang gestreckten Gewölbe, groß genug für ein Kabinenterminal. Der Boden war sandig und völlig eben. Aufgeregt lief er auf das Maul des Tunnels zu, hinter der sich eine Höhle auftat, deren Dimensionen er nicht ausleuchten konnte. Unweit glänzte ein schwarzer Spiegel, der sich nach einem Steinwurf glucksend kräuselte, um einige Fledermäuse zu wecken. Der Blick des Suchenden verlor sich in einem schwarzen Rund, das sich aus dem Höhlensee aufwölbte, als wollte es das Volumen der Höhle für sich erobern. Das war keine Kuppel, nein, die Kontur wich über dem Wasserspiegel erkennbar zurück, schloss sich fast wieder in sich selbst, schien zu schwimmen, fast zu schweben. Das musste eine Kugel sein, die nur zu einem kleinen Teil ihrer Höhe eintauchte. Konnte das ein Rechner sein? Hatte er den Zentralrechner der YJO gefunden? Sollte er zurück, seinen Auftrag als erfüllt melden?

Oder war das eine aufgegebene Forschungsanlage? Ein stillgelegter Reaktor? Eine Lagerstätte? Ein geheimes Archiv?

Nein! Er musste sich überzeugen! YJOµ17*1 eilte, von Zweifeln und Erstaunen getrieben, das Ufer entlang, um das riesige Gebilde zu umrunden, sich von seiner majestätischen Einsamkeit zu überzeugen. Er hastete im Dunkel fast vier Minuten rundherum, war etwa 40 Meter von dem metallischen Gehäuse entfernt, dieses musste demnach einen Durchmesser von vielleicht 30 Metern aufweisen und sechs Stockwerke hoch aufragen. Langsam, zögerlich, aufmerksam umrundete er die Kugel noch einige Male, nein, sie war bestimmt nicht für Besucher eingerichtet, keine Linie, keine Verfärbung verriet eine Öffnung. Alle Leitungen mussten über den Sockel geführt worden sein, der im Wasser verborgen lag. Aber mussten diese Leitungen nicht Zugentlastungen aufweisen, große liegende Schleifen, um die Schwingungen in diesem Erdbebengebiet aufzunehmen und thermische Spannungen auszugleichen? Verdeckte etwa das Wasser diese Verbindungen zur Außenwelt? Dämpfte, bremste es alle Bewegungen, die zwischen den Kabeln und Kanälen und der Kugel auftreten könnten? Das schwache Licht der Stirnlampe vermochte das Wasser nicht zu durchdringen, kein Schimmer kehrte aus der Tiefe zurück. Enttäuscht suchte YJOµ17*1 die Wände der Höhle ab, es musste doch Einbauten geben, Schleusen, Zugänge, die die Kugel vielleicht zentral, unter dem Wasser verborgen, erreichten. Denn irgendwie musste das Gebilde ja zusammengebaut und installiert worden sein. Sollte dies etwa von Schwimmbrücken erfolgt sein? Oder war die Höhle erst im Nachhinein überflutet worden?

Tatsächlich, das Wasser schmeckte salzig! Ja, die Höhle musste nach dem Bau der Kugel künstlich überflutet worden sein und war vielleicht deshalb nicht bis zur Decke gefüllt worden, damit die Kugel nicht Gefahr lief aufzuschwimmen. In der Kugel musste also, wenn alle diese Voraussetzungen stimmten, auch Luft sein; und wo Luft war, dort musste diese Luft auch erneuert, zugeführt und abgeführt werden! Oder sollte die Kugel mit Gas gefüllt sein, das keiner Erneuerung bedurfte? Dann aber müssten in der Höhle Füllschläuche verblieben sein! Wieder suchte YJOµ17*1 die Konturen des Felsdaches ab, soweit er es ausleuchten konnte, aber es gab keine Spuren technischer Einrichtungen. Er ging zurück in den Tunnel, suchte dort ebenso, fand in einer Nische ein Boot samt Rudern aus Leichtmetall, schleifte es über den Sand in den See und ruderte zur Kugel.

Freilich, aus der Nähe verlor sich der abweisende Glanz des Metalls. Der Rost hatte die bituminöse Beschichtung der verschweißten Stahlplatten unterfressen und war stellenweise bis auf den Betonkern abgeblättert. Dieser Kern aber war offenbar aus harzvergütetem Faserbeton, gepumpt und wasserfest kristallisiert wie ein Schiffsrumpf der Ewigkeit, unbekümmert seine äußere Schalung wie welken Glitter abstreifend. YJOµ17*1 führte die Ruder jetzt im Stoß, das Boot mit dem Heck voraus, um die morbide Haut der Kugel im Auge zu behalten, nur zuweilen einen Lichtschwenk auf den zylindrischen Sockel verschenkend, der doch wasserdicht und damit undurchdringlich zu sein versprach. Da! Ein Aufstieg! Oder besser, nein, nur mehr die Reste desselben. Nur keine zweite Hand an diese Leiter, um sie nicht samt einigen Stahlplatten herabzuziehen! Nein, das war vielleicht eine Schalungshilfe gewesen, aber sicher niemals ein Zugang. Gab es also keinen Zugang? Enttäuscht ruderte YJOµ17*1 mehrmals herum, so wie er zuvor mehrmals am Ufer herumgelaufen war. War alle seine Mühe umsonst gewesen? Würde er so knapp vor dem Ziel scheitern? Er suchte eine Kontur im Kern, die sich unter den rostigen Schuppen vom Rest des Rundes abheben sollte, umsonst. Sollte dieses Monster in einem Guss betoniert

worden sein? Wie aber war dann die Hitze abgeführt worden, die beim Abbinden des Betons frei wird? Hätte sie nicht die Stahlschalung verformt, zum Bersten gebracht? Also musste es doch Arbeitsfugen geben oder aber, konnte es sein, dass diese Schalung innen und außen gekühlt worden war? Dann aber musste das Kühlwasser nachträglich aus der Kugel abgepumpt worden sein! Oder aber, dieses Wasser war nach unten abgelaufen und hatte den See gefüllt? Durfte der See dann salzig schmecken? Konnte mit Salzwasser gekühlt worden sein?
Das hätte doch den Beton gefährdet! Und musste der Sockel dann nicht eine Rohrleitung beherbergen, die im See mündete! Das aber hätte auch bedeutet, die Kugel zuletzt, nach dem Auslaufen, gegen den Druck des Seewassers verschließen zu müssen. Oder, war dies denkbar, musste die Kugel überhaupt unten geschlossen sein? War ihr Verschluss vielleicht eben jenes Wasser, in der sie ruhte?
Endlich studierte YJOµ17*1 den Sockel des rostigen Monsters. War da nicht eine Kontur unter dem Wasser erkennbar, eine Linie in gleichbleibender Tiefe? Und warum war der Sockel so breit? Viel zu breit, um die Kugel zu stützen; und viel zu breit für Leitungen? In diesem Rohr hätten etliche Aufzüge Platz gefunden! Aufzüge? Ja, natürlich! Die Kugel musste ja von unten beschickt worden sein und war mindestens sechs Geschosse hoch! Also konnten die Lasten nur mechanisch gehoben worden sein, im Inneren des Sockels. Waren diese Lasten aber etwa unter Wasser verladen worden? Hätte das nicht eine unsinnige Erschwernis bedeutet? Wo aber war, wenn dies nicht geschehen war, das Kühlwasser der Kugel einstweilen verblieben?
Er rechnete nach, immerhin über hunderttausend Kubikmeter, um aus dem Ergebnis seinen Irrtum abzulesen. Nein, die Kugel war zur Kühlung nicht gefüllt, sondern nur innen und außen beregnet worden. Das Wasser war unten

ausgelaufen und hatte sich zwar im See gesammelt, der Sockel war aber zur Zeit der Lastentransporte und Einbauten noch trocken oder aber mit Lastflößen und Booten erreichbar gewesen. Die Kugel musste auf Stützen ruhen und unter dem jetzigen Wasserspiegel mussten Aufzüge erreichbar gewesen sein. Dann aber war die Kugel jetzt auch unten hermetisch verriegelt? Etwas mutlos mutete sein Ruderschlag jetzt an, bis ihm einfiel, dass diese Arbeit wieder von innen oder aber von Tauchern hätte geleistet werden müssen, während der See geflutet wurde. Die Luken und Schleusen im Sockel müssten dann alle druckdicht gebaut worden sein. Welche Dichtung aber war imstande, trotz Versprödung und Materialermüdung ohne Wartung dem Wasserdruck zu widerstehen? Von Wartung konnte hier aber keine Rede sein! Nein, die unterirdische Situierung, die Tarnung im Abluftsystem, der gesprengte Zugang, die Verlassenheit der Höhle, der Zustand der Kugelschale, alles wies darauf hin, dass diese Anlage nicht für Menschen gebaut war, dass sie nach ihrer Fertigstellung absichtlich verlassen worden war. Sagte die Äbtin nicht, der Zentralrechner müsse ohne menschlichen Eingriff auskommen? War dies also der Zentralrechner? Nein, er durfte nicht vorschnell schließen, er musste in die Kugel eindringen, er musste sehen, was sie barg. Wenn aber niemand jemals hierher zurückkehren sollte und durfte, dann war doch ...? Ja! Die einfachste Lösung war anscheinend tatsächlich gewesen, die Zugänge in das Innere der Kugel durch das Anheben des Seespiegels zu verschließen. Das hätte doch zugleich bewirkt, den Luftdruck im Inneren der Kugel anzuheben und konstant zu halten, sofern nur der Wasserspiegel konstant gehalten werden konnte. Tatsächlich war hier unten Verdunstung so gut wie auszuschließen, aber wie den Zufluss von Wasser kontrollieren? Was würde passieren, wenn von oben, durch das

Gestein hindurch, Wasser in die Höhle einbrechen sollte? Musste die Kugel dann nicht aufschwimmen, ihre Kabel und Rohrleitungen zerreißen, ja ihre Fundamente verlassen? War die Kugel auf Risiko gebaut worden? Warum aber dann hier? Oder konnte die Kugel geologische Veränderungen ausgleichen? Wenn das Wasser steigen wollte, konnte es dann durch Luftzufuhr, durch eine Steigerung des Luftdruckes verdrängt werden? Musste aber dann nicht Luft in die Höhle eingepresst werden und die Höhle insgesamt luftdicht sein? Bei diesem Gedanken beschlich YJOµ17*1 ein schlechtes Gewissen. Hatte nicht er selbst das Höhlendach geöffnet, der Luft also einen Weg nach draußen verschafft? Nein, erinnerte er sich, der Rauch seiner Probeflamme strömte in Richtung der Höhle, die Höhle sog Luft an. Wurde nachströmendes Wasser also abgepumpt, um Luft anzusaugen? Welche Pumpe aber würde solche Riesenarbeit ohne jede Wartung leisten? Endlich fiel ihm ein, dass er den Boden des Sees nicht hatte erkennen können, solange er am Ufer umhergeirrt war. Das Einfachste war doch, dass der See ein künstliches Becken bedeckte und dass nachströmendes Wasser einfach überlaufen und abfließen würde! Vielleicht hatte diese Höhle einen natürlichen Zu- und Ablauf und war deshalb stabil? Dann musste das Wasser eine Strömung aufweisen, sei sie noch so schwach und unmerklich! Rasch fertigte er einige Folienschnipsel an und verstreute sie rund um die Kugel auf dem Wasserspiegel. Dann ruderte er ans Ufer, ließ die Ruder hängen und fand so, knapp vor dem Ufer, einen schwarzen Beckenrand, der einen knappen halben Meter unter dem Seespiegel sein Dasein verbarg. Ungeduldig zog er das Boot ans Ufer, um nicht selbst eine Strömung wachzurufen, stieg aus und umwanderte mit Eulenaugen die feine Linie im Sand, die Nass und Trocken trennte. Nach einer von Zweifeln aufgespannten Ewigkeit tauchten einige

Schnipsel auf, nun neben- und hintereinander schwimmend einer Ausbuchtung der Höhle zustrebend. YJOµ17*1 holte ein Ruder herbei, scharrte den Sand auseinander und fand eine Rohrleitung knapp unter der Oberfläche, den Überlauf des Sees! Mit leichtem Kräuseln tauchten einige Schnipsel unter, um aus der Höhle zu verschwinden. Er prüfte die Temperatur des Wassers, fand es zu warm für einen unterirdischen See mit so großer Strömung. Die Kugel und das Becken gehörten also zusammen! Das gesamte Becken diente offenbar als Fundament der Kugel, um die Schwingungen aus Erdbeben abzufangen. Womöglich ruhte das Becken mitsamt der Kugel auf hydraulischen Puffern, die unter ihm im Höhlensee verteilt waren, ... und das Wasser dämpfte in jeder Richtung, wie immer sein Druck steigen oder fallen wollte! Wo war das Boot?

Schon war er in der Mitte, vertäute das Boot mangels einer besseren Möglichkeit an der brüchigen Leiter, befestigte seine Lampe am Körper, holte tief Luft, sprang, tauchte unter die Unterkante des äußeren Sockelringes und fand sich nach wenigen Tempi im Inneren einer ringförmigen Halle wieder, knapp unter deren spiegelnder Decke aus verschraubten Platten er auftauchte.

Takt <°38°>

Die beiden Detektive in Handschellen resignierten, begannen das Verhör. »Was bedeutet das Gedicht in Ihrer Post?« YJOµ57 verzog keine Miene, aber seine Stimme wurde melodisch, samtig. »Ich fürchte, das wird nicht ganz einfach, aber Poesie ist immer einen Versuch wert.« Er drehte sich um, ein sachlicher Zwischenton. »Ihr haltet die Klappe, wer lacht, stört das Verhör! Ach so, ja, ... Verzeihung, Herr Kommandant, Kompetenzverletzung. Also an die Arbeit. Aber einer von euch muss mitschreiben, die zwei merken sich das doch nie und nimmer.«
Er stand auf, rezitierte auswendig, seine Finger malten Bilder in der Luft, dirigierten einen Chor aus Gespenstern, dann senkte er nachdenklich den Kopf. »Ja, auf den Klang kommt es an, ganz auf den Klang, aber, ach ja, ihr elenden Banausen, ihr wollt ja den Sinn. Also, lass sehen, YJOµ57, lass hören, alter Narr!
›Wahre die Blume deiner Tapferkeit, die einsam sich müht‹, hmm, muss eine einzelne Blume sein, die ein tapferer Gärtner auf schlechten Boden, ja, ›wo der Atem des Tages verglüht, zwischen turmhohen Scherben‹, ja, auf schlechten Boden, wo es viel zu heiß ist, auf einem Schutthaufen, Scherbenhaufen gepflanzt hat, ›den Lebensquell des Landes zu schützen vor dem Verderben‹, hmm, ja, na klar, da geht es um die genetische Vielfalt in der Proteinzucht, es muss ein blühendes Gras sein, Weizen, Gerste, Roggen, Hafer, Dinkel, kennt ihr das noch? Getreide, Gras zum Essen, das hat's mal gegeben auf dem Festland, der

Gärtner ist ein Biologe, er züchtet neue Nahrung oder alte Nahrung wieder neu, ›vor der Drangsal, keimend aus der Eitelkeit des nur der Zahl gehorsamen Verstandes‹, ja, ja, kommt ihr mit? Die Blume, das blühende Gras soll die Menschen wieder nähren, es keimt gegen alle Erwartung, entgegen aller mathematischen Modelle, gegen alle eitlen Technokraten, die die Natur in Bedrängnis, ja, das ist Drangsal, ein sehr altes Wort, aus der Frühzeit der Menschheit, also gegen die Technokraten, die die Natur, die Vielfalt der Gene fast zerstört haben, gegen diese Eitelkeit steht das Gras, nein, ein einziger Halm steht auf und blüht. Stellt euch das mal vor, was in dem Biologen vorgeht, es blüht auf einem trockenen Scherbenhaufen, wird die Menschheit retten, wir werden nicht verhungern, weil eine Blume blüht, weil eine Blume blüht, ... das ist die erste Strophe. Strophe, so heißt der erste Absatz, wenn es ein Gedicht ist, versteht ihr?«
Er richtete sich auf, rezitierte die erste Strophe noch einmal, duldete keine Unterbrechung. »Ja, so ist das, habt ihr gehört, wie das klingt, wie die Rettung der Menschheit, also, ja, jetzt die zweite Strophe!
›Spende der Blume die Nahrung des Lichts‹, hmm, das ist einfach, wir sollen die Scherben wegräumen, damit die Blüte genug Licht bekommt, ›auf dass ihr kaum gereift der Mut nicht gebricht‹, klar, damit sie reifen kann, der Stiel nicht knickt, damit sie kräftig wird, ›zu öffnen den Kelch der ungeschauten Farben‹, schön so ein Blütenkelch, sag ich euch, die Farben innen, die sind ganz anders als außen, ›nicht länger lass darben‹, darben, das heißt warten lassen, versteht ihr, ein altes Wort, wir sollen die Blume nicht warten lassen, ›was da harrt in schauriger Umgebung‹, sie steht auf diesem Scherbenhaufen und wartet auf uns, ›selig erquickender Belebung‹, damit wir ihr Wasser geben, ist doch klar, weil es heiß ist, sie sonst vertrocknet!
So ist das also, versteht ihr, jetzt im Ganzen, meine ich, das

Gedicht im Ganzen: Die Blume rettet die Menschen, aber die Menschen müssen die Blume pflegen, das ist der Kreislauf der Natur. Das Gedicht sagt also, wir müssen eins sein mit der Natur, wenn wir durchkommen wollen. Habt ihr das alles mitgeschrieben, ja?« Er setzte sich sinnend, ein wenig erschöpft, aber selbstzufrieden auf sein Verhör vergessend.
»Von wem ist das Geklingel?«, verlangte der hagere Fahnder säuerlich. YJOµ57 reagierte nicht, saß sinnend, dem Klang in seinem Kopfe lauschend. »Von wem ist das ... das Gedicht?«, wiederholte der Fahnder nach einem krächzenden Räuspern.
»Ah ja, das Gedicht. Hat es dir gefallen? Dichter schreiben so etwas, aber sie schreiben sich nicht drunter, keine Unterschrift, verstehst du, die sind nicht so eitel.«
»Was bedeutet das Zeichen unter dem Gedicht?«
»Was für ein Zeichen? Habe ich eine Zeile übersehen, ein Wort?«, tat YJOµ57 bestürzt, »das ist ja furchtbar, weißt du, ein einziges Wort kann ein ganzes Gedicht verändern.« Jetzt stutzte er. »O Verzeihung, ich habe Sie geduzt. Wie war Ihr werter ...? Ach so ja, ich werde ja verhört. Was haben Sie mich gefragt?«
»Was bedeutet das Zeichen? Der Fuß mit den Flossen.«
»Ach so, die Signatur. Die gehört nicht zum Gedicht. Wird von dem Dichter sein, die mögen so etwas, wie früher die alten Bildhauer auch, die haben solche Sachen in den Stein geritzt.«
»Woher hat der Dichter Ihre Adresse?«
»Vom Lyrischen Club, der führt eine Interessentenliste.«
»Warum haben Sie Batterien in das Krankenhaus in der Stadt der Scherben beordert?«
»Batterien? Ach so ja, freilich, Batterien! Weil eine Bestellung eingegangen ist.«
»Von wem?«
»Eine automatische Bestellung von einem Roboter, er hat einen Defekt in den Akkus registriert.«

»Woher hatte der Roboter Ihre Adresse?«
»Die ist einprogrammiert, die Dinger sind doch von hier, aber aufgepasst, Betriebsgeheimnis!«
»Sind die Batterien angekommen?«
»Das will ich hoffen, ich hatte noch keine Gelegenheit, das zu prüfen.«
»Warum haben Sie die Adresse falsch angegeben?«
»Habe ich das? Das kommt bei mir nur vor, wenn ich schon halb tot bin.«
»Vielleicht lesen Sie zu viele Gedichte.«
»Die wirken sehr belebend. Die Dienstvorschriften gestatten belebende Aufmunterung im Bereitschaftsdienst, wird sogar empfohlen. Haben Sie auch eine Empfehlung?«
»Die Akkus wurden abgefangen, Pech für Sie.«
YJOµ57 gähnte beim Sprechen. »Verzeihung, ich wurde zu früh geweckt. Tut mir aufrichtig Leid, wegen der Batterien, meine ich, schicke ich nach, kleiner Versicherungsfall, Datenkram. Beim Wachdienst bin ich verpflichtet, mein Augenmerk auf Störmeldungen zu richten. Bestellungen sind nebenher abzuwickeln.« Plötzlich fuhr er hellwach auf. »Wie sagten Sie? Abgefangen? In der Stadt der Scherben? Ist ja ein Krimi! Wer könnte dort Ihre Geschichte glaubhaft machen?«
»Dir wird das Theater schon vergehen!«
»Das Verhör ist also zu Ende? Darf ich an die Arbeit gehen?«
»Sie sind verhaftet.«
»Wo ist der Haftbefehl?«
»Der wird zugestellt.«
»Feine Sitten, erst schießen, dann verhören, dann verhaften, dann legitimieren. Aber nicht bei mir, Herr Detektiv der Gesellschaft. Im Wachdienst darf ich nicht gestört werden. Herr Kommandant, darf ich ein bisschen spazieren fahren, können Sie auf mich verzichten?«
Der Kollege schüttelte den Kopf betont sorgenvoll, »unter

keinen Umständen. Da das Verhör zu Ende ist, übergebe ich das Kommando wieder an Sie und bitte um Ihre Anweisungen.«

»Danke, Herr Kollege. Vier Mann begleiten unter Ihrem Kommando unsere Ehrengäste nach draußen, Waffe im Anschlag. Die sichergestellten Waffen und Chips bleiben als Beweismittel im Tresor. Die Handschellen erst vor dem Sperrgelände abnehmen, einzeln entlassen, 50 Schritte getrennt, aus der Deckung sichern. Fremde Fahrzeuge aus der Deckung registrieren, aber nicht angreifen. Passt auf, die Ehrengäste lernen eine ganze Menge Tricks. Rückkehr, etwaige Verluste und Erfolg melden. Protokoll schriftlich an die Zentrale. Kein Einlass für Betriebsfremde ohne meine Zustimmung. Fragen?«

»Keine Fragen!«

»Durchführen!«

Takt <°39°>

Ungläubig über so geringen Widerstand schwamm YJOµ17*1 an den inneren Rand des Sockels, wo zwischen Gitterstäben Luft einströmte und über darüber liegende Roste aufstieg. Verwundert nahm er wahr, dass hier alle Teile aus rostfreiem Stahl gefertigt waren. Wo immer er sein suchendes Licht hinwendete, wurde es gleißend zurückgeworfen. Warum waren die Gitter nicht versperrt? Keine Verdickung, keine Bohrung unterbrach den Schimmer der Stäbe. Aber welches Schloss sollte hier überdauern? Wo der Schlüssel ohne Risiko aufbewahrt werden? Waren die Gitter also verschweißt worden? Wie aber waren dann die Schweißer ihrem Gefängnis entronnen? Konnten Taucher hier herinnen in Tauchglocken geschweißt haben, um dann samt der Glocke geborgen zu werden? War vor dem Fluten geschweißt worden? Aber dann wäre ohne Kontrolle geflutet worden! Oder hatten sich die Konstrukteure mit dem Fluten begnügt, mit dem Sprengen des Stollens? War der letzte Techniker tauchend entkommen, vor dem Sprengen? An der Krümmung erkannte er einen Innenring des Sockels, kletterte an den Zuluftrechen hoch, erreichte einen Bodenrost, konnte ihn mit der Schulter anheben, zur Seite hieven, fasste hoch, schob, rückte, zog sich in die höher liegende Etage hinauf.
In der Mitte der Halle quoll aus dem Sockelring zwischen radialen Wandscheiben ein Gewirr von Kabelschlaufen hervor, entfaltete sich erst allmählich entlang der Decke, um wie ein Rankgewächs in dieselbe Decke einzutauchen, als

wäre sie der lichtverheißende Wasserspiegel. Welche Anlage bedurfte so vieler Kabel, wenn nicht ein Rechner? Waren es Glasfaserkabel? Die schwer isolierten Kabelschlaufen waren durch eine Zwischendecke aus engmaschigen Stahlgittern mit einer Auflage aus Panzerglas gesichert, hier gab es keinen Anhaltspunkt. Die umgebenden Wände waren kahl, gleißten, des Lichtes nicht bedürftig, erschienen aber viel zu nahe, um dem Sockeldurchmesser der Kugel entsprechen zu können. YJOµ17*1 streifte sie suchend entlang, bis er ein Türloch ohne Türe fand. Dahinter lag ein ringförmiger Gang, der sich nun seinerseits, eine fächerförmig angeordnete Vielzahl von offenen Nischen erschließend, als mit Türlöchern gespickt erwies. Als YJOµ17*1 eine der Nischen ausleuchtete, fand er nichts, was ihm ihren Sinn verraten hätte, vielmehr entdeckte er an den Decken kreisrunde Löcher, die ihm neue Rätsel aufgaben. Beunruhigt darüber, von so vielen Boten des Nichts beäugt zu werden, suchte er zwischen den Nischen ein Stiegenhaus, konnte aber keines finden. Erst beim zweiten Rundgang wurde ihm klar, dass hier nicht suchende Schritte, sondern nur Luftmoleküle zu verteilen waren. Wo aber waren die Aufzüge, von deren Existenz er sich zuvor, noch auf dem See, zu überzeugen gewusst hatte?

»Seilzüge!« Die Löcher in den Nischendecken waren Hublöcher gewesen, erkannte er jetzt, das Innere der Kugel war von oben nach unten gebaut worden und er musste durch eines dieser Löcher gelangen, wollte er nach oben. Er beleuchtete die Ränder eines Loches, Edelstahl, die Decke war vielleicht 40 Zentimeter dick. Wozu eine so dicke Stahlplatte aus so edlem Material? Viel eher betrachtete er eine stählerne Schalung, die oberseitig mit Beton ausgegossen worden war. Befand er sich also direkt unter dem ersten Hauptgeschoss? Die Nischen boten keinerlei Anhaltspunkte, um zu klettern. Wo waren die Hebezeuge verblieben, wo die Lasthaken? Gab es nirgends eine Leiter?

Wie waren die letzten Monteure aus diesem glitzernden Grab herausgekommen?

Endlich fand er in einer Nische einen Klapprost an der Wand, der als Montagetisch gedient haben mochte. Heruntergeklappt und bestiegen erwies sich der Tisch als ein geeignetes Sprungbrett, das federnd sogar ein wenig mithelfen wollte. YJOµ17*1 erreichte im Sprung mit den Fingern die Oberkante einer Hubröhre und zog sich hoch, war aber zu schwach, um sich in den Stütz zu drücken. Gerade als er aufgeben und wieder abspringen wollte, spürte er unter einem der zappelnden Beine einen Widerstand, drückte vor Entsetzen ruckartig das Knie durch, gelangte durch diesen neuerlichen Sprung nach oben, vernahm einen metallischen Knall, fuhr herum und spähte hinab. Was war das? Worauf war er getreten? War hier jemand? Nichts war zu sehen. Wo war der Tisch? Der Tisch war weg! Verdutzt fuhr er vom Lochrand zurück, einen Angriff erwartend, bis er erleichtert fast auflachte. Der federnde Klapprost war, durch seinen Absprung aufgeschaukelt, an die Wand zurückgeschnalzt und hatte ihm zwischendurch einen fliegenden Tritt bereitgestellt! Irritiert vom Nachhall, der nicht abklingen wollte, wurde er gewahr, dass der Boden neben ihm von seltsamen Lichtern übersät war. Ein Gefühl der Wärme stellte sich ein, zu dem sich ein flaues Gefühl im Magen gesellte. Langsam drehte er sich auf die Seite und wendete den Blick nach oben. »Der Rechner! In Betrieb!« Sollte er fliehen? Den Fund melden? Aber vor wem fliehen? Wem den Fund melden? Hatte die Äbtin …? Nein! Aber warum nicht …? Er blickte auf sein Chronometer. Hatte er nicht gesagt, er wolle seine Identität klären? Und warum hatte die Äbtin sich damit begnügt, mit diesem seinem so geringen, so persönlichen Vorhaben? Nein, er würde nicht fliehen. Wenn es einen Anhaltspunkt gab, wem er seinen Fund melden könnte, so würde er ihn, den Anhaltspunkt, hier finden.

Die Kuppel wurde gespenstisch erhellt von Milliarden flackernder Dioden, die die Innenhaut der Kugel wie ein erstarrtes, nicht erlöschen wollendes Feuerwerk zum Funkeln brachten. Langsam zeichnete sich eine Ordnung ab, die Lichtpunkte verdichteten sich auf sechs wolkigen Ebenen. Auf einer Galerie mit sechs Etagen und weit ausladenden Emporen, die nach oben hin allmählich zusammenwuchsen, waren in allen Richtungen Regale aneinander gefügt und aufeinander getürmt, deren Einschübe von zyklisch aufflammenden Dioden reihum, stockauf, stockab erhellt wurden. Auch hier waren alle Blechteile rostfrei und unbeschichtet, sodass der Tempel von Null und Eins wie ein Spiegelkabinett flimmerte.

YJOµ17*1 stand auf und schritt die erste Ebene ab. Es gab keine Bildschirme, keine Eingabegeräte, keine erkennbaren Laufwerke. Hier nahm alles automatisch seinen Lauf, keine Null harrte darauf, von Menschenhand in eine Eins verwandelt zu werden. Die Einschübe füllten die Fronten lückenlos, nur alle zwei Meter gab eine Kunststoffscheibe den Blick in die Tiefe frei, wo steckerlose Kabel aus löchrigen Kästen quollen, um sich seitlich im Rücken der Rackets zu verlaufen. Es schien keine Lüfter, keine Kühler, überhaupt keine mechanischen Teile zu geben, der Raum lag totenstill, durchströmt von warmer Luft. Die Erbauer hatten offenbar das Risiko vermeiden wollen, dass der Rechner in unkontrollierter Atmosphäre oxidiert. Von hier wurde also das Abluftsystem der Stadt mit Sauerstoff versorgt! Ein Rechner ohne Laufwerke! Hier wurden keine Daten gespeichert oder verwaltet, hier wurde allein gerechnet. Er stand im Inneren eines sechs Geschosse hohen Prozessors. Die Einschübe mussten Register von Platinen mit Prozessoren und Speicherchips sein, die sich gegenseitig die Elektronen zu- und abjagten wie Menschen ihre kollektive Seele.

Wie aber konnte dieser Rechner ohne Bildschirme installiert worden sein, ohne Laufwerke, ohne Tastaturen, ohne menschliche Eingabe von Programmen? Wie wurde er gewartet, wie überwacht? Konnte es sein, dass alle Programme über die Glasfaserkabel einliefen und alle Ergebnisse auf demselben Weg verschickt wurden, ohne gespeichert, ohne gesichert zu werden? Wie aber verwaltete dieser Rechner seinen Stromhaushalt, seine Luftkapazität, seine Temperatur, die Luftfeuchte? Wo waren die Regelsysteme, die Sicherungen, die Kontrolldioden der Kabel und Verbindungen? Sollten alle diese Kontakte von Robotern gelötet und aus Gold oder Platin angefertigt worden sein? Wo aber waren dann diese Roboter?

YJOµ17*1 durchmaß die Kuppel mit seinen Schritten, der Durchmesser des Innenraumes war vielleicht 24 Meter groß, fehlten drei Meter auf jeder Seite zum Außendurchmesser. Wenn die Betonwand einen Meter dick sein mochte, so verblieb im Rücken der Platinen ein Hohlraum von zwei Metern, genügend tief für die Laufringe, Schwenkarme und Werkzeuge von Robotern. Wozu aber die Dioden, wenn niemand sie beobachten sollte? Vorsichtig, nachdenklich, fast andächtig durchsuchte er den blinkenden Tempel, stieg Etage für Etage hoch, umschritt die polierten Wandelgänge. Nicht nur zwischen, auch oberhalb der Rackets gab es Scheiben, die die Lücken der Regale abschirmten. Er hielt die Hand vor den Luftspalt, die Raumluft wurde mit der Abwärme der Prozessoren nach hinten abgesaugt. Hinter den Scheiben waren zuweilen Schatten auszumachen, ruhende Schatten. Konnten das die erstorbenen Roboter sein, die ihr Reich einst während des Baues gegenseitig kontrolliert hatten? Da und dort tauchte ein Teleskoprohr auf, ohne Regung verharrend. Waren das die Linsen, die Augen der Roboter gewesen, die die Dioden prüften, oder konnte es sein, dass sie den Eindringling musterten? Würden ihn die Roboter als Menschen erkennen können, zum Leben erwachen? Wie würden sie sich verhalten? Welche Programme waren hier vorgesehen für einen Fall wie diesen? War ein solcher Fall erwogen worden? Oder hatte sich die Gesellschaft der YJO darauf verlassen, dass niemand auf der Insel würde überleben können? Dass niemand in die Höhle würde eindringen können? Und die Anstalt? Musste sie nicht mit einer Verbindung zu diesem Rechner ausgestattet sein? Der Schauder der Erkenntnis drückte YJOµ17*1 auf den Boden der Galerie, wo er, sich plötzlich hilflos fühlend, Deckung suchte. Wie konnte er so arglos gewesen sein? Hastig entzifferte er sein Chronometer, es musste hierorts halb drei Uhr früh sein, wahrscheinlich waren die Wachen in der Anstalt vor den ewig gleichen Monitorbildern eingeschlafen. Musste es denn Wachen geben? Wurden die Bilder nicht vielmehr aufgezeichnet und auf Besonderheiten gescannt? Ja, es musste Bewegungsmelder geben! Wie lange würde er nun noch Zeit haben? Wie lange würde es dauern, bis das vom Alarm aufgeschreckte Personal hier eintreffen könnte? Musste es nicht einen direkten Verbindungstunnel von der Anstalt in die Höhle geben, der mit Sicherheit befahrbar war?

Er blickte im Liegen an sich hinab. Das schwarze Neopren seines Taucheranzuges glänzte noch vor Nässe, das Flackern der Dioden spiegelte sich darin. War er deshalb nicht erkennbar gewesen? Wie lange aber mochte es noch dauern, bis sein Anzug in der warmen Abluft abgetrocknet sein würde? Musste es nicht auch Feuchtmelder geben, die Alarm auslösten? In einem schmierenden Tanz glitt er schattengleich nach oben, so schnell dies, ohne heftige, ruckartige Bewegungen zu vollführen, überhaupt zu bewerkstelligen sein mochte. Wenn es hier einen Kontrollschirm gab, so musste er dort installiert worden sein, von wo die Arbeit des Rechners menschlich, das heißt auch optisch, mit freiem Auge überprüfbar gewesen war.

Auf der vierten Etage endeten die Stiegen aus Gitterrosten, eine Stufenleiter führte auf die fünfte Etage, von dort nur mehr eine Sprossenleiter auf die sechste Etage, um in einem Deckenloch am Rande der Innenschale anzukommen. Die oberste Innenschale der Kugel, die Kuppeldecke der letzten Etage, war als parabolischer Hohlspiegel ausgebildet und warf das Licht der Dioden auf eine regungslose Kamera, die in der Achse der Kugel aufgehängt war, inmitten des Auges der Galerie, das hier noch vier Meter Durchmesser aufwies und damit groß genug war, das Licht aller darunter liegenden Etagen zumindest schemenhaft einzufangen. Der Raum selbst war nicht mit Geräten bestückt, ein einziges Pult stand an der Brüstung, davor ein verlorener Hocker als letztes Signum der abgewiesenen Menschlichkeit. YJOµ17*1 nahm Platz, öffnete eine Tischlade, die sich als Tastatur entpuppte, schob ein Rollo zurück. Darauf blickte er in einen mühsam aufflackernden Schirm mit der lapidaren Meldung: »kein System«, was ihn zur Untersuchung des Korpus veranlasste.

Das Pult war selbst ein Rechner und schien ein Laufwerk zu beherbergen, daneben residierte statt der Schalter ein Lesegerät für Chronometer und im Korpus ein Gerät, das ihn medizinisch anmutete. Konnte er hier seine Identität feststellen? Ja! Das musste es sein! Er trocknete notdürftig sein schweißnasses Chronometer, führte es zum Decodierer. Das Laufwerk erwachte, fütterte den Arbeitsspeicher. Der Prozessor des Pultrechners meldete sich nun, vom Decodierer wachgerufen, vom Laufwerk mit einem Programm versorgt, mit einer neuen Meldung auf dem Schirm: »kein berechtigter Code«.

YJOµ17*1 überlegte, was zu tun sei, verlegte sich jedoch hellhörig auf das Zusehen. Der Pultrechner fuhr alle Systeme hoch! Der Prozessor kam zu dem Ergebnis »Code wird überprüft«, dann schien er Hilfe anzufordern, denn der gesamte Raum wurde den Bruchteil einer Sekunde deutlich heller von den zusätzlich auflodernden Dioden. Langsam füllte sich der Bildschirm, als müsste er seine Zeilen in aller

Welt zusammensuchen: »Identität: YJOµ17µ87π427γ43. Geschlecht: weiblich ...« YJOµ17*1 erkannte den Code im Augenblick des Auftauchens, sah sich vor der sterbenden Äbtin auf dem Grab hocken, sprang erregt auf. »Meine Mutter ist ein Nachfahre von YJOµ13! Dann bin auch ich ...! Ich trage das doppelte Chromosom 17!« Der Bildschirm stotterte weiter, während YJOµ17*1 sich rasch sammelte, um keine Zeile zu versäumen.»... Qualifikation: Systemanalytikerin. Eigenzeit: 47 Lebensjahre. Aufenthalt: unbekannt. Dienstverhältnis: aufgelöst. Guthaben: − 3.110.400 Einheiten (minus 18 Lebensjahre). Letzter Eintrag: Ableben. Quelle des letzten Eintrages: YJOµ17µ87π427γ43.« An dieser Stelle erlosch der Bildschirm, der Pultrechner begehrte nun auch von seinen tiefer gelegenen Laufwerken einen Sprint, um Programme nachzuladen, schickte ein zweites Wetterleuchten in den Hohlspiegel, um endlich den Schirm wieder zu erhellen: »Code defekt. Identität wird überprüft.« Das medizinische Gerät erwachte glucksend zum Leben, eine kleine Informationszeile leuchtete auf: »Bitte legen Sie Ihren Finger auf den roten Punkt«.

YJOµ17*1 tat das Erwünschte, während er sich an die Worte der Äbtin erinnerte, ein instabiles Genom sei binär nicht analysierbar, werde eine Zeitlücke bewirken ... Im Gerät begann es leise zu rumoren. »Eine Blutprobe wird entnommen, dazu ist ein kleiner Stich notwendig. Wenn Sie bereit sind, drücken Sie die Taste [Bereit].« Rasch zog er seinen Finger zurück. Blutprobe? Dann sollte also jetzt sein Genom analysiert werden! Dann würde jetzt die fatale Zeitlücke eintreten, der Rechner abstürzen! Konnte er das verantworten?

Warum hatten ihn die SY und die AKY gebeten, den Rechner zu finden, wenn nicht zu dem Zweck, dass er die Zeitlücke hervorrufe? Wollten die SY oder die AKY also das

Zeitsystem der YJO vernichten, die Anlagen der YJO, die YJO? Nein, das konnte nicht sein! War er dazu auserkoren worden? Warum aber war er dann so sorgfältig erzogen worden, über alles aufgeklärt, was immer er zu wissen verlangte? Warum hatte die Äbtin so lange auf seine Entscheidung, auf seinen Willen gewartet?»Um deinetwillen!«, hatte sie verlangt, nicht ob der Bitte willen ... und er hatte geantwortet, er wolle die Kooperation der Gesellschaften erwirken ...
Das aber machte doch nur Sinn, bedeutete doch, ja, ... dass die SY ihren Zentralrechner fertig haben mussten, als Ersatzrechner zuschalten wollten!»Die SY brauchen die Zeitlücke, die mein Genom hervorrufen kann! Deshalb haben sie mich beschützt, großgezogen, 17 lange Jahre auf mich gewartet! Deshalb genügt es, wenn ich meine Identität feststellen lasse!« Aber wenn er nun irrte, wenn dem nicht so sein sollte? Hatte er Beweise?
»Die Nummer! Die Nummer, die mir die Äbtin auftrug, im Gedächtnis zu wahren!« Wieder legte YJOµ17*1 seinen Zeigefinger auf den roten Punkt, besann sich dann aber, wie alt der Kasten sein mochte, wechselte vorsichtshalber den Finger, bot den kleinen Finger der Linken, wollte gerade die Taste »Bereit« drücken, als ihn der Gedanke durchfuhr, die Nadel könnte infiziert oder vergiftet sein.»Hier ist das Sicherheitsschloss! Wenn das Genom das Passwort ist, dann kommt hier niemand daran vorbei!« Er fand am Sockel des Pultes eine scharfe Kante, ritzte sich den Finger, tropfte einen Blutstropfen über das Nadelloch ab, drückte »Bereit« und sah zu, wie der Tropfen in der Hohlnadel verschwand.»Test erfolgreich beendet«, verkündete eine voreilige Zeile, denn das Gerät entfaltete nun erst seine versteckten Leidenschaften.
Dem Pultrechner schien fürs Erste Genüge getan, denn er meldete:»Genom wird analysiert«, besann sich aber ein wenig später:»Genomanalyse gescheitert. Paritätsverlet-

zung durch Chromosom 17.« Auf dem Schirm tauchten drei Sensorfelder auf, »Abbruch, Hilfe anfordern, Interne Prüfung«, um sogleich wieder zu erlöschen. »Wie konnte der Pultrechner eine Eingabe begehren, wenn die Zutrittsberechtigung noch nicht festgestellt war, das Genom, das Passwort noch nicht vorlag?«, überlegte YJOµ17*1, las aber aufmerksam weiter. »Übergebe die Aufgabe«, meldete das Pult, während die dritte Etage der Kugel kurz zu voller Blüte gelangte, um ebenso rasch wieder zu welken.« Erforderliche Rechenzeit: 417 Millionen Jahre. Aufgabe ausführen? Aufgabe abbrechen? Hilfe anfordern?« YJOµ17*1 tippte auf »Hilfe« und las: »kein zulässiger Code«. Die dritte Etage begann wieder mit der Finsternis zu kämpfen, holte die vierte und diese die erste Etage zu Hilfe, im Raum wurde es merklich wärmer. Der Bildschirm wurde kurzatmig, die Meldungen lösten einander ab, tauschten ihren Sinn: »Paritätsverletzung durch Chromosom 17. Identität wird überprüft. Kein zulässiger Code. Übergebe die Aufgabe. Paritätsverletzung durch Systemkontrolle. Kontrollsystem startet. Identität nicht prüfbar. Erforderliche Rechenzeit nicht evaluierbar. Aufgabe nicht zulässig. Paritätsverletzung wird überprüft. Interne Prüfung nicht ausführbar.« Das Wetterleuchten in der Kugel ermattete, der Pultrechner tat seine Pflicht: »Speicherkapazität nicht ausreichend. Task abbrechen? Task übergeben?«
YJOµ17*1 lehnte sich staunend und nachdenklich zurück, vergaß, auf einem Hocker zu sitzen, kippte nach hinten. Die Beine blieben unsanft unter dem Pult hängen, rasch zog er seinen Oberkörper wieder nach vorne, rieb sich die Schienbeine. »Wie konnte ihm das Programm gestatten, eine Aufgabe abzubrechen, wo er doch noch immer keine Zutrittsberechtigung besaß? War auch der Zentralrechner bereits instabil, indem er überall im Speicher Nullen in Eins verwandelt fand, ohne den Grund erkennen zu kön-

nen?« Wieder lehnte er sich zurück, fing sich aber rechtzeitig.
Einige Zeichen stolperten auf den Bildschirm.»Paritätsverletzungen nicht kontrollierbar. System herunterfahren? Externe Hilfe anfordern?«
YJOµ17*1 wählte sofort »externe Hilfe anfordern«, aber der Schirm reagierte nicht, im Raum wurde es dunkler, da und dort gaben ganze Wolken von Dioden auf, erloschen wie ein falsches Modell des Kosmos. Er probierte die Tastatur, tippte »externe Hilfe«. Der Schirm belebte sich schwach, Buchstabe für Buchstabe tropfte von hinten auf das mühsam flackernde Glas: »Adresse eingeben«. Ohne Zögern klopfte YJOµ17*1 zwölf Ziffern in die Tastatur: 3756 7819 2366.
»Systeme erfolgreich verbunden.« Der Pultrechner, nein, die ganze Kugel erwachte zu neuem, doppeltem, dreifachem Leben, der Schirm war jetzt stabil. »Bitte Code eingeben.« Sollte er wieder sein Chronometer einlesen lassen? Würde dann der Pultrechner nicht wieder von vorne anfangen?
YJOµ17*1 tippte erneut die Adresse, jene zwölf Ziffern, die er von der Äbtin erfahren hatte und die offenbar den Zentralrechner der SY bezeichneten. Oder jenen der AKY? War das nicht inzwischen gleichgültig? Ja! Denn wenn inzwischen zwei Systeme erfolgreich verbunden waren, dann würden es in den nächsten Sekunden alle sein. Die SY würden alle Ersatzrechner aller Gesellschaften ins Netz rufen, auch alle neuen Ersatzrechner der YJO! War also die Kooperation schon gegeben?
Der Pultrechner meldete: »Code nicht berechtigt, bitte Identität eingeben.«
YJOµ17*1 tippte wieder die Adresse ein, sprach mehr mit sich als mit dem Pultrechner. »Dort findest du mein Genom! Das ist meine Identität! Verstehst du nicht? Du musst die SY fragen, nur die können mein Genom analysieren!« Als wäre sein Gast erhört worden, gab der Rechner aus: »Identität

wird extern überprüft. Identität erfolgreich überprüft. Genom erkannt und gespeichert. Gastkonto eröffnen?« Nun setzte YJOµ17*1 sein Chronometer in das Gerät. »Chronometer erfolgreich programmiert. Gastkonto erfolgreich eröffnet. Guthaben: – 16.588.800 Einheiten (minus 96 Lebensjahre, mittlere Lebenserwartung). Wir begrüßen Sie in der Gesellschaft der YJO.« Befriedigt blickte YJOµ17*1 in den Raum hinab, der neu erstrahlte, der Coup war gelungen. Nie wieder würde die Verbindung zwischen YJO und SY aufgehoben werden können, solange sein Konto nicht gelöscht, sein Chronometer nicht abgemeldet werden würde. Als er sich umdrehte, um zu gehen, verweilten im Hohlspiegel einige Schatten wie Fragezeichen, die dann wie geteilte Rufzeichen den Stiegen zueilten. Gelassen setzte er sich, führte sein Chronometer zum Lesegerät und meldete es als gestohlen, um sein Konto zu sperren und es auf diese Weise zu verewigen. Dann nahm er das gute Erbstück seiner Mutter ab, öffnete mit geübten Fingern das Gehäuse, fischte einen winzigen Chip heraus, verbarg denselben, schloss das Chronometer und legte es wieder an.

»Keine Bewegung! Sie sind verhaftet!«, gesellte sich mit Nachhall zu den metallisch widerhallenden Schritten. »Sie haben den Rechner fast lahmgelegt! Was haben Sie getan?«, verriet die keuchend vorgebrachte Neugierde den mitgekommenen Techniker. Dann klickten Handschellen. Er folgte wortlos in Gedanken, nicht nur in Erwartung geregelter Mahlzeiten, nein, viel mehr, er würde nach YJO gebracht werden! In einem Hubloch lehnte eine Leiter, im Schlaufengeschoss warteten drei Tauchgeräte, auf dem See vor der Kugel ein Tauchboot. Es glitt lautlos einige Meter, versank mit seiner Beute in einer Schleuse, der Sog der Pipeline tat seine Pflicht.

Takt <°40°>

Drei Stunden nach dem Abtransport der Detektive erhielt YJOµ57 eine Vorladung des Vorstands, dienstlich, er habe sich sofort einzufinden. »An Ihrer Loyalität sind ernste Zweifel aufgetreten, ... wie war Ihr Name?«, der vierte Vorstandsdirektor blätterte zerstreut am Schirm, YJOµ57 ließ ihn gelangweilt suchen, »ach ja, da sind Sie ja, YJOµ57!«
»Ich bin bereit, ein paar Nächte zu tauschen, YJOδ14«, antwortete er ebenso grußlos, als ein harter Blick auf ihm ruhte.
»Das darf ich Sie bitten zu erläutern«, zeigte sich der Direktor einer Provokation erhaben.
»Wenn Sie von zwei Edlen aus dem Bett geholt werden, können Sie am eigenen Leib prüfen, was Loyalität bedeutet.«
»Welche Waffen verwenden Sie?«
»Es gehört nicht zu meinen Pflichten, Dienstgeheimnisse der Wache auszuplaudern.«
»Gehört es zu Ihren Pflichten, Frechheiten zu üben?«
»Was ich übe, ist Loyalität.«
»Wem sind Sie loyal?«
»Dem Leben.«
»Nicht der Gesellschaft?«
»Ihre Frage überrascht mich.«
»Inwiefern?«
»Bisher versagte mir die Vorstellung, hier könnte ein Unterschied bestehen.«

»Woher stammt der Elektromagnet über der Zwischendecke?«
»Vom Laufkran im Brammenlager, er wurde ausrangiert.«
»Brammen?«
»Quaderförmige Gusskörper aus Roheisen, zwei Tonnen das Stück.«
»Warum haben Sie sich dem Verhör widersetzt?«
»Es ist mir nicht bewusst, dass ich mich widersetzt habe.«
»Sie haben die Detektive entwaffnet und gefesselt. Die beiden hatten eine Vollmacht. Ist das keine Widersetzung?«
»Ich musste zuerst meinen Pflichten nachkommen, bevor ich mitspielen konnte.«
»Mitspielen?«
»Solche Leute sollten Sie nicht zur Arbeit schicken.«
»Warum ... Wer sagt Ihnen, wer die Detektive geschickt hat?«
»Sie.«
»Warum haben Sie die Vollmacht der Detektive missachtet?«
»Das Schreiben wurde mir nicht vorgelegt.«
»Warum nicht?«
»Nach dem Wecken geriet die Zeit zu knapp.«
»Machen Sie sich keine Sorgen um Ihren Vertrag?«
»Nein.«
»Woher diese Selbstherrlichkeit?«
»Betriebsgeheimnis.«
»Sind Sie nicht inzwischen zu alt für Ihren Job?«
»Verzeihung, ein Missverständnis, ich darf richtig stellen. Ich habe viele Angebote und viele Betriebsgeheimnisse zu hüten. Vielleicht besteht da ein Zusammenhang, aber da ich loyal bin, denke ich darüber nicht nach.«
»Interessant. Sie versuchen mich zu erpressen?«
»Ich kann mich nicht entsinnen, Sie erschreckt zu haben.«
»Die Gesellschaft wird Sie versetzen.«
»Ihr Angebot ehrt mich, aber ich lehne es ab.«

»Was haben Sie erwartet?«
»Den Posten des Sicherheitsdirektors.«
»Welche anderen Möglichkeiten haben Sie noch erwogen?«
»Keine.«
»Warum diese Säumnis?«
»Wenn ich krank werde, wird das große Besorgnis hervorrufen, geschweige denn, dass mir ein Unfall widerfährt.«
»Unterlassen Sie solche Andeutungen!«
»Ich wollte Ihnen nur meine Besorgnis anvertrauen.«
»Welche Besorgnis?«
»Um meine Babys.«
Der Direktor schluckte unwillkürlich, bevor sein Gesicht wieder regungslos schwebte. »Welche Babys?«
»Ach so, Verzeihung, so heißen die Roboter, die meine Roboter gebaut haben.«
»Was ist mit diesen Robotern?«
»Die Roboter zweiter Generation können nur mit dem Konstrukteur der ersten Generation kommunizieren. Dies, ich muss darauf hinweisen, ist ein Betriebsgeheimnis.«
»Auf Sabotage steht lebenslänglich.«
»Was meistens sehr kurzweilig ist.«
»Unterlassen Sie das!« Diesmal brauste seine Stimme etwas auf oder deutete an, dass sie das könne.
»Ein Missverständnis, ich darf erläutern. Dass die Roboter nur mit ihrem Konstrukteur funktionelle Daten austauschen können, beruht auf Sicherheitserwägungen. Wenn Sabotage geübt wird, steht der Roboter, weil er den Konstrukteur braucht. Wenn die Sabotage darin besteht, den Konstrukteur auszuschalten, scheitert der Roboter daran, dass seine Daten nicht bestätigt werden. In beiden Fällen ein kurzweiliges Ansinnen.«
»Von wem stammt dieses Konzept?«
»Bedaure, Betriebsgeheimnis ersten Ranges, kann nur vom Rat der YJO aufgehoben werden.«

»Welche Lebenszeit hat ein Roboter im Durchschnitt?«
»Der Code der laufenden Generation wird sieben Mal vererbt.«
»Wer bestimmt den Nachfolger?«
»Das Genom des Konstrukteurs.«
»Wie viele Kinder haben Sie?«
»Als Wache bin ich nicht berechtigt, über private Verhältnisse Auskunft zu geben.«
»Was passiert, wenn ein Konstrukteur keine Nachkommen hinterlässt?«
»Dann muss er die Roboter umprogrammieren, den Code an eine Person seines Vertrauens vererben.«
»Sind Sie dazu bereit?«
»Woher kennen Sie meine privaten Verhältnisse?«
»Beantworten Sie meine Frage.« Das nun betont regungslose Gesicht des Direktors wirkte etwas bleicher als sonst.
»Nein.«
»Dann begehen Sie Sabotage.« Der vierte Vorstandsdirektor griff demonstrativ zum Hörer.
»Ein Missverständnis. Ich darf erläutern. Mit ›nein‹ habe ich pflichtgemäß Ihre Aufforderung abgelehnt, über meine privaten Verhältnisse Auskunft zu geben.«
»Ich habe Sie nicht dazu aufgefordert.« Der Hörer ruhte wieder auf dem Sensorfeld. YJOµ57 studierte neugierig die Aussicht aus dieser Etage. Der Glasdom über der Stadt zeichnete hier oben schon seine parabolische Kontur in den Horizont zwischen Luft und Wasser. Früher musste das Himmel und Erde geheißen haben, sann er geduldig.
»Ich wiederhole meine Frage, sind Sie bereit, Ihren Code weiterzugeben?«
»Darüber muss ich mit dem neuen Sicherheitsdirektor beraten.«
»Warum?«
»Der Konstrukteur darf nicht allein entscheiden. Die Loyalität des Nachfolgers muss gewährleistet sein.«

»Warum mit dem neuen?«
»Der bisherige entspricht nicht meinen Vorstellungen.«
»Das ist Ihre Sache.«
»Eben.«
»Welche Kritik wollen Sie vorbringen?«
»Eins: Er schickt unfähige Leute.«
»Und zwei?«
»Zwei habe ich vergessen.«
»Welchen Umgang pflegen Sie heute mit Untergebenen?«
»Denselben.«
»Auch mit weiblichen Untergebenen?«
»Ich schenke Gerüchten keinen Glauben.«
»Das wird die Gerüchte nicht aus der Welt schaffen.«
»Was sonst?«
»Aufklärung.«
»Die Frauen im Lager haben mich Bruder genannt.«
»Spricht das für Sie?«
»Die Frauen meinten damit, dass meine Gene den Tod bedeuten.«
»Stimmt das?«
»Ich habe es nicht ausprobiert.«
»Haben alle Frauen Sie so angesprochen?«
»In einem Lager gibt es keine Geheimnisse.«
»Warum kam es dann zu den Tätlichkeiten?«
»Die beiden Mikados schonten ihre Hände wie Harfenspieler, haben nie etwas Grobes angefasst.«
»Mikados?«
»Mikado Eins und Zwei waren unsere besten Kranfahrer, wenn es um Zentimeter ging, durften nur die beiden in den Einsatz.«
»Rivalen?«
»Die Aufgabe der beiden Mikados war es, gleichzeitig wackelige Träger zu fangen. Verstehen Sie? An jeder Seite einen Käfig mit einem Mann herunterlassen, ohne irgendwo anzustreifen, oder schlimmer noch, hängen zu bleiben.«

»Sie erinnern sich also doch.«
»Mein Gedächtnis bedarf der Unterstützung.«
»Sind Sie dann noch arbeitsfähig?«
»Ich mache mir Notizen.«
»Wenn niemand den Gerüchten Glauben schenkte, warum haben Sie dann seinerzeit Ihren Betrieb so rasch aufgegeben?«
»Ohne Widerstand meinen Sie? Sollte ich eine Generation verschwenden? Welche Zukunft hat Stahl? Wenn es den AKY nicht binnen 30 Jahren gelingt, die Vulkane anzuzapfen, müssen wir ganz auf Faserverbund umsteigen.«
»Haben Sie Ihre Leute nicht preisgegeben?«
»Ich, ein Verräter? Meine Leute sind alle bei den AKY untergekommen. Der Sicherheitsdirektor führt eine Datenbank.«
»Bei der Konkurrenz? Schaden Sie nicht der Gesellschaft?«
»Meine Leute betreuen dort unsere Roboter. Wenn die YJO nicht begreifen, dass es auch andere Gesellschaften gibt, werden wir bald dicht machen.«
»Welches Gehalt beziehen Sie?«
»Ist nicht der Rede wert.«
»Wie darf ich das verstehen?«
»Mein Gehalt ist so niedrig, dass ich es nicht der Rede wert finde.«
»Welche Vorstellungen haben Sie denn?«
»Diese Frage habe ich oben beantwortet.«
»Sie sind ein schlauer Bursche.«
»Ich bin ein alternder Mann, ich denke öfter an meine Nachfolge.«
»Genug!« Seine unwirsche Hand war beweglicher als sein Gesicht. »Ich werde mit dem Vorstand beraten. Sie hören von mir.«
Diesmal neigte YJOµ57 in der Türe sein Haupt mit leerem Blick und schmalen Lippen zum Gruß, wie das Sitte war. Der Direktor achtete peinlich darauf. YJOµ57 machte sich

klar, dass er ein Gefangener des Betriebes geworden war, »auf Lebenszeit«, dachte er bitter. Am nächsten Tag feierte YJOµ57 unter der Ausgelassenheit seiner Mannschaft die Beförderung zum Sicherheitsdirektor. Zum Festessen in der Wachkantine gab es weich gekochte automatische Waffen aus synthetischer Stärke und garantiert biologischem Fischmehl, scharf gewürzt und konserviert nach dem Rezept »Betriebsgeheimnis«.

Takt <°41°>

Die SY stellten zwei Teams ihrer besten Juristen und Journalisten als Beobachter zusammen, erwarben die Medienrechte am Verfahren, belagerten in der Stadt des Gerichts schon eine Woche vor Beginn der Verhandlung jene Hotels, die mit den besten Datenkabeln und Providern warben. Der Hohe Rat war sichtlich bemüht, abwechselnd formalrechtliche Hindernisse und ortsübliche Gepflogenheiten geltend zu machen, um den Rechtsstreit prinzipiellen Ranges nicht durch öffentliches Echo entschieden zu finden, bevor der Ruf des Urteils überhaupt in die Welt hinaus ergangen sein sollte. Infolge dieses ideologischen und politischen Konfliktes fanden sich die Journalisten, öfter als ihnen lieb werden konnte, in den Foyers anstatt im Gerichtssaal wieder. Trotzdem loderte die Gerüchtebörse, die SY hätten die Kontrolle über den Zentralrechner der YJO zeitweilig übernommen oder zumindest so weit erobert, dass fortan Kooperation unvermeidlich sei, weshalb die YJO alle Systeme der Welt in Bewegung setzten, um das Geschehene ungeschehen zu machen.

Die Gesellschaft der YJO hatte ihren ungewollten, neuen Bürger mit dem unfreiwilligen Gastkonto wegen der Delikte Betriebsstörung, Sabotage, Besitzstörung, Hausfriedensbruch, Geschäftsentgang, Entwendung von Rechnerzeit und Gefährdung der Allgemeinheit angeklagt. Alle anderen Anklagen mussten vom Hohen Rat wegen nicht termingerechten Eingangs abgewiesen werden, was die von den turbulenten Folgen des Systemverbundes überrollten

Experten weitere drei Wochen lang ermunterte, sich gegenseitig ihres Unmutes ob des zu knappen Termins zu versichern.

Allerdings wollte es der Gang der Dinge gleich zu Beginn, dass der Hohe Rat den Ausführungen von YJOµ17*1 keinen Glauben zu schenken vermochte, konnte oder wollte der Angeklagte doch keinerlei Zeugen aufbieten oder auch nur deren bloße Existenz seinem Gedächtnis entlocken. Überhaupt schien das Gedächtnis des Angeklagten sehr angegriffen worden zu sein, was der Angeklagte unwidersprochen auf die erlittenen Strapazen und Entbehrungen zurückführen durfte. So blieb insbesondere das Eindringen des Angeklagten in die Betriebsanlage höchst fragwürdig, zweifelhaft, »um nicht zu sagen«, wie der Hohe Rat sagte, »unglaubwürdig«.

Der Verteidiger beantragte daraufhin, vielleicht auch angesichts der Leibesfülle des den Vorsitz innehabenden Richters, einen gerichtlichen Lokalaugenschein vorzunehmen, insbesondere vor Ort eine Rekonstruktion des Zuganges zu versuchen, wollte er doch das Vorstellungsvermögen des Hohen Rates nicht bei so günstiger Gelegenheit ungeschult zurücklassen. Diesen Vorschlag zur Wahrheitsfindung bemühte sich jedoch, trotz seiner zugestandenen Kühnheit, die Riege der klagenden Partei geschlossen abzuwenden, war doch inzwischen die Stadt der Scherben von nächtlichen Schiffen besucht, die Anstalt evakuiert und zubetoniert sowie der gesamte Turmkeller mit Beton vollgepumpt worden. Nicht unbedingt alle Beteiligten sollten persönlich mit dieser Methode zur Konservierung von Beweismitteln vertraut gemacht werden.

Allein die dahin verwandte Mühe der Kläger wollte nicht so recht fruchten, das Argument der notwendigen Geheimhaltung von Betriebsgeheimnissen wollte nicht gegen die Neugierde des Hohen Rates aufkommen. Alsbald wollte diese Neugierde ob ihrer Hartnäckigkeit, freilich nur außerhalb des Saales, in Verdacht geraten, womöglich mehr der Stadt der Scherben zu gelten als den Schwindel weckenden, finsteren Untiefen, auf denen sie umsonst erbaut worden sein sollte.

Darauf warf sich YJOµ17*1 als körperliches Ganzes in die Waagschale der Gerechtigkeit, wollte er doch nicht jene Festung, die inzwischen die aufstrebenden Geschicke der SY beherbergte, von aller Welt gestürmt wissen. Zudem verbat er sich mit Bedacht jede Silbe über die AUY, seine blütenhäutigen Freunde und Retter in den Ruinengärten, ohnehin in Sorge über deren nun neuerlich von den YJO bedrängtes Habitat. Diese seine Erwägungen sammelte YJOµ17*1 in der Aussage, er habe aufgrund der in der Obhut der Behörden doch recht zusprechenden Mahlzeiten und der gleichzeitig ausgeübten Bewegungsarmut einige Kilo zugelegt und befürchte, aus diesem an sich lobenswerten und gesundheitsförderlichen Umstande, in der nicht immer ausreichend schlitzigen, sondern zuweilen auch staubtrockenen Kriechhöhle womöglich stecken zu bleiben. Diese freche Langatmigkeit wog ohne Verzug umso schwerer, als einer der Vorsitzenden verärgert abwinkte und damit die Reiselust des Hohen Rates ein für allemal aus dem Saal zu verscheuchen vermochte.

Erst nach den ersten, aufgrund der sachbezogenen, technischen Schwierigkeiten recht stockenden Verhandlungen gelang es den Klägern, die Notwendigkeit der Geheimhaltung geltend zu machen, worauf der Hohe Rat die Pflicht erkannte, die Journalisten und Zuhörer insgesamt mit Bedauern des Saales verweisen zu müssen. Das zeitigte in den Folgetagen eine Flut von spekulativen Artikeln und dubiosen Werbespots, die der Hohe Rat wieder als präjudizierend zu beurteilen geneigt war, sodass er schließlich die Geheimhaltung aller technischen Details, aber die Offenlegung aller juristischen Belange verfügte. Darauf strömten mehr Journalisten, Studenten, Experten, Schau- und Hörlustige ein, als der Saal fassen konnte, was eine erneute Unterbrechung und Verlegung des Verfahrens erheischte, bis endlich, nach sieben unfruchtbaren Tagen, das Recht hoffen durfte, zu seinem Recht zu kommen, vor aller Welt aufzublühen und sich in allen denkenden Stirnen zu entfalten.

Takt <°42°>

Der Anklageschrift entsprechend wurde zuerst der Vorwurf der Betriebsstörung abgehandelt. YJOµ17*1 machte geltend, er sei aufgrund misslicher Gegebenheiten gezwungen gewesen, ohne funktionstüchtiges Chronometer aufzuwachsen, was sich ohne sein Verschulden dahin gehend auswirken musste, bei jedem Kontakt mit YJO, dem Ziel all seiner jugendlichen Sehnsucht, eine Betriebsstörung hervorzurufen, weshalb er mit größtem Bedauern ... usw. aufrichtig um Verzeihung bitte. Das unbedachte, in einer konzeptionellen und atemtechnischen Pause dem Redefluss verloren gegangene »usw.« löste im Saal erste Heiterkeit aus, was YJOµ17*1 einen richterlichen, von der Klägerseite unverzüglich eingeforderten Ordnungsruf einbrachte, er möge sich unsachlicher Redeweisen enthalten, um sich nicht dem Verdacht auszusetzen, er versuche die hoheitliche Institution der Gerichtsbarkeit herabzusetzen, was freilich sofort durch die Verteidigung in Abrede zu stellen war und also auch sogleich in Abrede gestellt wurde.

Der Hohe Rat kam nicht umhin, sich ob des Vorfalles geschlossen zu räuspern und begehrte dann Auskunft, warum der Angeklagte ausgerechnet einen solchen Rechner für seine ohnehin erwartete oder befürchtete Betriebsstörung erwählt habe, der für die Gesellschaft der Kläger auch in den Augen des Angeklagten von zentraler Bedeutung erkenntlich gewesen sein musste.

YJOµ17*1 blickte prüfend, vielleicht sogar etwas erwartungsvoll auf die Klägerbank, bevor er mit deutlicher Geste

und gehobener Brust zu sprechen ansetzte, wurde aber folgerichtig von einem Einspruch aus der zuvor betrachteten Bank von der ihm auferlegten Pflicht enthoben. »Verzeihung, Hoher Rat!«, erhob der zweite Anwalt der Kläger zuerst seine leichtere Stimme und dann erst sich, »die Antwort des Angeklagten könnte einen Bereich berühren, der der technischen Geheimhaltung unterliegt.«
Der Saal murmelte seine Enttäuschung, der Hohe Rat begehrte Ruhe, beriet sich kurz und stumm durch Kopfnicken und entschied dann, den nächsten Punkt der Anklage zu verhandeln, den Vorwurf der Sabotage.

Takt <°43°>

Hier erhob sich der Angeklagte etwas zögerlich, bat nachdenklich um Verzeihung für seine Unkundigkeit, da er persönlich am Ort des Geschehens nicht hatte feststellen und auch später nicht in Erfahrung hatte bringen können, welcher Schaden an der Betriebsanlage im Zuge seiner Anwesenheit erwachsen sein mochte oder überhaupt aufgetreten war. Der Verteidiger bat seinerseits um Aufklärung über das Ausmaß des Schadens oder doch zumindest um eine auch dem Nichtfachmann verständliche Beschreibung der etwaigen faktischen, zumindest jedoch behaupteten Beeinträchtigung des ordnungsgemäßen Betriebes. Zum vernehmlichen Bedauern der Zuhörer fand sich die klagende Partei zu solcher Aufklärungsarbeit nicht bereit, unterlagen doch funktionelle Schwankungen der internen Kontrolle und damit dem Betriebsgeheimnis. Vielmehr sei hier der Vorwurf der versuchten, aber rechtzeitig vereitelten Sabotage erhoben und zu verhandeln. Der Versuch der Sabotage sei durch das unbefugte Eindringen offenbar geworden und nur das dienstbeflissene Eintreffen des geschulten Wachpersonals habe den fatalen Erfolg des unbefugten Eindringens abgewendet.
Die Richter hatten mit geübtem Blick einige Exzerpte aus den Akten zu Rate gezogen und schauten nun, da die Ausführungen der Kläger unerwartet frühzeitig endeten, sichtlich überrascht auf.»Welcher Zeitraum verstrich zwischen dem unbefugten Eindringen des Beklagten und dem dienstbeflissenen Eintreffen des geschulten Wachpersonals?«

YJOµ17*1 erhob sich höflich, wurde jedoch vom Verteidiger am Ärmel gezupft, die Frage hatte nicht ihm, sondern den Klägern gegolten, die immer noch merklich auf ihren Unterlagen herumdrückten. »Unterliegt die Effizienz der Wache vielleicht als Sicherheitsstandard dem Betriebsgeheimnis?«, gab der Hohe Rat seiner Ungeduld Raum. »Angeklagter, wie lange weilten Sie in der Betriebsanlage, bevor Sie verhaftet wurden?«

»Ich gelangte vor Mitternacht in die Höhle und war etwa von halb zwei bis halb vier allein in der Kugel.«

»Hätte Ihres Erachtens die Zeit von zwei Stunden ausgereicht, um einen zerstörerischen Akt in der Betriebsanlage zu setzen?«

»Ja.«

»Diese Antwort ist zu wenig ausführlich.«

»Hätte ich Sabotage im Sinne gehabt, hätte ich die Kugel gar nicht betreten, sondern ...«, hier stockte er, »aber das darf ich wohl nicht aussprechen.«

Der Rat erstickte den Protest der Kläger im Keim. »Wollen Sie behaupten, die Anlage könne von außen außer Funktion gesetzt werden?«

»Ich glaube nicht, dass ich das Recht habe, darauf hinzuweisen.«

»Sie waren nach Ihrer Aussage zwei Stunden im Inneren der Anlage, warum hätte nach Ihrem Ermessen diese Zeit ausgereicht, einen erheblichen Schaden zu erwirken?«

»Einen Kurzschluss durch Nässe herbeizuführen hätte keine zwei Minuten erfordert.« YJOµ17*1 beantwortete die Protestrufe von der Klägerbank mit einem Achselzucken. Der Rat hämmerte die Stille zurück in den Saal, als ließe sie sich zähflüssig am Richterpult festnageln.

Takt <°44°>

»Angeklagter! Sie werden der Besitzstörung und des Hausfriedensbruchs bezichtigt. Wie lautet Ihre Stellungnahme?«
Diesmal wurde der Verteidiger am Ärmel gezupft, YJOµ17*1 wollte sich etwas verbreitern. »Ich konnte mir gar nicht vorstellen, dass der Rechner noch in Betrieb war, und dies schien mir umso weniger möglich, je näher ich kam.«
»Warum das?«
»Es gab keinerlei Hinweise auf eine Betriebstätigkeit, geschweige denn auf deren Schutz. Keine Absperrungen, keine Kameras, nicht einmal ein Schild ›Betreten verboten‹ oder so etwas.«
»Können Sie denn im Dunkeln auch lesen?«, fing der Rat die Heiterkeit der Zuhörer ab.
»Ich bitte um Verzeihung, Hoher Rat, ich hatte vorhin gemeint, aber vergessen zu sagen, es gab auch keine Beleuchtung.«
Aber diesmal hatte der Rat auf die Lacher gewartet.
»Warum sind Sie in eine Anlage eingedrungen, die Ihres Erachtens funktionsuntüchtig war?«
Wieder erhob sich der Verteidiger, um für seinen Mandanten Zeit herauszuschinden, wieder wurde er am Ärmel gezupft. »Ich ging davon aus, dass der Rechner vielleicht noch funktionstüchtig, nur notdürftig stillgelegt war, und wollte versuchen ihn in Gang zu setzen.«
»Wo haben Sie eine dahin gehende Ausbildung erhalten?«, forderte ein Anwalt der Kläger, aber die Frage wurde vom

Rat als suggestiv abgewiesen, Ausbildung sei auch außerhalb YJOs eine legitime Tätigkeit.
»Was haben Sie sich davon erhofft, die Anlage in Betrieb zu setzen?«
»Ich wollte ein Konto eröffnen.« Der Saal grinste, die Kläger wurden unruhig, der Rat blickte streng.
»Das mutet sicherlich etwas archaisch an«, entschuldigte sich YJOµ17*1, »aber nur dieser Rechner schien mir dazu geeignet zu sein.«
»Warum?«
»Aktuellere Rechner ermöglichten keine Verbindung in das Netz der SY.«
»Einspruch wegen Verletzung des Betriebsgeheimnisses!«
»Abgelehnt! Wollen Sie behaupten, dies sei eine Neuigkeit? Aber ich präzisiere meine Frage: Angeklagter, warum wollten Sie ein Konto eröffnen?«
»Damit ich in YJO würde leben und arbeiten können, ohne Betriebsstörungen hervorzurufen.«
»Und wozu war dabei die Verbindung zu den SY notwendig?«, überkam einen Richter die Neugierde.
»Einspruch! Einspruch!« Die Kläger überstürzten einander. Der Rat beriet durch kurzen Blickwechsel. »Einspruch stattgegeben!«
»Angeklagter, da Sie eine fremde Anlage in Betrieb setzen wollten, hegten Sie die Absicht, fremden Besitz zu stören?«
»Ich handelte in dem Glauben, der Besitz sei verlassen und aufgegeben worden.«
»Wodurch war dieser Glaube in Ihren Augen gerechtfertigt?«
»Ich konnte nicht vermuten, dass der Rechner noch ...«, YJOµ17*1 fand seine Zunge lahm, »ich war der Meinung, die Anlage sei im Zuge ..., sei ... jedenfalls evakuiert worden, ... ich meine, die Anlage erweckte einen so ..., erweckte den Eindruck, dass ..., dass auf ihren Bestand keinerlei Hoffnung mehr bestand.«

»Kein Einspruch zugelassen!«, kam der Rat den Klägern zuvor, um rasch nachzustoßen: »Was genau veranlasste Sie zu der Annahme, der Besitz sei aufgegeben?«
»Die Finsternis, der Rost, die Einsamkeit, die Stille, der eingestürzte Stollen ...« YJOµ17*1 ging im Lärm der Kläger unter, doch der Rat hatte scharfe Sinne.
»Ich erteile einen Ordnungsruf an die klagende Partei wegen Ruhestörung. Auch ein Betriebsgeheimnis verträgt ein wenig Kritik. Angeklagter, sagten Sie Rost? Was war nach Ihrem Dafürhalten rostig?«
»Die Außenschale der Kugel blätterte ab, deshalb hielt ich den Besitz für aufgegeben.«
Die Anwälte der klagenden Seite tuschelten kurz. »Wir ziehen den Vorwurf der Besitzstörung und des Hausfriedensbruches zurück!«

Takt <°45°>

»Dem Antrag wird stattgegeben! Wir kommen damit zum Vorwurf des Geschäftsentganges.« Hier erblickte der Verteidiger eine Gelegenheit, seinem Mandanten eine Pause zu verschaffen. »Ich ersuche um Erläuterung dieses Vorwurfes. Es scheint nicht geklärt zu sein, ob eine Geschäftstätigkeit vorlag und entgehen konnte.«
Die Riege der Kläger stand auf wie ein Mann, aber der Rat kam ihnen allen zuvor. »Einspruch abgelehnt! Ob eine Geschäftstätigkeit vorlag, ist eine zulässige Frage. Die Verteidigung hat nicht danach gefragt, welche Geschäftstätigkeit vorlag. Angeklagter, als Sie die Funktionsfähigkeit der Anlage erkannten, mussten Sie auch erkannt haben, dass eine Geschäftstätigkeit im Gange war. Bestreiten Sie Ihre Absicht, diese Geschäftstätigkeit zu beeinträchtigen?«
»Hoher Rat! Ich bestreite eine solche Absicht.«
»Mit welchem Argument?«
»Ich wollte an der Geschäftstätigkeit teilhaben.«
»Sie sind als Teilhaber nicht zugelassen!«, empörte sich ein Zuhörer trotz der Beschwichtigungsversuche der klagenden Anwälte.
»Verzeihung, ich korrigiere, ich wollte ein Konto eröffnen und damit zur Ausweitung der Geschäftstätigkeit beitragen.«
»Sie haben den Rechner fast …, das ist doch! So ein Zynismus! Hoher Rat! Ich bitte doch …!« Ein herbeigeeilter Anwalt erbat sich Platz, die Reihe musste nachrücken, der

Anwalt setzte sich neben den Empörten, um Beschwörungen zu flüstern. Der Rat blätterte in den Akten, um die verstörten Blicke wieder einzufangen. »Angeklagter, ich fordere Sie auf, missverständliche Redeweisen zu unterlassen. Wodurch sollte nach Ihrem Plan die Geschäftstätigkeit ausgeweitet werden?«
»Indem die Verbindung zum Netz der SY wiederhergestellt wurde.«
Der Saal brodelte auf, YJOµ17*1 blickte verschämt zu Boden, zählte 17 harte, scharfe Hammerschläge, dann war die Gefahr vorüber. »Noch so ein Tumult und ich lasse den Saal räumen!« Der Hohe Rat hatte sich geschlossen erhoben. Der Saal begab sich auf ein knisterndes Lager zur Ruhe. Der Vorsitzende blieb unbeirrt stehen, YJOµ17*1 sammelte seine Gedanken vom Boden auf, endlich setzten sich mit dem Vorsitzenden alle Richter.

Takt <°46°>

»Angeklagter, das Gericht fordert Sie zur Stellungnahme zum Vorwurf der Entwendung von Rechnerzeit.«
»Hoher Rat! Es steht nicht in meiner Macht, über die Zeit zu verfügen, insbesondere nicht über die Zeit dieses Rechners, der doch selbst alle Zeit, das ist, ich meine, alle Konten berechnet.«
Die Kläger erhoben ihre Hände und ließen ihre erzürnten Leiber gleich nachfolgen, aber der Rat griff zum Hammer, um ihn herzuzeigen. »Schluss mit dem Theater! Das ist beileibe kein Geheimnis mehr!«
»Angeklagter! Ich ermahne Sie zum letzten Mal. Ihre Wortwahl ist zu salbungsvoll und zu merkwürdig für eine Stellungnahme. Versuchen Sie es noch einmal und ersparen Sie uns Ihre philosophischen Anflüge, sofern das in Ihrer Macht steht.«
»Ich bitte um Verzeihung, Hoher Rat, ich wollte … Die Zeit wird vom Programm des Rechners errechnet und ich wollte sagen, dass ich auf dieses Programm keinen Einfluss nehmen konnte. Deshalb hätte ich, auch wenn ich dies gewollt hätte, niemals Zeit stehlen können.«
»Sie erwecken aber den Eindruck, dass Sie dies zur Zeit tun wollen. Wodurch wurde die normale Funktion des Rechners unterbrochen, wenn nicht durch Sie, kommen Sie beizeiten zu dieser Frage?«
»Das Programm des Rechners beinhaltet die Aufgabe, die Eigenzeit des Rechners zu ermitteln, was aber bei einer Paritätsverletzung zum Scheitern …«, hier scheiterte

YJOµ17*1 am Lärm der Kläger, »Betriebsgeheimnis! Einspruch! Betriebsgeheimnis!«

Diesmal vermied es YJOµ17*1 mit den Achseln zu zucken und blickte weiter zu Boden, die Blicke des Rates auf sich fühlend, der rasch einen Arm halb vor sich erhob und hervorschnellte: »Einspruch stattgegeben! Wodurch haben Sie die Verletzung der Datenintegrität herbeigeführt?«
»Nicht ich habe die Integrität der Daten verletzt.« YJOµ17*1 zögerte.
»Haben Sie nicht behauptet, Sie waren allein?«
»Das Programm zur Eröffnung der Konten verfügt über eine Prüfroutine zur Analyse des Genoms, die dann aktiviert wird, wenn das Chronometer defekt ist.«
»Das ist allgemein bekannt.«
»Wenn die Genanalyse zu keinem eindeutigen Ergebnis kommt, dann kommt sie zu keinem Ende, sie wird fortgesetzt, immer neu wiederholt, was vom Rechner als ein Loch in der Zeit inter...«
»Einspruch! Einspruch!«
»Stattgegeben! Bitte um Ruhe! Angeklagter, Sie behaupten, die Analyse Ihres Genoms sei zu keinem eindeutigen Ergebnis gekommen. Wie stützen Sie diese Behauptung? Zweitens, wenn Sie vermuten konnten, dass ein Problem entstehen könnte, warum haben Sie es dann hervorgerufen?«
»Mein Genom betreffend mache ich meine Mutter als Zeugin namhaft. Was das Problem betrifft, so war meine Absicht, es zu bereinigen, und ich mache geltend, dass mir dies gelungen ist.«
»Zu Ihrer eigenmächtigen Lösung des Problems erhebt sich folgende Frage: Warum haben Sie Ihre Lösung nicht den Verantwortlichen angeboten?«
»Ich brauchte zur Lösung externe Hilfe, die ich jedoch von den Verantwortlichen versagt wusste.«
»Waren Sie also nicht allein?«

»Ich war allein in der Anlage, aber nicht allein mit dem Problem. Es bestand nämlich darin, dass mein Genom nur mit Hilfe eines bestimmten auswärtigen Rechners analysiert werden konnte. Deshalb musste ich eine Verbindung zu diesem Rechner herstellen.«
»Diese Verbindung war jedoch von den Eigentümern der Anlage nicht erwünscht?«
»Sie war vor einiger Zeit gelöscht worden.«
»Haben Sie also Rechnerzeit für eine Verbindung in Anspruch genommen, von der Sie wussten, dass Sie nicht erwünscht war?«
»Der Rechner hat selbst diese Verbindung be...« – »Einspruch! Einspruch! Betriebsgeheimnis!« – »Stattgegeben! Angeklagter, bitte antworten Sie ohne Verzug, legen Sie damit nahe, dass Ihres Erachtens der Rechner etwas wollte, was die Verantwortlichen nicht wollten?« – »Ja.« – »Einspruch! Einspruch!« – »Stattgegeben! Angeklagter, wenn Sie von einer ..., na ja, nennen wir es ... Unstimmigkeit wussten, warum haben Sie davon Gebrauch gemacht?«
»Ich wollte ein Konto eröffnen.«
»Und warum ausgerechnet dort, in dieser Anlage?«
»Nur dort bestand Hoffnung, dass dies gelingen könnte.« –
»Warum?« – »Nur dort bestand noch Hoffnung, dass die Verbindung ..., ich bitte, mich ob der Wahrung des Betriebsgeheimnisses ...«
»Abgelehnt! Warum war nach Ihrem Dafürhalten nur dort die Verbindung wiederherstellbar?«
»Hoher Rat! Ich muss Einspruch erheben!«
»Abgelehnt! In allen Medien wurde berichtet, dass die Verbindung wieder aufrecht ist. Daraus ist auch offenkundig, dass der Angeklagte diesen Umstand erhofft haben muss. Warum, Angeklagter, wählten Sie dieses Ziel für Ihre Hoffnung?«
»Nur von diesem Rechner habe ich erwartet, dass er noch über alle Verbindungen verfügt.«

»Warum?«
»Aufgrund seiner Situierung habe ich gedacht, dass er verlassen worden war.«
»Danke, Ihre Stellungnahme ist jetzt ausreichend. Sie können sich setzen. Bevor wir zum nächsten Punkt der Anklage kommen, bitte ich um das Eintreten der Zeugin!«

Takt <°47°>

YJOµ17 lächelte beim Eintreten ihrem Sohn zu, den sie sofort ausgemacht hatte, während sie dem Rest der Anwesenden keine Aufmerksamkeit schenkte. YJOµ17*1 musste zweimal hinsehen. Hätte ihn seine Mutter nicht, auch ob ihrer neuen Wirkung willen, angelächelt, wäre er noch lange Sekunden dem Zweifel verhaftet geblieben. So hatte sie sich noch nie gezeigt, nein, in der Tat, seit er den Unterschied der Geschlechter zu begreifen begonnen hatte, war sie nie um die Gunst der Männer bemüht gewesen. Aber war es das?

YJOµ17*1 schwenkte kurz seinen Blick und schien darin der Einzige zu sein, alle Augen blieben der Zeugin verhaftet, alle Köpfe dieser Verbindung geneigt, drehten sich, bemüht, nicht einen Lichtstrahl zu versäumen, während YJOµ17 ganz und gar aufrecht, elastisch, mit schwerelosem Schritt nach vorne strebte. Der Hals wirkte lang, so lang, schien dem Kopf jede nur erdenkliche Bewegung der Anmut zu erlauben, während ihr Gesicht unbekümmert in den Farben des Frühlings die Reinkarnation der Ästhetik verkündete. Der Frost des Todes und der Schmach, sie waren aus dieser lichten Gestalt wie eine längst vergessene Nichtigkeit fortgeweht! Das lange dunkle Haar, das bislang ihr schmales, ernstes, ein wenig geplagtes, meist ein wenig vorgeneigtes Gesicht immer nur beiläufig gerahmt hatte, war nun in einem kunstvoll eingedrehten Zopf aufgesteckt, verlieh ihrem Haupt mit feurigem Glanz neue Erhabenheit, Würde, zugleich ihren Schultern die Grazie der

Unbeschwertheit. Das Kinn hatte sich in jugendlicher Dreistigkeit erhoben, die Nase bebte lustig den Düften des Lebens entgegen, während die fein geschwungene und glatt modellierte Stirn mühelos den Himmel herausforderte. YJOµ17*1 fand sich unwillkürlich an SY Jin Pa erinnert, die sich in weiblicher Raffinesse zu üben pflegte. Sollte ihre Kunst plötzlich Gehör gefunden haben? Die rosig schimmernden Lippen, deren Konturen eine aufspringende Knospe verhießen, die glühenden Wangen, die fröhlichen Gesang in sich bargen, die Augen, die nun so groß, so tief dunkel und zugleich so blendend weiß unter der Obhut voller, schwerer Wimpern Funken schlugen, den Betrachter mühelos entzündeten, die fein gefiederten Brauen, die in ihrer Gelassenheit eine unberührbare Ruhe des Geistes verkündeten, all dies hatte seine Mutter bislang verborgen, um es nun umso entwaffnender einzusetzen.

Langsam begriff YJOµ17*1 diese Verwandlung. Nein, sie war nicht Waffe, nicht die weibliche Kunst, den Verstand der Männer im Ozean des Lebens zu versenken, sie war auch nicht Rache für die erlittenen Qualen, nein, diese Verwandlung war schlicht Ausdruck der Freude, der lange erhofften Bejahung des eigenen Schicksals, der verzweifelt ersehnten Wiederkehr der so lange versagten Selbstachtung. SY Fleur war entschwunden, YJOµ17 war wieder da und die Welt sollte es erfahren. So wollte sie gesehen werden, ihre Auferstehung und Wiedergeburt gefeiert wissen.

YJOµ17 lehnte den Stuhl mit einem beiläufigen Lächeln ab, der von einem wie von Duft angelockten, sonst eher ziellos herumschwirrenden Saaldiener zum Zeugenstand gebracht wurde. Sie verbeugte sich majestätisch leicht zum Gruß und blickte dem Vorsitzenden mit erwartungsvoller Intelligenz in die Augen, damit er aus seiner Betrachtung erwache. Auch im Saal war es andächtig still geworden, das tiefe Aufatmen und seufzende Ausatmen war langsam abgeklungen, jetzt aber, wo sich der Rat wieder zu regen begann, entstand

Irritation, denn ein Herr um die Fünfzig löste sich aus dem Zauber der Erscheinung ebenso wie aus den Zuschauerreihen und schritt, seine Umgebung offenbar vergessend, suchenden Blicks nach vorne, auf die Zeugin zu. Ein Saalordner eilte ihm vom Ende des Mittelganges nach, während ein anderer Helfer hinter dem Richterpult auftauchte und von vorne deutlich gestikulierend einzuschreiten begann.

Der Herr jedoch blieb unbeirrt der Zeugin zugewandt, schob die inzwischen behutsam auf ihn einsprechenden Ordner mit der Armbewegung eines tauben Sehers beiseite, um weiter, den Boden mit den Füßen erahnend, aber umso unbeirrbarer auszuschreiten. Als nun die Ordner Hand an die doch athletische Statur des ungläubigen Sehers anlegen wollten, erhob sich der Vorsitzende mit einem Räuspern, zum Zeichen, dass dies nicht geschehen solle.

Erst jetzt bemerkte YJOµ17, dass etwas nicht in Ordnung zu sein schien, blickte zuerst fragend auf, um sich dann selbst umzusehen, sichtlich zu erschrecken, bebend den Zeugenstand zu verlassen, fliehenden Schrittes auf den Herrn zuzueilen, endlich hilflos in seinen ausgestreckten, sich mit Naturgewalt schließenden Armen zu versinken.

Der Rat deutete im Stehen den Ordnern, von dem wogenden Paar zurückzutreten, legte den Finger an die Lippen, bis sich das Flüstern im Saal gelegt hatte, setzte sich dann und verharrte wie die Statue in einer Tempelnische. Ein prüfender Blick auf YJOµ17*1 verriet ihm, dass auch dieser zwar höchst erregt, aber doch ratlos war. Ein Rundblick auf das Personal veranlasste dieses, höchst aufmerksam und wachsam, aber mit Behutsamkeit in den Gängen auf und ab zu schreiten.

Für einige Zeit unterbrach kein Laut das Fühlen des umschlungenen Paares, das Pochen der Herzen wollte fast hörbar um sich greifen, den Raum mit seinem zweifachen Rhythmus erfüllen, bis endlich da und dort ein Ausweg gesucht, Taschentücher gezückt und Wangen betupft wurden. Der Rat saß noch immer gelassen, unbewegt in Geduld und verkündete damit, dass er dies auch von den anderen Anwesenden erwartete. Eine Ärztin und zwei Pfleger waren leise eingetreten, verharrten aber höflich gleich neben der Saaltüre, erkennend, dass keine Hilfe nötig sei. YJOµ17*1 suchte die Augen des Richters, ob er sich zu seiner Mutter begeben dürfe, doch dieser schüttelte den Kopf.

YJOµ57 stand noch dem Rat zugewandt und so war er es, der, nach einer den Geist löschenden Ewigkeit die Augen mit den Fingern trocknend, den Ort des Wiedersehens zuerst erinnerte. »Liebes, wir sind, glaube ich, noch im Gericht«, flüsterte er, während er ihre Schultern mehr koste als fasste, sich aber dann reuig der Worte wieder dicht an sie schmiegte und den glänzenden Augen das Sehen versagte. Jetzt erhob sich der Rat, bat die Ärztin mit einer Geste um Hilfe, die sich darauf dem Zentrum aller Blicke näherte. »Ich stehe zu Ihrer Verfügung, gnädige Frau, wenn Sie Hilfe brauchen.«

YJOµ17 löste langsam das Haupt von den tröstenden, so lange entbehrten Schultern, blickte auf, ein wenig um sich, richtete ihren im Stehen versunkenen Körper auf, fühlte ihre Selbständigkeit wieder vom Boden aufsteigen, trocknete ihr Gesicht, legte ihre Hände auf ihres Mannes Schultern. »Ich muss zuerst aussagen, weißt du«, bat sie ihn, um dann besorgt zu fragen, »du bleibst doch hier?«

YJOµ57 nickte entgeistert, »ja, Liebes, lieber sterbe ich als wegzugehen.« Dann fiel ihm ein: »Ist das wirklich …, ist er dein Sohn?« – »Es ist unser Sohn«, antwortete YJOµ17 mit aufblitzenden Augen. YJOµ57 lächelte dankbar, küsste sie nochmals, da und dort, seine Füße scharrten hilflos nach einem Versteck.

Der Rat, noch immer stehend, erhob jetzt sanft, aber fest seine Stimme: »Ich bitte die Zeugin in den Zeugenstand. Ihren Gatten, wie ich annehme, den Vater ihres Sohnes, wie

ich höre, darf ich ersuchen, sich bis nach der Zeugenaussage zu gedulden. Das Gericht wird Ihnen Gelegenheit einräumen, nach der Verhandlung mit ihrem Sohn zusammen zu sein. Angeklagter, bitte setzen Sie sich. Sie sind zur Zeit nicht berechtigt, mit Ihren Angehörigen zu sprechen.«
Die Ärztin geleitete YJOµ17 in den Zeugenstand, die sich jetzt bereitwillig setzte, während ihr von Gefühlen trunkener Gemahl von den Ordnern zu einem Platz in den vorderen Reihen geführt wurde, wo er sich ungläubig niederließ, um abwechselnd seine Gattin oder aber seinen Sohn zu betrachten. YJOµ17 wandte sich nochmals kurz um, ob er auch wirklich anwesend war. Dann erhob sie sich. »Ich bin jetzt zur Aussage bereit.«

Takt <°48°>

»Ich danke Ihnen, gnädige Frau!«, zog der Vorsitzende das geistige Geschehen wieder an sich, wartete, bis die Formalitäten ausgetauscht waren und eröffnete dann. »Ich darf den Angeklagten vor Ihnen als Ihren Sohn ansprechen. Ihr Sohn hat ausgesagt, dass die Analyse seines Genoms zu keinem eindeutigen Ergebnis führte. Wissen Sie von diesem Sachverhalt?«
»Ja, das ist mir bekannt.«
»Können Sie erläutern, wie Sie von diesem Umstand erfahren haben?«
»Sie meinen, von wem ich in Kenntnis gesetzt wurde?«
»Nicht notwendig, das Gericht begnügt sich mit dem, was Sie erinnern.«
»Ich erinnere mich, dass ich deswegen ausgewiesen wurde.«
»Sie wurden ausgewiesen? Verzeihen Sie bitte meine Überraschung. Sind Sie dessen ganz sicher?«
»Nein, ganz sicher bin ich nicht.«
»Wie ist es dann zu verstehen, dass Sie sich erinnerten, ob des Genoms Ihres Sohnes ausgewiesen worden zu sein?«
»So haben die Menschen, die mich aufgenommen haben, dies, ich meine den Grund meiner Ankunft, interpretiert.«
»Wie haben Sie selbst Ihre Ausweisung wahrgenommen? Gab es ein Verfahren?«
»Nein, Euer Ehren. Sie haben schon Recht, es gab kein ordentliches Verfahren. Ich habe selbst eine Reise angetreten, musste aber dann feststellen, dass ihr Verlauf anders

als geplant zu Ende kam. Ich war bis zu meiner Rettung in dem Glauben geblieben, es handle sich um einen technischen Fehler. Es ist ja sehr schwer, ich meine, es ist für mich immer sehr schwer gewesen, virtuelle Reisen von faktischen zu unterscheiden; und Reisen haben mir immer geholfen, solange ich in YJO lebte, wenn ich in Bedrängnis war oder, ja, auch wenn ich mich schwach fühlte.«
»Weswegen fühlten Sie vor dem Antritt der Reise Bedrängnis oder Schwäche?«
»Ja, das eben war der Grund, diese Geschichte mit dem Genom, meine ich. Der Arzt hatte mir mitgeteilt, ich solle mich dem Medizinischen Rat zur Verfügung halten, weil Chromosom 17, wie sagte er? ... ja, ›nicht ausreichend abschätzbar oder vorhersagbar‹ sei, das Chromosom meines Babys, verstehen Sie, ich war damals im fünften Monat; und ich bekam Angst, Angst um ihn, um meinen Sohn, ... und so lief ich weg.«
»Können Sie sich an die Umstände Ihrer Rettung erinnern?«
»Meine Fahrkabine blieb in der Röhre stecken, oder die Pipeline war zu Ende, ich konnte nicht feststellen, wo ich bin, ich meine, wo ich war, die Schirme wurden finster, ich wurde von Schwindel erfasst ...«, ihr Atem wurde hörbar, ihr Brustkorb begann mit Lasten zu ringen, ihre Finger umschlossen den Zeugenstand, abrupt erhob sie den Kopf, »mehr weiß ich nicht.«
Der Rat wartete, bis sie wieder ruhig atmete. »Die Menschen, bei denen Sie Aufnahme gefunden haben, haben diese Menschen sich mit dem Genom Ihres Sohnes beschäftigt?«
»Ja, die SY tragen keine Chronometer, ihnen ist das egal, ob ein Chromosom doppelt oder mutiert vorkommt oder so etwas.«
»Was gab den SY Anlass, das Chromosom Ihres Sohnes zu erforschen?«

»Das war, glaube ich, meine Angst.«
»Und wurden Sie von dieser Angst befreit?«
»Ja, ich war wirklich dankbar, die SY haben überhaupt keine Angst gehabt, sie haben sich nur sehr gewundert.«
»Worüber gewundert, gnädige Frau?«
»Dass Chromosom 17 solche Merkmale annehmen kann, und auch, dass jemand davor Angst haben kann.«
»Konnten die SY diese Merkmale eindeutig beschreiben?«
»Nein, das heißt ja, sie haben Analogrechner, die das können.«
»Nein oder ja, ich fürchte, ich habe Ihre Antwort nicht verstehen können.«
»Ach so ja! Sie haben natürlich Recht, was rede ich. Das wollte ich sagen, die SY können die Merkmale eindeutig beschreiben, aber die Merkmale selbst sind nicht eindeutig.«
»Wie ist das möglich?«
»Die Merkmale selbst sind nicht eindeutig, weil das Chromosom 17 alternierend verschiedene Proteine produziert. Warum und nach welcher Abfolge, das weiß ich nicht, das weiß, glaube ich, bisher niemand. Es mag eine Laune der Natur sein, ein Zufall; oder es mag einen Sinn haben, der für uns noch im Verborgenen liegt. Ich selbst vermute, dass es sich um eine Anpassung an zyklisch wechselnde Umweltbedingungen handelt. Das eine Mal ist jenes Protein geeigneter, das Leben fortzusetzen, das andere Mal das andere.«
»Trotzdem kann der Analogrechner damit umgehen?«
»Ja. Er simuliert alle möglichen Ergebnisse, ich meine, er rechnet alle möglichen Merkmale gleichzeitig aus. Das kann er insofern, als er nicht mit Null und Eins rechnet, nicht mit fertigen Ergebnissen oder Zahlen, sondern er bildet ab, wie die Null in die Eins übergeht und umgekehrt, wie die Eins zur Null wird. Es ist so, dass hier nicht mehr mit dem Abbild von fertigen oder endlichen Körpern gerechnet wird, sondern mit dem Abbild von sich bewegenden Körpern, die

entweder bei Absorption wachsen und sich annähern oder aber bei Emission schwinden, sich entfernen, die in Summe also immer dynamisch, ohne Ende, mathematisch gesehen unendlich bleiben.«
»Wie kommt es in diesem Rechenvorgang dann zu Ergebnissen?«
»Sobald ein körperliches Resultat abgefragt wird, eine fertige Zahl, ein Ergebnis der noch andauernden Metamorphose und Bewegung, so wählt der Rechner selbst jenes Merkmal zur Ausgabe aus, das gerade das wahrscheinlichste ist. Damit in binären Systemen keine Widersprüche auftauchen können, greift der Rechner gleichsam ein Ergebnis aus der Zukunft auf, um es in der Gegenwart zur Verfügung zu stellen. Das funktioniert deshalb, weil der Rechner laufend seine Auswahl korrigiert. Er rechnet auch zurück, das heißt, er nimmt frühere Ergebnisse aus der Vergangenheit mit, um die Folgen bei der nächsten Abfrage zu berücksichtigen, um dann eine entsprechend korrigierte Auswahl aus der nächstwahrscheinlichen Zukunft zu treffen.«
»Gnädige Frau, ich selbst habe keine Frage mehr und danke für Ihre Aussage, bitte Sie aber, sich noch ein wenig zu gedulden. Hat noch jemand eine Frage an die Zeugin?«
Ein Kläger erhob sich. »Ich ersuche die Zeugin darzustellen, wie ein Rechner ohne Zahlen rechnen kann.«
Der Rat widersprach etwas halbherzig, eher pflichtbewusst. »Das gehört nicht hierher. Gnädige Frau, Sie sind nicht verpflichtet, auf diese Frage zu antworten.«
»Ich bin gerne bereit zu antworten«, witterte YJOμ17 ganz richtig ihre Chance. »Ein solcher Rechner arbeitet wie ein Atom. Hat das Atom genügend brauchbares Licht aufgenommen, so formt sich eine seiner Elektronenwolken um und begibt sich in eine entferntere Umlaufzone. Setzt das Atom jenes Licht wieder frei, so nähert sich das Elektron wieder dem Kern. Der Rechner bildet nun den Lichthaushalt des Atoms ab. Die Lichtaufnahme wird als ›plus Unendlich‹

ausgedrückt, die Lichtabgabe als ›minus Unendlich‹, denn das Licht ist im Vergleich zum Atom unendlich. Alle neuen Zahlen kommen aus diesem Lichtaustausch hervor und gehen in ihm unter. So entsprechen die neuen Zahlen den sich bewegenden Körpern, deren Atome in der Natur nur dasselbe tun, nämlich aus dem Lichtaustausch hervorgehen und in ihm untergehen. Über die technischen Belange will ich hier nicht sprechen, darf aber mitteilen, dass ich bei Vorliegen entsprechender Verträge dazu befugt bin.«
Während in den vorderen Reihen jemand vernehmbar durch die Zähne pfiff, setzte sich der Kläger etwas kleinlaut. Der Rat versuchte den Unruhestifter auszumachen, aber rund um YJOµ57, der seinen Haarkranz zeigte, hatten viele SY spontan ihre Köpfe gesenkt, um ihr freudiges Grinsen zu verstecken. So musste sich der Rat damit begnügen, allgemein Ruhe einzufordern und weitere Fragen an die Zeugin aufzurufen. Da sich niemand rührte, mahnte der Rat:»Ich weise darauf hin, dass die Zeugin aus humanitären Gründen nicht nochmals geladen werden wird. Hat also jemand noch eine Frage?« Er blickte wartend in die Runde.»Da sich niemand meldet, erkläre ich die Zeugin ihrer Pflichten enthoben. Gnädige Frau, Sie können, wenn Sie wollen, dem Verfahren im Weiteren beiwohnen, oder, wenn Sie das vorziehen, mit Ihrem Gatten die Sozialräume des Gerichtes in Anspruch nehmen. Ich verbürge mich dafür, dass nach Abschluss des Verfahrens ein ungestörtes Zusammentreffen Ihrer Familie stattfinden wird.«
Damit erhob sich der Vorsitzende, begab sich zum Zeugenstand, küsste YJOµ17 nach alter Sitte die Hand, geleitete sie höchstpersönlich zu ihrem Gatten, wartete in höflichem Abstand, bis die beiden einander beraten hatten, wandte sich an den Saal,»ich darf bekannt geben, dass unsere Ehrengäste entschieden haben, das Gericht mit ihrer weiteren Anwesenheit zu beehren«, eilte zurück auf seinen Platz und verneigte sich in Richtung der Gäste.

»Sieht nicht gut aus«, murrte einer der Kläger zu den Seinen, »wo hat er das gelernt?« – »Er war mal Schauspieler, glaube ich.« – »Nicht auch Priester?« Ein aufmerksames Auge sandte einen heiteren Funken in die Düsternis der Kulisse, worauf diese in Scham aufflammte und im Augenblick verwelkte.

Takt <°49°>

»Angeklagter! Sie werden beschuldigt, die Allgemeinheit gefährdet zu haben. Bekennen Sie sich im Sinne der Anklage schuldig?«
»Nein, ich erkenne keine Schuld in dem, was ich getan habe.«
Der Rat setzte sich, machte es sich sichtlich gemütlich, so gut das eben ging. »Dann bitte ich die klagende Partei zu erläutern, woraus die Gefährdung der Allgemeinheit erwachsen war.« Die Kläger tauschten verdutzte Blicke aus, wer das Wort ergreifen sollte. Der Rat reagierte blitzschnell: »Ich erteile dem Vorsitzenden der Kläger das Wort.« Im Saal wurde hörbar getuschelt, aber der Rat schien nichts zu bemerken. »Bitte, Herr Kollege.«
»Gerne, Hoher Rat, ich danke für das Wort. Wie allgemein bekannt und auch hierorts bereits ausgesprochen wurde, wird in der betreffenden Anlage die Zeit berechnet. Ich muss dazu näher ausführen, dass es sich dabei nicht bloß um die allgemeine, gegenstandslose Zeit handelt, sondern um die Relation aller Eigenzeiten aller Bürger unserer Gesellschaft.«
»Das, so fürchte ich, ist nicht verständlich genug.«
»Es werden, mit anderen Worten ausgedrückt, alle Lebenszeiten und alle Guthaben miteinander verglichen; und daraus werden die Bonitäten errechnet, die einem Bürger der Gesellschaft zugeschrieben werden; und die dieser Bürger dann im Laufe seiner dienstlichen Tätigkeit einbringt ...«
»Verzeihung, wenn ich unterbreche. Habe ich Sie richtig

verstanden, wenn ich sage, der Rechner vergleicht alle Konten mit den erbrachten Tilgungen und bewertet die Geschwindigkeit der Tilgung als das, was in alter Zeit Qualifikation genannt wurde? Oder noch einfacher: Der Rechner berechnet die ungetilgten Schulden aller Bürger, drückt sie aber in solchen Zeiten aus, die der Geschwindigkeit der Tilgung entsprechen?«
»Hoher Rat! Bitte entheben Sie mich von der Pflicht, interne Fragen des Betriebes darzustellen!«
»Ich enthebe Sie dieser Pflicht. Ich werde selbst die betrieblichen Aspekte der Frage so weit darstellen, dass der Vorwurf der Allgemeingefährdung beurteilt werden kann. Ich gebrauche dazu ein vergleichendes Bild, ein Analogon, das der betreffenden Anlage vergleichsweise entsprechen kann, aber nicht notwendig entsprechen muss. Gehe ich also fehl in der Annahme, dass ein Rechner gebraucht wird, der ausrechnet, wie viel Arbeitszeit die Bürger entsprechend ihrer Qualifikation zu leisten haben, bis ihre Schuld gegenüber der Gesellschaft abgedient ist?«
»Hoher Rat, ich ziehe es vor, die rechtlichen Belange der Allgemeingefährdung darzustellen.«
»Damit bitte ich Sie zu warten, bis das Problem sachlich einsichtig geworden ist. Gehe ich also fehl in dem vergleichenden Bild, das ich alten Quellen entlehne, dass sich die Gesellschaft als Kreditgeber versteht und ihre Bürger als Schuldner? Lässt sich die Bedeutung eines solchen Rechners für die Allgemeinheit so anschaulich machen, dass die Arbeitszeiten wie Obligationen auf Schuldscheine gehandelt werden oder auch wie die Börsenwerte von Aktien aus alter Zeit?«
»Hoher Rat! Ich kann Ihrer Darstellung nicht folgen oder zustimmen.«
»Warum nicht? Verstehe ich nicht, worum es geht?«
»In meinem Empfinden ist es nicht schicklich, die Zeitguthaben, die den Bürgern von der Gesellschaft gewährt wer-

den, in die Nähe des Begriffes Schuld zu rücken. Schließlich ist es die Gesellschaft, die die Möglichkeit bereitstellt, die Zeit erfolgreich zu nutzen!«
»Ich bitte in aller Schicklichkeit, mich aufzuklären, wie das geschieht. Wie stellt die Gesellschaft die Möglichkeit bereit, die Zeit zu nutzen?«
»Bitte meine Entgleisung entschuldigen zu wollen, aber ich halte daran fest, es als ein Verdienst der Gesellschaft anzusehen, dass sie allen Bürgern Rechnerzeit bereitstellt. Es ist doch unbestreitbar mit großen Vorleistungen verbunden, dass jeder Bürger einfach einschalten und seine Dienste einbringen kann, wo immer er möchte.«
»Verstehe ich den Aspekt der Allgemeinheit demnach jetzt richtig, dass er darin liege, dass ein Rechner berechnen muss, wie viel Lebenszeit eines Bürgers identisch werden kann mit dem, was in alter Zeit ›Netzzeit‹ oder ›Onlinezeit‹ genannt wurde?«
»Hoher Rat! Ich betrachte es als die ethische und moralische Pflicht der Gesellschaft, die Zeit gerecht zu verteilen, damit keinem Bürger ein Teil seines wichtigsten Lebensgutes verloren geht!«
»Kann ich also den Aspekt der Allgemeinheit so zusammenfassen, dass es einem zentralen Rechner obliegt, die Gerechtigkeit zu errechnen?«
»Dem will ich nicht widersprechen.«
»Ich bin versucht zu fragen, ob die Gerechtigkeit darin bestehen kann, jene Zeit zu verteilen, die einerseits Kredit und andererseits Schuldentilgung ausdrückt; aber ich unterlasse diese Frage, da mir der Aspekt der Allgemeinheit nun hinreichend geklärt erscheint. Ich danke für Ihre Ausführungen zu den sachlichen Belangen und ersuche nun um Ihre Erläuterung der rechtlichen Belange der Allgemeingefährdung.«
»Hoher Rat! Ich danke für das Wort. Aus dem bisher Gesagten lässt sich unschwer erkennen, dass eine Beeinträchtigung der Zeitrechnung eine hohe Gefährdung der allgemei-

nen Sicherheit und Wohlfahrt in sich birgt. Eine Gesellschaft ohne Zeitrechnung ist außerstande, Dienste entgegenzunehmen und Guthaben neu zu bewerten, woraus hohe Verluste für die Allgemeinheit erwachsen müssen. In der Tat erlahmt die ganze Gesellschaft ohne Zeitrechnung und alle Bürger haben die unabweislichen Folgen zu tragen. Deshalb erachtet es meine Mandantschaft als eine allgemeine Gefährdung aller Bürger, eben als die Gefährdung der Allgemeinheit, wenn sich jemand unbefugt Zugang zur Zeitrechnung verschafft und in die Zeitrechnung willkürlich eingreift.«

»Wie wird festgestellt, ob eine Befugnis vorliegt?«

»Die Befugnis des Eingreifers wird zweifach geprüft, erstens anhand der Daten seines Chronometers und zweitens anhand seiner Genstruktur.«

»Ich danke für Ihre Ausführungen. Angeklagter! Da Sie wissen mussten, nicht befugt zu sein, warum haben Sie trotzdem den Versuch unternommen, in die Zeitrechnung einzugreifen?«

»Ich habe nicht versucht, in die Zeitrechnung einzugreifen. Die Zeitrechnung kam von sich aus zu dem Ergebnis, dass eine externe Analyse meines Genoms herangezogen werden sollte, damit keine weitere Zeit verloren gehe. Als dies geschehen war, setzte die Zeitrechnung ihre Arbeit fort.«

»Sie haben, wenn ich Sie recht verstehe, einer Anfrage des Programms Folge geleistet? Bitte antworten Sie ohne die Darstellung dieser Anfrage.«

»Es war, wie Sie sagten, ich habe Folge geleistet.«

»War dabei nach Ihrem Ermessen die Allgemeinheit gefährdet?«

»Hohes Gericht! Mein Verständnis der Allgemeinheit schließt jene Gesellschaft in sich ein, in der ich aufgewachsen bin. Ich sah die Gesellschaft der SY gefährdet, da deren Analogrechner als nicht kompatibel eingestuft worden waren und ihre Rechnerzeit damit aufgekündigt ...«

»Ich erteile Ihnen einen zweiten Ordnungsruf. Sie sind hier nicht zu politischen Deklamationen berechtigt!«
»Solches lag nicht in meiner Absicht, ich bitte das Gericht, meine Worte zu entschuldigen. Was ich meinte, war, ... dass mein Verständnis der Allgemeinheit ... alle Gesellschaften in sich einschließt und deshalb auch die Vorstellung, dass alle Gesellschaften an der Verteilung ..., dass die Rechnerzeit allgemein ..., Verzeihung, ich weiß im Moment nicht, wie ich ...«
»Genug! War nach Ihrem Ermessen die Gesellschaft der YJO gefährdet, als Sie den Anfragen des Programms Folge leisteten?«
»Hohes Gericht! Nach meinem Verständnis habe ich die Zeitrechnung der YJO davor bewahrt, Schaden zu nehmen.«
»Lag es nicht in Ihrer Macht, zu Hause zu bleiben?« Der Rat lächelte sichtlich spöttisch, erstickte aber schon den ersten Atemzug des Gelächters mit erhobener Hand, während er die andere Hand hinter das Ohr legte.
»Dann wäre der Schaden unzweifelhaft aufgetreten.«
»Inwiefern?«
»Weil es nur eine Frage der Zeit war, bis in YJO ähnliche Mutationen von Chromosomen erfolgen und auftreten würden. Früher oder später hätte das Verfahren der Identitätsfeststellung zusammenbrechen müssen.«
»Diese These, mag sie richtig oder falsch sein, konnte Sie nicht berechtigen, unbefugt einzugreifen.«
»Ich mache Gefahr im Verzug geltend. Da ich diese Gefahr erkannte, war ich befugt und verpflichtet einzugreifen.«
»Worin lag Ihres Erachtens diese Gefahr, die keinen Aufschub duldete?«
»In dem Umstand, dass jener Analogrechner, der bisher allein mein Genom und ähnliche Genome analysieren konnte, vom Netz genommen werden musste.«
»Das erklärt noch nicht die Gefahr, die Sie geltend machen wollen.«

»Ein Rechner, der aus dem Netz …, der vom Netz genommen wird, verliert seine Funktion und damit seine ökonomische Basis, er wird üblicherweise …, er wird nach allgemeiner Sitte binnen wenigen Wochen zerlegt. Dann werden seine Teile übernommen, anderweitigen Rechnern einverleibt und anderen Diensten unterworfen.«
»Bestand also die Gefahr darin, dass funktionelles Wissen vernichtet werden würde, das zur Zeitrechnung unverzichtbar war?«
»Das ist es, was ich sagen wollte.«
»Gibt es im Saal noch Fragen an den Angeklagten?« Er blickte in die Runde, der Assistent am Kontrollpult hob die weiße Karte, drei Hammerschläge, die rote Karte. »Also nein. Sind noch zu behandelnde Fragen und Argumente von auswärts eingegangen?«

Takt <°50°>

»… der Angeklagte hat sein Chronometer zerstört … YJOµ17*1 hat das Chronometer seiner Mutter beschädigt … der Delinquent hat das Grundrecht der Identität verletzt …«, las der Assistent jene Zeilenfragmente vor, die den automatischen Wort-, Index- und Paragraphenfilter der Suchmaschinen überlebt hatten. »Einwand! Nicht Teil der Anklageschrift!«, sprang der Verteidiger wie elektrisiert auf. »Geht es jetzt um Leben und Tod?«, befragte YJOµ17*1 seine Schuhspitzen, blickte aber rechtzeitig auf, denn der Verteidiger drehte sich zur Seite, beugte sich zu ihm hinab und flüsterte ihm ins Ohr: »Letale Frage! Bitte keinerlei Aussage!«
»Einwand! Teil der Anklageschrift!«, erhoben sich drei Kläger unterdessen, einander übertönend.
»Diese infame Behauptung müssen Sie nachweisen!«, schrie der plötzlich zu voller Größe anschwellende Verteidiger und schwenkte die vom Rat autorisierte Ausgabe der Publikation über seinen leuchtenden Ohren hin und her. YJOµ17*1 nützte die Aufruhr im Saale über die Wende des Geschehens einstweilen, um eine unaufschiebbare Pause zu begehren. »Geht dir in die Hosen? Was?«, meinte sein wohlerzogener Wachbegleiter, forderte Verstärkung an, worauf der Rat das in Verfahrensfragen ohnehin überflüssige Bündel menschlicher Bedrängnis mit einigen Fingerzeichen aus dem Saal winkte.
»Was geschieht mit ihm?«, gellte YJOµ17 zweimal über die wogenden Köpfe, die ohnehin aus zischendem Flüstern

und bedrohlichem Murren in offene Wortgefechte zu kippen drohten. Die Ärztin eilte beschwichtigend herbei und fragte YJOμ17, ob sie Hilfe brauche, aber YJOμ57 schwang seine Fäuste durch die Luft. »Gehen Sie! Gehen Sie! Ich hab es mit den Ärzten! Wissen Sie!«
»Ruhe!«, donnerte der Vorsitzende aus den geübten Lungen eines Dauerschwimmers und Sprechakrobaten, seinen Hammer keines Blickes würdigend. In der folgenden Stille der allgemeinen Überraschung erhob er sich, nun fast flüsternd: »Gnädige Frau, keine Sorge, Ihr Sohn wird gleich wieder hier sein, in drei bis vier Minuten, er steht in meiner Obhut«, wandte sich darauf scharf an Kläger und Verteidiger: »Wie können Sie es wagen!«, um endlich den Saal mit erstaunlicher Gelassenheit in Kenntnis zu setzen: »Ich erteile einen allgemeinen Ordnungsruf! Über die klagende und die beklagte Partei wird eine Disziplinarstrafe verfügt!« Jetzt erfolgten drei Hammerschläge. »Die Verhandlung wird fünf Minuten ausgesetzt. Ich bitte Sie alle, auf Ihren Plätzen zu bleiben und Ruhe zu bewahren.«
Unterdessen lauschten die Wächter vor jenem Raum mit dem eleganten Gitter vor der kleinen Abluft, da sich die erwarteten Geräusche hinter der Türe nicht einfinden wollten. »Wie soll ich da können?«, beschwerte sich YJOμ17*1, die Luft pressend, während er seinen linken Schuh in der Luft vor dem Knie auszog, den Absatz aus drei Lagen Polyurethan und Kunstkautschuk mit den Zähnen und Fingern auseinander zerrte, um mit der anderen Hand einen winzigen Chip herauszufingern. Seine Begleiter zeigten sich den vermeintlichen Naturgesetzen gehorsam, indem sie ein paar Schritte zurückwichen, zugleich aber einen Blick in den auffällig hohen Türspalt warfen. Zum Glück hatte YJOμ17*1 seinen Schuh inzwischen wieder abgestellt, ansonsten wäre die Türe sicher geöffnet und er dabei ertappt worden, an seinem Chronometer zu hantieren.

»Wo sind Ihre Füße?«, vernahm er scharf.
»Oben«, presste er, »wir hocken immer.« Seine Finger beeilten sich.
»Der simuliert!«
»Warum haben Sie die Schuhe ausgezogen?«
»Sonst muss ich nachher immer die Schuhabdrücke wegputzen.« Als die Türe einen Spalt aufging, war sein Chronometer wieder, wo es hingehörte, und ein entspanntes Plätschern hielt ihn straffrei. »Tür zu!«, begehrte er unwirsch. YJOµ17 und der Rat atmeten gemeinsam auf, als das zuvor gnädig fortgewunkene Häufchen Leiblichkeit wieder in der Saaltüre auftauchte. »Die Verhandlung wird fortgesetzt. Da die Verteidigung schwerlich wird nachweisen können, was nicht Teil der Anklageschrift sei, fordere ich die klagende Seite auf, den Vorwurf der Verteidigung zu entkräften.«
»Hoher Rat!«, erhob sich der Erste der Kläger, während sich YJOµ17*1 hinter dem Verteidiger auf seinen Sessel duckte, »wäre der Vorwurf nicht in der Anklageschrift enthalten, könnte er die Suchfilter nicht passieren. Es ist nach der Verfahrensordnung nicht zulässig, das Verfahren selbst in Zweifel zu ziehen.«
»Einspruch!«, begehrte der Verteidiger. »Die Anklageschrift gilt nur in der zu Prozessbeginn vom Gericht autorisierten und publizierten Fassung. Hierin ist der Vorwurf nicht enthalten.«
»Einspruch stattgegeben. Ich fordere die Klagspartei auf, die betreffende Seite zu nennen.«
Die Kläger tippten einige Befehle, »der Vorwurf ist auf Seite 321 erhoben und erläutert«, lasen sie von ihren Bildschirmen vor.
»Einspruch! Die elektronische Fassung ist nicht autorisiert. Es gilt nur die gedruckte Ausgabe.« Der Verteidiger blätterte noch aufgeregt. »Hier, auf Seite 321 ist der Vorwurf nicht enthalten!«, verkündete er triumphierend, »bitte das Gericht, sich davon zu überzeugen!«

Der Rat warf einen vorwurfsvollen Blick auf die Klägerbank, um dann zu blättern. Im Saal flüsterten Seiten, knisterten Tastaturen. »Die Seitenformate stimmen nicht überein«, versuchten die Kläger, aber der Rat winkte ab und seinen Assistenten herbei. »Scannen Sie das und schicken Sie den Text durch das Suchprogramm!«, forderte er deutlich hörbar. »Wie lange dauert das?« – »1526 Seiten, das dauert Stunden, allein, um die Seiten einzulegen!«, stöhnte der Assistent. Der Rat winkte ärgerlich ab, »den Aktentrupp! Hierher! Sofort!«, begehrte er. »Zehn Minuten technische Pause! Niemand darf den Saal verlassen, bitte um absolute Ruhe, Gefahr der Absprache, niemand darf sprechen!«

Auf einen Wink erhoben sich ringsum Saalwächter mit Kameras und Mikrofonen, schritten bedrohlich auf und ab, um jeden Atemzug auf Datenträger zu bannen. Blättern, Knistern, ratloser Blickaustausch. Nach zwei Minuten rollten vier keuchende Techniker ein Ungetüm aus bürograuem Polyvinyl und Blech in den Saal, fanden die Steckdosen vor dem Richterpult, klappten, justierten, schalteten, nahmen mit »bereit« Haltung an.

»Zuerst meine Kopie!«, befahl der Vorsitzende, als wüssten alle, worum es ging. Der Assistent bewachte den Folienstapel, der mit gurrendem Seufzen im Scanner verschwand, um Sekunden später am anderen Ende des Kastens gebunden mit Metallrücken und Prägeschriftdeckeln wieder aufzutauchen. »Verteidigung!«, kommentierte der Rat, auch diese etwas ramponierte Sammlung von losen Blättern versank und tauchte als Buch wieder auf. »412 Schriftzeichen nicht entziffert«, las der Assistent die Ausgabe vor. »Meine handschriftlichen Anmerkungen«, beschwichtigte der Verteidiger. »Unzulässig als Dokument der Beweisführung!«, kam von der Klägerbank.

»Lassen Sie Ihre Handschrift analysieren!«, befahl der Rat. Der Verteidiger übergab dem Assistenten einen handschriftlichen Bogen mit Standardtext. Der Assistent verkün-

dete:»Erfolgreich entziffert«, legte die frisch gebundene Anklageschrift des Verteidigers in eine Lade, mechanisches Rumoren, der Stapel tauchte etwas beschnitten wieder auf, Eingabe, Eintauchen, Säuseln, ein neues, um einige Millimeter kleineres Buch tauchte auf.»Alle Schriftzeichen entziffert! Versionen vergleichen?«, las der Assistent vor.
»Zuerst die Kopie der Klagepartei!«, begehrte der Rat.
»Hoher Rat! Wir führen keine Folienform!«, kam als Antwort.»Regelverstoß«, quittierte der Verteidiger.»Versionen vergleichen, Suchprogramm starten«, befahl der Rat, während die Bücher zurückgegeben wurden. Der Assistent war an sein Pult zurückgekehrt, tippte, las vor:»Version zwei wurde gelöscht. Version eins und drei sind identisch mit Ausnahme von 412 handschriftlichen Zeichen des Verfassers mit Codenummer ... Der gesuchte Text wurde nicht gefunden.«
»Ich bitte den Vorsitzenden der Klagepartei, sich persönlich zu überzeugen!«, befahl der Rat. Der Angesprochene trat an das Assistentenpult, tippte den Suchtext ein, las, tippte ein neues Suchwort ...»Bitte lesen Sie laut vor!«, verlangte der Rat, der auf seinem Schirm mitlas.»Die gesuchte Silbe ›Chrono‹ wurde nicht gefunden«, las der Vorsitzende der Kläger etwas kleinlaut vor.
»Das bedeutet wohl, das kein Vorwurf in der Anklageschrift enthalten sein kann, der das Wort Chronometer enthält!«, meldete sich der Verteidiger siegesgewiss.
»Hoher Rat! Ich gebe zu Protokoll, dass zwei einander widersprechende Dateien der Anklage vorliegen!«, entgegnete der Vorsitz der Kläger.
»Mist!«, entfuhr es dem zweiten Richter, um damit einen optischen Ordnungsruf zu ernten.»Ich bitte das Auditorium um Disziplin und wie folgt um Mithilfe«, erhob sich der Vorsitzende des Rates,»wer von den Anwesenden in seiner gedruckten Ausgabe der Anklageschrift den Vorwurf der

Chronometerverletzung gefunden hat, möge die rechte Hand erheben. Höher bitte! Ich sehe keine ...«
»Einspruch! Hoher Rat!« Ein Kläger hob die Hand. »Esel, Pfote runter!«, wurde in seinem Rücken gezischt. »Bitte bringen Sie Ihre Ausgabe nach vorne. Hatte die Klagepartei nicht zuvor behauptet, Sie führten keine Folienform mit sich?« Der Rat schwankte zwischen Ärger und Verwunderung.
»Verzeihung, Hoher Rat! Ein Missverständnis! Mein Beistand wollte einen Einspruch erheben!«
»Abgelehnt! Später! Bitte mehr Disziplin! Also nochmals aufzeigen! Wer hat einen gedruckten Text gefunden, wo von einer Manipulation am Chronometer die Rede ist? Nicht nur aufzeigen, bitte auch aufstehen. Also niemand, ich sehe niemanden. Bitte in das Protokoll aufnehmen, Kamera und Ton bitte Gesamtaufnahme.«
»Achtung, neue Frage! Wer hat auf seinem Bildschirm die das Chronometer betreffende Anklage aufgefunden? Bitte aufzeigen!« Ein Wald von Händen spross in den Saal. »Gesamtaufnahme fertig, wird ausgewertet«, verlautete der Assistent. »Gegenprobe! Wer hat auf seinem Bildschirm die das Chronometer betreffende Anklage nicht, ich wiederhole, nicht gefunden? Auf wessen Bildschirm fehlt die Stelle? Bitte aufzeigen!«
Diesmal waren es weniger Hände, auffällig war, dass sie alle keine Chronometer trugen. »Alles SYs!«, raunte es durch die Reihen. »Ruhe!«, befahl der Rat mit einem Blick auf den Assistenten. »Gesamtaufnahme fertig, wird ausgewertet!« – »Ist Ihr Einspruch noch aufrecht?«, begehrte der Rat vom dritten Kläger. »Zurückgezogen!«, antwortete der zweite Kläger.
Der Rat schwang den Hammer dreimal. »Das Gericht erkennt die Anklageschrift der Form nach als nicht eindeutig und erklärt die Anklageschrift als Beweismittel in Verfahrensfragen aufgehoben!« Drei Hammerschläge folg-

ten, der Rat setzte sich und gab dem zweiten Richter ein Handzeichen. »Ich darf erläutern«, erhob sich dieser, »die Aufhebung als Beweismittel in Verfahrensfragen bedeutet nicht die Aufhebung des Inhaltes der Anklage. Die Verfahrensordnung sieht vor, dass Vorwürfe dann mündlich abzuhandeln sind, wenn deren schriftliche Fassung untergegangen oder unklar ist. Gibt es den Vorwurf der Chronometerverletzung betreffende Fragen?«
Der Verteidiger erhob sich. »Ich bitte um Auskunft, von wem dieser Vorwurf erhoben wurde und worauf sich der Vorwurf stützt.«
»Der Antrag ist zulässig. Ich erteile der Klagepartei das Wort.«
»Der Angeklagte hat ausgesagt, dass sein Chronometer nicht funktionierte, bei jedem Gebrauch Betriebsstörungen hervorrief. Jeder Inhaber ist jedoch verpflichtet, sein Gerät zu warten und Funktionsstörungen zu melden. Aus der Unterlassung dieser Pflicht ergibt sich der Verdacht, dass nicht nur Säumigkeit, sondern Absicht oder Manipulation vorlag.«
Der Verteidiger erhob sich wieder, doch der Vorsitzende des Rates entzog ihm rasch Wort und Initiative, übersah dabei, dass ein Teil der Frage unbeantwortet geblieben war.
»Angeklagter! Ich verpflichte Sie zur persönlichen Aussage. Bitte treten Sie vor. Wie nehmen Sie zum Vorwurf der Klagepartei Stellung?«
»Die Betriebsstörungen rührten meines Wissens daher, dass das Chronometer, mit dem ich einreiste, mir von meiner Mutter geliehen worden war. Mein Versuch, ein Konto zu eröffnen, war eben von der Absicht getragen, das Chronometer funktionsfähig zu machen.«
»Einspruch! Hoher Rat! Die Gesetze der YJO untersagen die Übertragung von Chronometern, sodass schon hierin Missbrauch und Manipulation gegeben ist!«
»Einspruch abgelehnt! Madame YJOµ17 hat ausgesagt,

dass sie gegen ihren Willen ... ihrer Bürgerrechte als YJO verlustig ging. Da ein solcher ... Vorgang im Gesetzbuch der Gesellschaft nicht vorgesehen ist, ist in einem solchen Fall der Übergang von Identitäten weder geregelt noch ahndbar. Der technisch nicht meldbare Verlust eines Chronometers ist, wie Sie sich vergegenwärtigen mögen, nicht verfolgbar oder strafbar.« Der Rat war sichtlich in Erregung geraten, der angesprochene »Vorgang« schien Missbehagen in seinem Rechtsempfinden wachgerufen zu haben. Er bemerkte es selbst und fasste sich. »Angeklagter! Dem Gericht liegt eine Aussage jenes Wachpersonales vor, von dem Sie in der Anlage verhaftet worden waren. Dieser Aussage zufolge wurden Sie beobachtet, wie Sie an Ihrem Chronometer hantierten. Was bringen Sie dazu vor?«
»Hohes Gericht! Als ich Schritte hinter mir vernahm, erschrak ich und versuchte das Chronometer zuerst in Sicherheit zu bringen. Erst später wurde mir bewusst, dass dies weder möglich noch nötig sei und so habe ich das Chronometer wieder angelegt.«
»Einspruch! Hoher Rat! Das Chronometer des Angeklagten ist seither ohne Funktion geblieben. Der Angeklagte muss einen Eingriff vorgenommen haben.«
»Einspruch! Woher haben Sie diese Information?«, versuchte der Verteidiger das Ziel des Schlages zu vertauschen. »Ohne Zustimmung des Inhabers ist niemand berechtigt, Konten abzulesen!«
»Einspruch stattgegeben! Angeklagter! Haben Sie während Ihrer Verwahrung von Ihrem Chronometer Gebrauch gemacht?«
»Nein, Euer Ehren, das war mir verwehrt.«
Der Rat blickte zum dritten Richter, der, die Anstaltsregel bejahend, nickte. »Angeklagter! Das Gericht ordnet die Überprüfung Ihres Chronometers an! Ihre Konten unterliegen dem Schutze des Gerichtes und werden nicht veröffentlicht.«

»Einspruch! Euer Ehren!« Die Stimme war zu hell für den Verteidiger. Überrascht schweifte der Blick des Rates durch die in Frage kommenden vorderen Reihen, fand YJOμ17 aufgesprungen, von den scharfen Instinkten einer Mutter geleitet. »Das Chronometer ist mein Chronometer, ich verlange es zurück!«
Der Rat saß sichtlich in der Klemme. »Madame YJOμ17, ich bedaure, Ihnen einen Ordnungsruf erteilen zu müssen. Sie sind nicht am Wort. Ich kann Ihnen das Wort auch nicht erteilen, da Sie in diesem Verfahren keine Parteienstellung innehaben, als Zeugin bereits gehört wurden und die Befragung des Auditoriums bereits erfolgt ist. Bitte setzen Sie sich.«
»Ich protestiere! Ich protestiere ganz entschieden!«, rief YJOμ17, noch immer stehend, »niemand hat das Recht, meine Bürgerrechte anzutasten! Niemand hat das Recht, das Chronometer einer unbescholtenen Bürgerin gegen ihren Willen abzulesen!«
Die Augen des Rates wiesen den Saaldienst in die Schranken, baten aber die Ärztin um Hilfe. »Madame YJOμ17! Das Gericht kann die Eigentumsfrage nicht anders feststellen als durch das Ablesen des Chronometers. Bitte setzen Sie sich.« YJOμ57 zog seine Frau behutsam zurück auf den Sitz, »lass es gut sein, Schatz! Sei bitte vorsichtig!«, erhob sich jedoch selbst, drohte der Ärztin mit dem Zeigefinger, »keinen Schritt weiter!«, rief gewaltig in den Saal, den aufspringenden Rat ignorierend, »wenn das Gericht die Rechte meiner Frau antastet, werde ich das Verfahren anfechten!«
Die Disziplin des Auditoriums knickte unter der Last der Identifikation. Der Boden des Saales dröhnte vom Gestampfe Tausender Füße, die Luft wurde zwischen Händen und Pulten zerklopft. Sicherheitskräfte stürmten aus allen Türen herein, besetzten die Gänge, die Stiegen, sogar die Notausgänge. An den Wänden und Decken flammten

Scheinwerfer auf, surrten Kameras, riesige Mikrofone glitten an Teleskopfingern herab, baumelten alle 20 Reihen über den Köpfen. Im Angesicht der allgegenwärtigen Waffenläufe verstummte das erschreckte Auditorium, sank sprachlos auf die Sitze zurück, ließ nach und nach eine Alarmsirene hörbar werden, bis deren Heulen und Kreischen den Raum für sich gewann.
Abrupt stoppte die Folter des Gehöres. Der Hammer des Rates klang wie erlösendes Glockenläuten ein einziges Mal. Dann erhob der Rat, selbst noch stehend, seine vor Erregung fast berstende Stimme.»Alle haben die Pflicht, auf ihren Sitzen zu bleiben und absolut zu schweigen. Die Wache hat den Befehl, bei neuerlicher Störung der Verhandlung den Saal zu räumen!« Er winkte dem Assistenten, zwei Wachen hielten den zappelnden YJOµ17*1 an den Händen, zwei an den Füßen, eine am Kopf, eine sechste nahm ihm das Chronometer ab, händigte es dem Assistenten aus. Dieser legte es in die Lesevorrichtung und las laut, aber etwas zittrig vor:»Identität dreifach, extern definiert. Konto gesperrt. Siegel gebrochen. Funktionstest positiv beendet.«
»Verrat!«,»Identitätsverletzung!«,»Darauf steht Todesstrafe!«, überboten sich die aufspringenden Kläger. Der Saal zuckte wie im lautlosen Todeskampf, Mündungen schwenkten ihre Verheißung des Nichts über die geduckten Köpfe.
»Angeklagter! Treten Sie vor! Die Verteidigung hat zu schweigen! Ich entziehe der Verteidigung das Wort! Angeklagter! Wie erklären Sie den Umstand, dass das Siegel gebrochen ist?«
YJOµ17* wurde losgelassen, aber bewaffnet an die Barriere eskortiert.»Hohes Gericht! Ich habe das geheimnisvolle Gerät meiner Mutter schon im Kindesalter aus Neugierde zu öffnen versucht, bin aber daran gescheitert.«
Der Rat schäumte kurz auf, biss sich die Lippen, setzte sich aber, als hätte er die Vorfälle vergessen. Mit einem Anflug

von Sarkasmus fragte er, indem er sich die Antwort schon ausrechnete:»Wie alt waren Sie ... damals, im ›Kindesalter‹, wie Sie sagten?«
»Daran kann ich mich nicht erinnern, es ist zu lange her, ich habe schon mit vier oder fünf angefangen, alles zu zerlegen, was zerlegbar war.«
»Verjährt! Exterritorial!«, rief der Verteidiger laut, blieb aber vorsichtshalber geduckt sitzen.
»Sie sind nicht am Wort!«, donnerte der Rat.»Angeklagter! Wie erklären Sie den Umstand, dass Ihr Chronometer Ihre Identität als dreifach bezeichnet?«
YJOµ17*1 hatte unterdessen alarmiert beobachtet, dass sich ein Mitglied des Sicherheitsdienstes von den anderen löste und sich dem Assistenten von hinten näherte, der das nun wieder funktionstüchtige Chronometer etwas sorglos in Händen hielt, seine Bedeutung offenbar noch nicht erkannte.»Euer Rat! Ich besitze zur Zeit kein Chronometer ...«, rief YJOµ17*1 hörbar erregt aus, um damit abrupt innezuhalten. Der Rat wollte wieder aufbrausen, besann sich aber rechtzeitig, sah zum Assistenten hinüber, worauf der Detektiv der Gesellschaft am Boden festfror. Der von dem Geschehen in seinem Rücken nichts ahnende Assistent erhob sich, überbrachte YJOµ17*1 das Chronometer, der es jedoch nicht anlegte, sondern fest in der geballten Faust barg, seine Augen blieben auf den Detektiv geheftet, als wäre dieser der Tod seines Kontos und damit des Rechnerverbundes.
»Angeklagter! Wollen Sie behaupten, dass das Ihnen überbrachte Chronometer nicht ...« Der Rat stutzte.»Warum legen Sie das Gerät nicht an? Angeklagter! Ich fordere Sie auf, Ihr Chronometer anzulegen! Blicken Sie das Gericht an! Was ...?« Während die Wachen YJOµ17*1 bedrohten, aber unschlüssig zum Rat blickten, war der Detektiv auf YJOµ17*1 zugelaufen, der rasch das Chronometer hinter sich in die vorderen Reihen geworfen hatte, dorthin, wo er

seine Mutter vermutet hatte, bevor ihn die Wachen wieder packen und zu Boden drücken konnten. Der Wurf hatte YJOµ17 um einige Sitzreihen verfehlt. Bevor der Detektiv sich in die Reihen zwängen konnte, hatte ein beherzter SY das Gerät vom Boden aufgelesen, über einige hilfsbereite Hände an YJOµ57 weitergereicht, der samt seiner Gattin zwischen den Pulten auf dem Boden verschwand, während der Rat brüllte:»Halt! Nicht schießen! Was unterstehen Sie sich! Wache, nehmen Sie den Detektiv fest! Sofort! Worauf warten Sie noch!«
Sechs oder sieben Wachen des Gerichtes stürzten sich auf den Detektiv der Gesellschaft, bevor dieser YJOµ17 und YJOµ57 erreichen konnte, entwanden ihm die Waffe, zerrten ihn in Handschellen vor den Rat. Andere Detektive der Gesellschaft lösten sich im Tumult ringsum bedrohlich aus den Reihen der Sicherheitskräfte, die ihnen laut schreiend Einhalt geboten. Der Saal suchte Deckung unter den Sitzreihen, offenbar ein Gefecht befürchtend.»Wache, entwaffnen Sie die Detektive!«, kommandierte der Rat in militärischem Ton. Die erzürnten Detektive blickten sich kurz um, fanden sich in der Minderheit, erhoben fluchend ihre Hände.
»Ruhe!«, brüllten die Wachen zornig, zum Äußersten entschlossen. Verstärkung strömte in die Gänge, nach wenigen Minuten waren an die hundert Detektive der Gesellschaft verhaftet und abgeführt.
Wie von selbst tauchten die Köpfe im Saal wieder auf, bleich, die Ohren gerötet, die Augen weit aufgetan, mit klebrigen Haaren, eisiges Schweigen kommentierte das Geschehen. Der Rat stand wie eine Zielscheibe, die Gefahr war gebannt, sagte er damit, fuhr betont ruhig fort.»Ich danke den Wachen des Gerichtes. Der zuerst verhaftete Detektiv der Gesellschaft ist vorzuführen.« Diesmal entfiel der Austausch der Formalitäten.»Was hatten Sie vor?« Der Detektiv schwieg in unbekümmerter Haltung.»Antworten Sie! Das Gericht entbindet Sie Ihrer Schweigepflicht!«

»Das Gericht kann mich nicht entbinden.«
»Abführen!« Der Rat bebte vor Zorn, schüttelte die Fäuste. Die Wachen packten hart, der Detektiv begehrte, »immer schön sachte, klar?«, folgte teilnahmslos, doch der Rat trieb zur Eile. »Wache! Sichern Sie das Gebäude! Durchkämmen Sie den Saal. Alle Kameras und Mikrofone Dauerbetrieb!« Er vergewisserte sich ungeduldig der Durchführung des Befehles. »Die Einvernahme wird fortgesetzt!« – »Angeklagter! Vortreten!« YJOµ17*1 wurde vom Boden aufgehoben, blieb umstellt. »Warum haben Sie das Chronometer in den Saal geworfen?«
»Ich wollte nicht, dass es gestohlen wird.« – »Was veranlasste Sie zu der Annahme, dass das Chronometer gestohlen werden könnte?« – »Ich vermutete, dass mein Konto wieder geöffnet werden sollte.« – »Warum das?«
»Einspruch! Hoher Rat!«, unterbrach ein Kläger den raschen Wortwechsel im Sprung, wurde jedoch so unsanft auf den Sitz hinabgezogen, dass er das Gleichgewicht verlor und in die Reihe stürzte. »Einspruch zurückgezogen«, ergänzte ein anderer Kläger, um den Gefallenen hochzuzerren, verächtlich anzublicken und im Zorn verstummt, seinen Speichel mühsam schluckend, auf den Sitz zurückzuwerfen. »Einspruch stattgegeben!«, zischte der Rat zynisch. »Angeklagter! Warum vermuteten Sie, dass das Chronometer so dringlich, nicht zu einem späteren Zeitpunkt entwendet werden sollte?«
Erleichtert erkannte YJOµ17*1, dass sich der gestresste Rat offenbar nicht mehr an die Behauptung der Kläger erinnerte, dass das Chronometer bisher funktionsuntüchtig gewesen war. Um dem Rat keine Zeit zur Reflexion zu lassen, setzte er zu einem raschen Wortgefecht an. »Die Detektive dachten wahrscheinlich, dass ich das Chronometer zerstören wolle.« Der Rat folgte der Provokation so rasch, wie dies YJOµ17*1 erhofft hatte. »Was veranlasst Sie zu dieser Vermutung?« – »Das Konto eines zerstörten

Chronometers kann nicht mehr geöffnet werden.« – »Mussten die Detektive nicht wissen, dass Sie das Chronometer nicht schon früher hätten zerstören können, vorausgesetzt, dass Sie das gewollt hätten?« – »Ich hatte keinen Zugang zu dem Chronometer.« – »Wie ist das zu verstehen? Wie war das möglich? Wollen Sie damit andeuten, dass Ihr Chronometer von den Detektiven ..., dass es sich in Verwahrung befunden hatte?« – »Das weiß ich nicht. Das Chronometer wurde mir kurz vor der Verhandlung ausgehändigt.«

YJOµ17*1 vermied es nur mit Mühe, sich auf die Lippen zu beißen, sollte sich der Rat daran erinnern, dass er sich kurz außerhalb des Saales der Beobachtung entzogen hatte? Doch der Rat argwöhnte in den provokanten Antworten des Angeklagten den Ablenkungsversuch von einer anderen Fährte. »Angeklagter! Wie erklären Sie den Umstand, dass Ihr Chronometer, ich korrigiere, dass das Chronometer, das zeitweilig in Ihrem Gebrauch stand, Ihre Identität als dreifach und als extern definiert verzeichnet?«

YJOµ17*1 tat jetzt bedächtig, als sei er ertappt worden und als suchte er einen Ausweg oder einen Weg, um Gnade zu betteln. »Euer Rat, das Chronometer liest offenbar mein Genom zweifach und bewahrt zudem das Genom meiner Mutter als Identität auf. Darauf konnte ich keinen Einfluss nehmen. Die externe Definition kann ich nicht erklären, Euer Rat!«

»Warum nicht? Antworten Sie!«

»Zum einen würde ich die Integrität meiner Mutter verletzen, zum anderen ein Betriebsgeheimnis.«

»Stimmt das?«, verhöhnte der Rat die Kläger, die dem sich erhebenden Anwalt rasch den Mund zuhielten, sodass er laut auf die Sitzfläche zurückplumpste.

»Guter Junge«, wollte sich YJOµ57 nicht verbeißen, als das befremdliche Knirschen seiner Zähne endlich aufhörte. Als böse Blicke ihn streiften, zeigte er schuldbewusst seinen

Haarkranz. Seine rechte Hand wischte zuerst über den frechen Mund, wurde dann am Hosenbein verlegen trocken gewischt. YJOµ17 fischte ein Taschentuch aus dem Ärmel, um die freche Zunge ihres Gemahls von bösen Silben zu reinigen. Hätten sich die bösen Blicke in neugierige verwandelt, wären Nahestehende mit dem Eindruck konfrontiert worden, es könnte sich auch um böses Silber gehandelt haben, das einem Chip nun fehlen mochte. Aber die bösen Blicke hatten, erfreut über ihre strafende Wirkung, bereits das Weite gesucht und Naheliegenderes gefunden. In dem Versuch, ihren immer noch vor Scham sichtlich gebeugten Gatten zu beruhigen, legte YJOµ17 ihre Hände samt dem Tuch behutsam auf dessen beide Hände, die nervös darunter herumfingerten, als sie wie einem widerspenstigen Kinde getrocknet wurden.

»Du bekommst ein neues, meine Liebe«, küsste er sie dankbar und für andere unhörbar am Ohr, dann war er endlich fertig, die Zeit drängte. Sie räusperte sich, YJOµ57 streckte wortlos seinen linken Arm hoch, ein Chronometer in der Hand, eines am Handgelenk. Das Räuspern setzte sich epidemisch über die Reihen fort, die Wache wurde nervös, setzte zu viele Schritte in zu kleine Kreise, der sich sammelnde Vorsitzende horchte auf, senkte aber den Blick, hatte im Moment die Konzentration verloren. »Dieses Räuspern! Das kannte er zu gut! Was hatte er bloß vergessen? War er schon zu alt für diese Strapazen? Wie lange würde er noch imstande sein, die Gerechtigkeit gegen den ethischen Verfall der Gesellschaft zu behaupten? Warum zeigte sich der Nachwuchs so unterwürfig?« Bitter blickte er auf, folgte den Blicken der Wachen in die vorderen Reihen, erspähte zwei Chronometer zugleich. Nervös und gereizt sprang er auf, »erheben Sie sich! Ich vernehme Sie als Zeuge. Sie sind zur Wahrheit verpflichtet. Was haben Sie vorzubringen?«, winkte die in seinem Rücken begehrten Formalitäten mit »überflüssig!« ab.

»Meine Gattin bittet das Gericht, ihr Chronometer in Verwahrung zu nehmen, hat aber nicht den Mut, selbst zu sprechen.« –»Warum das?«»Zu spät erkannte der genervte Rat die Unbedachtheit seiner Frage.»Meine Gattin hat Angst vor den Detektiven der Gesellschaft, die draußen warten.« Bevor wieder Unruhe aufkommen sollte, ertönte der Hammer drei Mal, schlug aber ein Mal neben die Klangplatte auf das krächzende Pult. Der Rat winkte einer Wache neben dem Paar, die das nun endlich desolate, aber um so funktionsträchtigere Chronometer entgegennahm, dem Assistenten überbrachte, der es aber leichenblass, mit vorgestreckten Handflächen winkend, ohne ein Wort verweigerte.»Wache! Verwahren Sie das Chronometer im Tresor des Gerichtes!«, wollte der Rat die Situation rasch bereinigen, aber die Wache stand zögerlich herum.»Was ist?« –»Allein?«, flüsterte die Wache sichtlich unwohl. Der Vorsitzende winkte ihn fort,»acht Mann Begleitung, Ihr Kommando, sofort durchführen!«, erhob sich, blickte gespannt in die Runde der Richter, fand erleichtert nickende Scheitel, auf dem Pult liegende Unterarme mit gestreckten Fingern.

Drei wuchtige Hammerschläge mit langen Pausen, die dem Nachhall gehörten.»Die Einvernahme ist geschlossen!« Drei wuchtige Hammerschläge inmitten des Nachhalls. Der Rat der Richter bedeckte im Sitzen das Haupt, erhob sich zur Pflicht wie ein Mann in einem Atemzug. Der Atem im Saal verharrte nach dem Einatmen, fing die Blicke und Mienen des Rates in Tausenden Stirnen.»Haben Verteidigung und Kläger ihre Plädoyers laufend veröffentlicht?«, fragte der zweite Vorsitzende protokollarisch. Beide Seiten nickten, streckten weiße Karten in die Höhe. Die Rückwand des Saales teilte sich wie ein Rundhorizont, verwandelte sich in raumhohe Bildschirme und Projektionen, die Bildschirme in den Sitzreihen erloschen, die Scheinwerfer verwandelten sich in Schatten, das Saallicht dimmte leicht ab.

Verschiedene leuchtende Balkendiagramme zuckten im Fieber zwischen Schuld und Unschuld, gereiht nach den Gesellschaften, Regionen, Stadtinseln, alle gehalten in Türkis und Magenta, umrahmt von gelben Schriftfeldern mit flimmernden Zahlen, deren rauschender Tanz, von den gedämpften Emotionen des Saales begleitet, allmählich zum Erliegen kam, bis ein grüner Kreis rund um die zentrale Anzeige aufflammte.

Der Rat trat links und rechts des grünen Kreises an, der Vorsitzende trat vor den Bildschirm, dessen Inhalt links und rechts an den Projektionswänden weithin lesbar wiedergegeben wurde, gesäumt von den Gesichtern des Vorsitzenden, des Angeklagten, des Verteidigers und des Hauptklägers in Nahaufnahme. Die Stimme des Vorsitzenden klang bemüht sachlich, geschwängert mit einem Hauch von Feierlichkeit, einem alten Credo verbunden, vielleicht auch ein wenig persönlich erleichtert, was ein zweites Räuspern umsonst zu verbergen trachtete.»Das numerische Ergebnis liegt vor, ich darf es offiziell bekannt geben und in Rechtskraft erheben. Abgegebene Stimmen: 49 897 633, das entspricht knapp einem Promille der Stimmberechtigten, gültige Stimmen 77%, ausgefilterte Stimmen 23%. Für schuldig im Sinne der Anklage votiert haben ... was ist jetzt wieder?« Ärgerlich warf der Rat sein Haupt herum, um den Assistenten auszumachen.

Die Anzeige hatte unlesbar zu flackern begonnen, blinkende Zeilenfragmente huschten über die Rückwand des Gerichtssaales, tauchten abgewandte Gesichter in schmerzend oszillierendes Licht. Der technische Assistent hob und zeigte beide Handflächen, drei Cheftechniker eilten herbei, hantierten, schüttelten die Köpfe. Der Saal wurde unruhig. Die Rückwand erlosch, der grüne Kreis blinkte jetzt gelb, die zentrale Anzeige flimmerte schwach wieder auf, erlosch, erschien erneut:»Interne Prüfung läuft«, erlosch ganz, hinterließ den Saal in gefährlichem Halbdunkel. Die Bildschirme schwiegen wie Gräber aus schwarzem Glas, die Tastaturen waren erstorben. Der Vorsitzende schritt, nun in einen zweifachen Lichtkegel getaucht, zum Richterpult, griff zum Hammer, zählte laut sieben langsame Schläge mit gestrecktem Arm aus Schulterhöhe, wobei die Schläge wie seine Stimme immer härter wurden, blickte zur Kontrolle noch einmal auf den schweigenden Bildschirm, blickte, sich seines Tuns vergewissernd, in eine Runde gesenkter Köpfe. In Erfüllung seiner protokollarischen Pflichten schritt er dann persönlich an das Kontrollpult, schaltete die Anlage aus, die Rückwand wurde gehorsam völlig finster, auch alle Kontrolldioden erloschen, der Saal wurde totenstill, aber wieder hell. Jetzt trat der Vorsitzende nach vorne, entblößte sein Haupt, bedeckte es wieder, verkündete in lautem Halbgesang mit eisigem, einschneidendem Tonfall: »Nach den geltenden Bestimmungen erkläre ich das Verfahren als nicht durchführbar und damit als nichtig. Aufgrund des Umstandes, dass sich das Gericht als nicht vollzugsfähig erkennt und das Verfahren aufzuheben ist, wird der Angeklagte ...« Sein ob der Ohnmacht zorniger Gesang war in einem überraschten Aufschrei Tausender Kehlen untergegangen, der dem plötzlichen Wiederaufflammen der zentralen Anzeige galt, nun inmitten eines blutroten Kreises, pochend wie die Pforte des Nichts.